用于国家职业技能鉴定

国家职业资格培训教程

YONGYU GUOJIA ZHIYE JINENG JIANDING

GUOJIA ZHIYE ZIGE PEIXUN JIAOCHENG

带温带压堵漏工

（基础知识）

主　编　胡忆沩

副主编　杨　梅　李　鑫

主　审　王扬昇

审　稿　姚　鹏

中国劳动社会保障出版社

图书在版编目(CIP)数据

带温带压堵漏工：基础知识/人力资源和社会保障部教材办公室组织编写. —北京：中国劳动社会保障出版社，2012

国家职业资格培训教程

ISBN 978-7-5167-0021-1

Ⅰ.①带…　Ⅱ.①人…　Ⅲ.①堵漏-技术培训-教材　Ⅳ.①TB42

中国版本图书馆 CIP 数据核字(2012)第 259661 号

中国劳动社会保障出版社出版发行

（北京市惠新东街 1 号　邮政编码：100029）

出 版 人：张梦欣

*

北京市艺辉印刷有限公司印刷装订　新华书店经销

787 毫米×1092 毫米　16 开本　17.25 印张　298 千字

2012 年 11 月第 1 版　2012 年 11 月第 1 次印刷

定价：30.00 元

读者服务部电话：010-64929211/64921644/84643933

发行部电话：010-64961894

出版社网址：http：//www.class.com.cn

前　言

为推动带温带压堵漏工职业培训和职业技能鉴定工作的开展，在带温带压堵漏工从业人员中推行国家职业资格证书制度，在完成《国家职业技能标准·带温带压堵漏工（试行）》（以下简称《标准》）制定工作的基础上，人力资源和社会保障部教材办公室组织参加《标准》编写和审定的专家及其他有关专家，编写了带温带压堵漏工国家职业资格培训系列教程。

带温带压堵漏工国家职业资格培训系列教程紧贴《标准》要求，内容上体现“以企业需求为导向、以职业能力为核心”的指导思想，突出职业资格培训特色；结构上针对带温带压堵漏工职业活动领域，按照职业功能模块分级别编写。

带温带压堵漏工国家职业资格培训系列教程共包括《带温带压堵漏工（基础知识）》《带温带压堵漏工（初级）》《带温带压堵漏工（中级）》《带温带压堵漏工（高级　技师）》4本。《带温带压堵漏工（基础知识）》内容涵盖《标准》的“基本要求”，是各级别带温带压堵漏工均需掌握的基础知识；其他各级别教程的章对应于《标准》的“职业功能”，节对应于《标准》的“工作内容”，节中阐述的内容对应于《标准》的“技能要求”和“相关知识”。

本书是带温带压堵漏工国家职业资格培训系列教程中的一本，适用于对各级别带温带压堵漏工的职业资格培训，是国家职业技能鉴定推荐辅导用书。

本书共7章，第1、第5章及附录由李鑫编写，第2、第6、第7章由杨梅编写，第3、第4章由胡忆沩编写。本书由胡忆沩担任主编，杨梅、李鑫担任副主编，王扬昇担任主审，姚鹏担任审稿。

本书在编写过程中得到天津市江达扬升工程技术有限公司、冶金工业职业技能鉴定指导中心、北京优朗科技有限公司、湖南省特种设备检验检测研究院职业培训部、海南民生管道燃气有限公司、《应急救援技术与装备》编辑部等单位的大力支持与协助，在此一并表示衷心的感谢。

人力资源和社会保障部教材办公室

目 录

CONTENTS 国家职业资格培训教程

第1章 职业道德

第1节 职业道德基本知识

一、职业道德的概念

所谓职业道德，就是同人们的职业活动紧密联系的符合职业特点要求的道德准则、道德情操与道德品质的总和，它既是对本职人员在职业活动中行为的要求，同时又是职业对社会所负的道德责任与义务。

职业道德是社会上占主导地位的道德或阶级道德在职业生活中的具体体现，是人们在履行本职工作中所遵循的行为准则和规范的总和。

二、职业道德的主要内容

职业道德的含义包括以下八个方面：

1. 职业道德是一种职业规范，受社会的普遍认可。
2. 职业道德是在长期实践中自然形成的。
3. 职业道德没有确定的形式，通常体现为观念、习惯、信念等。
4. 职业道德依靠文化、内心信念和习惯，通过员工的自律实现。
5. 职业道德大多没有实质的约束力和强制力。
6. 职业道德的主要内容是对员工义务的要求。
7. 职业道德标准多元化，代表了不同企业可能具有不同的价值观。
8. 职业道德承载着企业文化和凝聚力，影响深远。

每个从业人员，不论从事哪种职业，在职业活动中都要遵守职业道德。要理解职业道德需要掌握以下四点：

首先，在内容方面，职业道德总是要鲜明地表达职业义务、职业责任以及职业行为上的道德准则。它不是一般地反映社会道德和阶级道德的要求，而是要反映职业、行业以至产业特殊利益的要求；它不是在一般意义上的社会实践基础上形成的，而是在特定的职业实践的基础上形成的，因而它往往表现为某一职业特有的道德传统和道德习惯，表现为从事某一职业的人们所特有的道德心理和道德品质。甚至造成从事不同职业的人们在道德品貌上的差异。如人们常说，某人有“军人作风”“工人性格”“农民意识”“干部派头”“学生味”“学究气”“商人习气”等。

其次，在表现形式方面，职业道德往往比较具体、灵活、多样。它总是从本职业交流活动的实际出发，采用制度、守则、公约、承诺、誓言、条例，以至标语口号之类的形式，这些灵活的形式既易于为从业人员所接受和实行，而且易于形成一种职业的道德习惯。

再次，从调节的范围来看，职业道德一方面用来调节从业人员的内部关系，加强职业、行业内部人员的凝聚力；另一方面，它也用来调节从业人员与其服务对象之间的关系，用来塑造本职业从业人员的形象。

最后，从产生的效果来看，职业道德既能使一定的社会或阶级的道德原则和规范“职业化”，又能使个人道德品质“成熟化”。职业道德虽然是在特定的职业生活中形成的，但它绝不是离开阶级道德或社会道德而独立存在的道德类型。在阶级社会里，职业道德始终是在阶级道德和社会道德的制约和影响下存在和发展的；职业道德和阶级道德或社会道德之间的关系，就是一般与特殊、共性与个性之间的关系。任何一种形式的职业道德，都在不同程度上体现着阶级道德或社会道德的要求。同样，阶级道德或社会道德在很大范围上都是通过具体的职业道德形式表现出来的。同时，职业道德主要表现在实际从事一定职业的成人的意识和行为中，是道德意识和道德行为成熟的阶段。职业道德与各种职业要求和职业生活结合，具有较强的稳定性和连续性，形成比较稳定的职业心理和职业习惯，以致在很大程度上改变人们在学校生活阶段和少年生活阶段所形成的品行，影响道德主体的道德风貌。

三、职业道德的特点

通过上述分析可以看出职业道德具有以下特点。

1. 职业道德具有适用范围的有限性

每种职业都担负着一种特定的职业责任和职业义务。由于各种职业的职业责任和义务不同，从而形成各自特定的职业道德的具体规范。

2. 职业道德具有发展的历史继承性

由于职业具有不断发展和世代延续的特征，不仅其技术世代延续，其管理员工的方法、与服务对象打交道的方法，也有一定的历史继承性。如“有教无类”“学而不厌，诲人不倦”，从古至今始终是教师的职业道德。

3. 职业道德的表达形式多种多样

由于各种职业道德的要求都较为具体、细致，因此其表达形式多种多样。

4. 职业道德兼有强烈的纪律性

纪律也是一种行为规范，但它是介于法律和道德之间的一种特殊的规范。它既要求人们能自觉遵守，又带有一定的强制性。就前者而言，它具有道德色彩；就后者而言，又带有一定的法律色彩。也就是说，一方面遵守纪律是一种美德，另一方面遵守纪律又带有强制性，具有法令的要求。例如，工人必须执行操作规程和安全规定；军人要有严明的纪律等。因此，职业道德有时又以制度、章程、条例的形式表达，让从业人员认识到职业道德具有纪律的规范性。

四、职业道德的社会作用

职业道德是社会道德体系的重要组成部分，它一方面具有社会道德的一般作用，另一方面它又具有自身的特殊作用，具体表现在以下方面：

1. 调节职业交往中从业人员内部以及从业人员与服务对象间的关系

职业道德的基本职能是调节职能。它一方面可以调节从业人员内部的关系，即运用职业道德规范约束职业内部人员的行为，促进职业内部人员的团结与合作，如职业道德规范要求各行各业的从业人员都要团结、互助、爱岗、敬业、齐心协力地为发展本行业服务。另一方面，职业道德又可以调节从业人员和服务对象之间的关系，如职业道德规定了制造产品的工人要怎样对用户负责，营销人员怎样对顾客负责，医生怎样对病人负责，教师怎样对学生负责等。

2. 有助于维护和提高本行业的信誉

一个行业、一个企业的信誉，也就是它们的形象、信用和声誉，是指企业及其产品与服务在社会公众中的信任程度。提高企业的信誉主要靠产品的质量和服务质量，而从业人员职业道德水平高是产品质量和服务质量的有效保证。如果从业人员职业道德水平不高，很难生产出优质的产品和提供优质的服务。

3. 促进木行业的发展

行业、企业的发展有赖于经济效益的提高，而高的经济效益源于员工素质的提高。员工素质主要包含知识、能力、责任心三个方面，其中责任心是最重要的。而职业道德水平高的从业人员其责任心是极强的，因此，职业道德能促进本行业的发展。

4. 有助于提高全社会的道德水平

职业道德是整个社会道德的重要内容。职业道德一方面涉及每个从业者如何对待职业，如何对待工作，同时也是一个从业人员的生活态度、价值观念的表现；是一个人的道德意识，道德行为发展的成熟阶段，具有较强的稳定性和连续性。另一方面，职业道德也是一个职业集体，甚至一个行业全体人员的行为表现，如果每个行业、每个职业集体都具备优良的职业道德，对整个社会道德水平的提高具有重要作用。

五、职业道德建设

职业道德建设是“以德治国”方略的核心内容，因此，加强职业道德建设具有十分重大的意义。规定职业道德准则、加强职业道德自律、营造职业道德环境、树立职业道德榜样、强化职业道德约束，是职业道德建设的基本环节和重要措施，是提升员工队伍职业道德水准的有效途径。

第2节 职业守则

1. 遵守法律、法规和有关规定

本工种应当遵守的我国特种设备法规与标准如下：

（1）TSG Z6001—2005《特种设备作业人员考核规则》。

（2）TSG R6003—2006《压力容器压力管道带压密封作业人员考核大纲》。

（3）TSG R0004—2009《固定式压力容器安全技术监察规程》第5.4条。

（4）TSG D0001—2009《压力管道安全技术监察规程——工业管道》第115条。

（5）HG/T 20201—2007《带压密封技术规范》。

（6）GB/T 26467—2011《承压设备带压密封技术规范》。

（7）GB/T 26468—2011《承压设备带压密封夹具设计规范》。

2. 爱岗敬业，忠于职守，自觉履行各项职责

（1）本工种作业人员应依据业主单位签发的《安全检修任务书》的内容规定

进入现场，并遵照化工行业标准《带压密封技术规范》（HG/T 20201—2007）第 6 章的规定，对泄漏部位进行现场勘测。

（2）作业所需的一切票、证、书齐全。

（3）严格执行“带压密封作业十四个不准”。

3. 工作认真负责，严于律己，诚信待人

4. 刻苦学习，钻研业务，努力提高思想素质和科学文化素质

5. 谦虚谨慎，团结协作，乐于奉献

6. 严格执行工艺文件，提高抢修效率，保证施工质量

7. 勇于开拓，善于创新

8. 重视安全、环保，坚持文明生产

坚持安全第一、质量优先、保证工期、文明施工的原则。

思　考　题

1. 职业道德的定义是什么？
2. 职业道德的含义包括哪几个方面？
3. 职业道德的具体特点是什么？

第2章

物理和化学基本知识

第1节 泄漏介质的气味、颜色、物态、毒性、燃爆性、腐蚀性

一、概述

1. 物理变化与物理性质

（1）物理变化

没有生成其他物质的变化称为物理变化。

（2）物理性质

物质不需要发生化学变化就表现出来的性质称为物理性质，如颜色、状态、光泽、味道、气味、密度、硬度、熔点、沸点、溶解性、延展性、导电性、导热性等。

物理变化是一个过程，物理性质是一个结论。如水蒸发是物理变化，水能蒸发是物理性质。

2. 化学变化与化学性质

（1）化学变化

生成了其他物质的变化叫做化学变化，又称化学反应。

（2）化学性质

物质在化学变化中表现出来的性质叫做化学性质，如氧化性、还原性、酸性、碱性、稳定性、可燃爆性等。

二、泄漏介质的气味

气味是某些挥发性物质刺激鼻腔内的嗅觉神经而引起的感觉。其机理尚未完全探明，但提出了许多有关嗅觉的假说，主要有以下四种：

1. 振动说（放射说）

振动说认为从发出气味的物质到感受到这种气味的人之间距离不同，但是在这段距离中气味的传播与光或声音一样，是通过振动的方式进行的，当气味对人的嗅觉上皮细胞造成刺激后，便使人产生嗅觉。

2. 化学说

化学说认为气味分子从产生气味的物质向四面八方飞散后有的进入鼻腔，并与嗅觉细胞的感受膜之间发生化学反应，对嗅觉细胞造成刺激从而使人产生嗅觉。也有人认为在这一过程中不是由化学反应，而是由吸附和解吸等物理反应引起的刺激，即所谓“相界学说”。提倡相界学说的人很多，立体结构说也包括在此范畴之内。

3. 酶说

酶说认为气味之间的差别是由气味物质对嗅觉感受器表面的酶施加影响形成的。

4. 立体结构说（键和键孔说）

立体结构说认为气味之间的差别是由气味物质分子的外形和大小决定的。

泄漏介质主要是根据其酸、甜、苦、辣、涩等气味通过人的嗅觉器官来分辨，提醒作业人员应采取相应的安全保护措施。

三、泄漏介质的颜色

颜色是通过眼、脑和人们的生活经验所产生的一种对光的视觉效应。人对颜色的感觉不仅仅由光的物理性质所决定，如人类对颜色的感觉往往受到周围颜色的影响。有时人们也将物质产生不同颜色的物理特性直接称为颜色。

泄漏介质主要是根据其红、橙、黄、绿、青、蓝、紫等颜色通过人的感觉器官来分辨，提醒作业人员应采取相应的安全保护措施。

四、泄漏介质的物态

1. 物态变化的定义

物质由一种状态变为另一种状态的过程称为物态变化。

2. 物质的固态和液态

物质从固态转换为液态的现象称为融化，融化要吸热，如冰吸热融化成水；反之，物质从液态转换为固态的现象称为凝固，凝固要放热，如水放热凝固成冰。这些从固态转换为液态的固体又分为晶体和非晶体，晶体有固定的熔点，温度达到熔点时（持续吸热）固体会融化，融化时温度不会高于熔点，完全融化后温度才会上升。非晶体没有固定的熔点，所以融化过程中的温度不定。

3. 物质的气态和液态

物质从液态转换为气态的现象称为汽化。汽化有蒸发和沸腾两种方式，蒸发发生在液体表面，可以在任何温度下进行，是缓慢的。沸腾发生在液体表面及内部，必须达到沸点，是剧烈的。汽化要吸热，液体有沸点，当温度达到沸点时，温度就不会再升高，但是仍然在吸热。物质从气态转换为液态的现象称为液化，液化要放热。例如，水蒸气液化为水，水蒸发为水蒸气。加快液体蒸发速度的方法一般有：增加液体的表面积；加快液体表面的空气流速；提高液体的温度；降低周围环境的水蒸气含量，使其无法饱和，即使空气干燥。

4. 物质的固态和气态

物质从固态直接转换为气态的现象叫做升华，物质直接从气态转换为固态的现象叫做凝华。升华吸热，凝华放热。

在发生物态变化时，物体需要吸热或放热。当物体由高密度向低密度转化时，需要吸热；由低密度向高密度转化时，需要放热。而吸热或放热的条件是热传递，所以，物体不与周围环境存在温度差，就不会产生物态变化。例如，0℃的冰放在0℃的空气中不会融化。

物质从固态变为液态、从液态变为气态以及从固态直接变为气态的过程需要从外界吸收热量；而物质从气态变为液态、从液态变为固态以及从气态直接变为固态的过程中向外界放出热量。

五、泄漏介质的毒性

1. 毒性的定义

毒性是指外源化学物与机体接触或进入体内的易感部位后能引起损害作用的相对能力，或简称损伤生物体的能力。也可简单表述为外源化学物在一定条件下损伤生物体的能力。一种外源化学物对机体的损害能力越大，则其毒性就越高。外源化学物毒性的高低仅具有相对意义。在一定意义上，只要达到一定的数量，任何物质对机体都具有毒性，如果低于一定数量，任何物质都不具有毒性，关键是此种物质与机体的接触量、接触途径、接触方式及物质本身的理化性质，但在大多数情况下与机体接触的数量是决定因素。

由药物毒性引起的机体损害习惯上称为中毒。大量毒物迅速进入人体，很快引起中毒甚至死亡称为急性中毒；少量毒物逐渐进入人体，经过较长时间积蓄而引起的中毒称为慢性中毒。此外，药物的致癌、致突变、致畸等作用则称为特殊毒性。相对而言，能够引起机体毒性反应的药物则称为毒药。

毒性与剂量、接触途径、接触期限有密切关系。评价外源化学物的毒性时，不能仅以急性毒性高低来表示，有些外源化学物的急性毒性属于低毒或微毒，但却有致癌性；有些外源化学物的急性毒性与慢性毒性完全不同，如苯的急性毒性表现为中枢神经系统的抑制，但其慢性毒性却表现为对造血系统的严重抑制。

2. 物质的毒性原理

物质的毒性原理一种是该物质极易与血红蛋白结合，使红细胞无法运输氧气，导致生物体窒息，有这种毒性的物质一般是气态非金属氧化物，如一氧化碳、一氧化氮、二氧化氮、二氧化硫等。另一种是该物质能够破坏特定的蛋白质中的肽键，改变其化学组成，使蛋白质变性失活，无法发挥正常功能，使生物体的生命活动受到影响，如甲醛、氰化物、砷化物、卤素单质等。

常见泄漏介质的毒性详见《带温带压堵漏工（初级）》第 1 章第 3 节泄漏介质数据采集中的内容。

六、泄漏介质的燃爆性

1. 燃烧

（1）燃烧的定义

燃烧性是定性描述该物质在空气中遇明火、高温、氧化剂和易燃物等的燃烧行为。分为易燃、可燃、助燃、不燃四个层次，没有严格的技术判据。一般来说，易燃是指爆炸极限较低的气体（防火建筑规范分为甲、乙两级的气体），闪点小于等于 60℃ 的液体和自燃温度小于等于 300℃ 的固体或一级易燃固体（《防火检查手册》分类）；可燃是指不属于易燃类的所有可燃的物质；助燃是指能帮助和维持燃烧的物质，如氧气、氯气、氧化剂等；不燃是指遇明火、高热不燃或难燃的物质。

（2）闪点

闪点又称闪燃点，是表示可燃性液体性质的指标之一。闪点是指可燃性液体加热到其表面上的蒸气和空气的混合物与火焰接触发生闪火时的最低温度。闪燃通常为淡蓝色火花，一闪即灭，不能继续燃烧。闪燃往往是发生火灾的先兆。测定闪点的方法有开口杯法和闭口杯法，一般前者用于测定高闪点液体，后者用于测定低闪点液体。

（3）燃点

燃点又称着火点，是表示可燃性液体性质的指标之一。燃点是指可燃性液体加热到其表面上的蒸气和空气的混合物与火焰接触立即着火且仍能继续燃烧的最低温度。易燃液体的燃点比闪点高1～5℃。闪点越低，燃点与闪点之间差别越小。

（4）自燃点

可燃性物质在没有接触明火就能引起着火的最低温度称为自燃点。自燃点越低，着火的危险性越大。同一物质的自燃点随压力、浓度、散热等条件及测试方法不同而异。

2. 爆炸

（1）爆炸的定义

物质由一种状态迅速转变成另一种状态，并在瞬间放出大量能量，同时产生具有声响的现象叫做爆炸。爆炸也可看做气体或蒸汽在瞬间剧烈膨胀的现象。

（2）爆炸的分类

常见的爆炸可分为物理性爆炸和化学性爆炸两类，如图2—1所示。

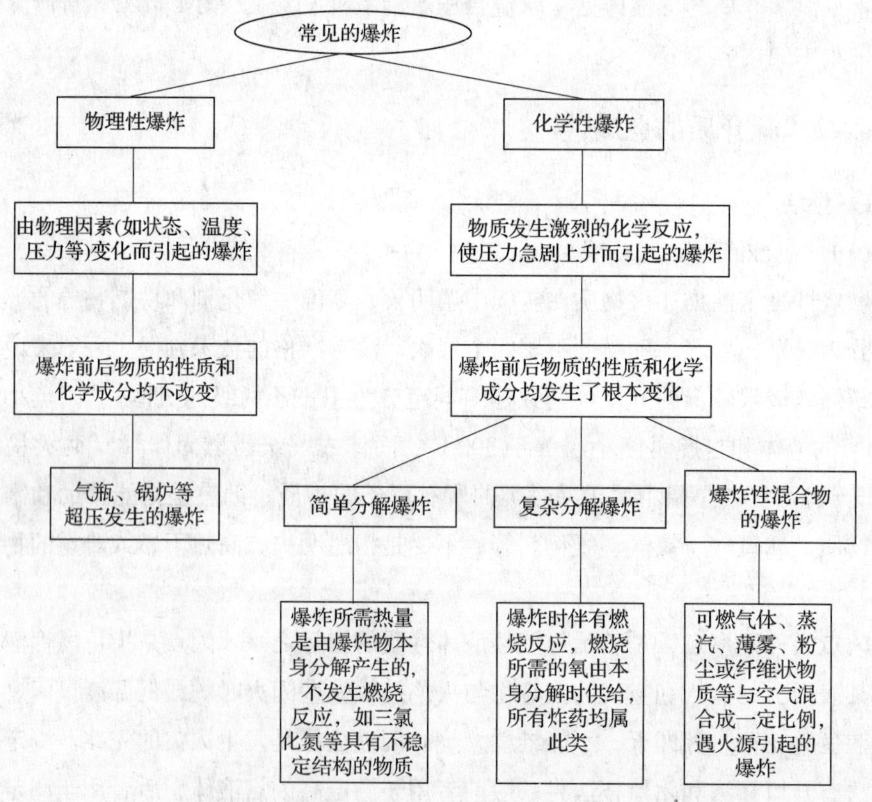

图2—1　常见爆炸的分类

（3）爆炸与燃烧的关系如图 2—2 所示。

图 2—2　爆炸与燃烧的关系

（4）爆炸极限

可燃气体、可燃液体的蒸气或可燃固体的粉尘在一定的温度、压力下与空气或氧混合达到一定的浓度范围时，遇到火源就会发生爆炸。这一定的浓度范围称为爆炸极限或燃烧极限。如果混合物的组成不在这一定的范围内，则供给能量再大也不会着火。蒸气或粉尘与空气混合并达到一定的浓度范围，遇到火源就会燃烧或爆炸的最低浓度称为爆炸下限；最高浓度称为爆炸上限。爆炸极限通常以蒸气在混合物中的体积百分数表示，即%（vol）；粉尘则以 mg/m^3 的浓度表示。如果浓度低于爆炸下限，虽然遇明火也不至于发生爆炸或燃烧，因为此时空气占的比例很大，可燃蒸气和粉尘浓度不高；如果浓度高于爆炸上限，虽会有大量的可燃物质，但缺少助燃的氧气，在没有空气补充的情况下，即使遇明火，一时也不会爆炸。易燃性溶剂都有一定的爆炸范围，爆炸范围越宽，危险性越大。

常见泄漏介质的燃烧、爆炸参数见表 2—1。

表 2—1　　　　常见泄漏物质的燃烧、爆炸参数

序号	名称	爆炸危险度	最大爆炸压力（10^5 Pa）	爆炸下限（%）	爆炸上限（%）	蒸气相对密度（空气为 1）	闪点 /℃	自燃点 /℃
1	氨	17.9	7.4	4.0	75.6	0.07	气态	560
2	一氧化碳	4.9	7.3	12.57	74.0	0.97	气态	605
3	二硫化碳	59.0	7.8	1.0	60.0	2.64	< −20	102

续表

序号	名称	爆炸危险度	最大爆炸压力（10^5Pa）	爆炸下限（%）	爆炸上限（%）	蒸气相对密度（空气为1）	闪点/℃	自燃点/℃
4	硫化氢	9.9	5.0	4.3	45.5	1.19	气态	270
5	呋喃	5.2	—	2.3	14.3	2.35	< -20	390
6	噻吩	7.3	—	1.5	12.5	2.90	-9	395
7	吡啶	5.2	—	1.7	10.6	2.73	17	550
8	尼古丁	4.7	—	0.7	4.0	5.60	—	240
9	萘	5.5	—	0.9	5.9	4.42	80	540
10	顺萘	6.0	—	0.7	4.9	4.77	61	260

七、泄漏介质的腐蚀性

1. 腐蚀的定义

腐蚀是指材料在环境的作用下引起的破坏或变质。腐蚀若发生在金属设备及管道上，同样会引发泄漏事故。

金属和合金的腐蚀主要是由于化学或电化学作用引起的破坏，有时还同时伴有机械、物理或生物作用。例如，应力腐蚀破裂就是应力和化学物质共同作用的结果。单纯物理作用的破坏，如合金在液态金属中的物理溶解，也属于腐蚀范畴，但这类破坏实例不多。单纯的机械破坏，如金属切削、研磨不属于腐蚀范畴；非金属的破坏一般是由于化学或物理作用引起的，如氧化、溶解、溶胀等。

2. 腐蚀的分类

根据腐蚀的形态不同，可分为均匀（全面）腐蚀和局部腐蚀两类，局部腐蚀还可分为若干小类。

根据腐蚀的作用原理不同，可分为化学腐蚀和电化学腐蚀。两者的区别是当电化学腐蚀发生时，金属表面存在隔离的阴极与阳极，有微小的电流存在于两极之间，单纯的化学腐蚀则不形成微电池。过去认为，高温气体腐蚀（如高温氧化）属于化学腐蚀，但近代概念指出在高温腐蚀中也存在隔离的阳极和阴极，也有电子和离子的流动。据此，出现了另一种分类，即干腐蚀和湿腐蚀。湿腐蚀是指金属在水溶液中的腐蚀，是典型的电化学腐蚀；干腐蚀则是指在干气体（通常是在高温）或非水溶液中的腐蚀。单纯的物理腐蚀对于金属很少见，对于非金属则多半产生单纯的化学腐蚀或物理腐蚀，有时两种作用同时发生。

（1）全面腐蚀

全面腐蚀是用来描述在整个合金表面上以比较均匀的方式所发生的腐蚀现象的术语。当发生全面腐蚀时，材料由于腐蚀而逐渐变薄，甚至材料腐蚀失效。不锈钢在强酸和强碱中可能呈现全面腐蚀。

凡是与介质接触的表面均产生同一种腐蚀。金属表面腐蚀的外貌相同，经历同一时间，金属厚度的减少也相同，管壁、设备的外壁或内壁一层层地腐蚀而脱落，最后造成大面积穿孔，最终造成泄漏事故的发生，如暖气管、自来水管、换热设备等都有这种现象出现。

（2）局部腐蚀

1）侵蚀或汽蚀。侵蚀或汽蚀是由于流体介质的流动所引起的。高速输送的液体压力会明显下降，当压力低于介质的临界压力时，液体就会出现汽化现象，形成无数个气泡。但是，这种气泡存在的时间有限，一到高压区，这些气泡又凝结为液体，凝结的过程中便会产生对金属材料的侵蚀和冲击，冲击的能量足以造成管道的振动，同时把金属表面腐蚀成蜂窝状，随着时间的推移，便形成了腐蚀穿孔，造成泄漏事故的发生。

2）应力腐蚀。金属材料的应力腐蚀是指在静拉伸应力和腐蚀介质共同作用下而导致的金属破坏。它与单纯由机械应力造成的破坏不同，在极低的应力下也能产生破坏，在腐蚀性极弱的介质中也会引起应力腐蚀，因而它是危害性最大的一种腐蚀破坏形式。应力腐蚀常常是在没有变形预兆的情况下迅速地突然断裂，易发生严重的泄漏事故。

应力腐蚀包含以下四个要素：

①敏感的金属材料。纯金属一般不产生应力腐蚀破坏；合金成分组织及热处理对金属材料是否发生应力腐蚀有很大影响。

②特定的介质环境。对一定的金属材料而言，只在特定的介质环境中才发生应力腐蚀，起重要作用的是某些特定的阴离子、络离子，如氢氧化钠水溶液、（$NaOH + Na_2SiO_3$）水溶液、硝酸盐水溶液、碳酸盐水溶液、硫化氢水溶液、无水液氨、无水液体 CO_2、HCN 水溶液、醋酸水溶液、（甲酸 + 甲醇）水溶液、氯化钙水溶液、浓硝酸、（硫酸 + 硝酸）水溶液等。

③处于拉应力状态下。拉应力包括残余应力、组织应力、热应力、焊接应力或工作应力，必须是在拉应力作用下才能引起应力腐蚀破裂，而压应力不引起应力腐蚀破裂。

④经过一定的时间。破裂常见于实际使用后三个月到一年期间发生，但也有经

数年时间才发生破裂的。然而应力腐蚀破裂一旦进行，其速度是很快的，例如，碳钢在碱中腐蚀破裂速度达 5 ~ 10 mm/s，在硝酸盐中可达 3 ~ 10 mm/s，应力造成的泄漏必须立刻处理，并进行事故分析，采取必要的防护措施，如电化学保护等。

3）点腐蚀。点腐蚀是一种导致腐蚀的局部腐蚀形式。这种腐蚀发生在金属表面的某一点上。初始只出现在金属表面某个局部不易看见的微小位置上，腐蚀主要向深部扩散，最后造成一小穿透孔，而孔周围的腐蚀并不明显。这种点腐蚀的机理是：阴离子在金属钝化膜有缺陷的地方，如夹杂物、贫铬区、晶界、位错等处，侵入钝化膜，与金属离子结合形成强酸盐，从而溶解钝化膜，使膜产生缺位。由于钝化膜的局部破坏，形成了“钝化—活化”的微电池，其电位差为 0.5 ~ 0.6 V。由于阳极（活化区）的面积很小，因而腐蚀电流很大，点蚀的腐蚀速度很快。如不锈钢表面的氧化膜（Cr_2O_3）局部受到破坏，就可能产生点蚀。此时点蚀的部位为阳极，周围的大面积金属为阴极，形成了电池作用，最终使点蚀部位穿孔，造成泄漏。大量的试验证明，对不锈钢而言，当介质中含有 Cl^-、Br^-，特别是 Cl^- 时极易产生点蚀。

4）晶间腐蚀。晶间腐蚀是发生在金属结晶面上的一种激烈腐蚀，并向金属内部的纵深部位扩散。在腐蚀过程中，金属晶格区域的溶解速度远远大于晶粒本体的溶解速度时，就会产生晶间腐蚀。产生晶间腐蚀的因素包括金属本身的内在因素和外部条件的因素。内在因素是指晶格区域某种物质的电化学性质同晶粒本身的电化学性质存在着明显差异，这样晶格区域就比晶粒本体在一定的腐蚀电位下更容易溶解。外部条件是要有适当的腐蚀介质，在该介质条件下足以显示晶格物质与晶粒本体之间的电化学性质的明显差异，正是这种差异引起两者间的不等速溶解。例如，一般耐腐蚀性非常好的奥氏体不锈钢管道，在温度为 500 ~ 850℃的范围内，在其晶格的交界面上将会析出铬的碳化物，此时的晶格界面上产生局部贫铬现象，在特定的介质环境中，晶格与晶粒本体之间将会发生不等速溶解，产生晶间腐蚀。对奥氏体不锈钢出现的晶间腐蚀可用贫铬理论加以解释。

5）氢腐蚀。氢腐蚀从本质上说也是一种晶间腐蚀。在高温、高压下，氢以原子状态渗透到金属中，并逐步扩散，当遇到被密封的流体介质中不稳定的碳化物进行化学反应而生成甲烷，使钢脱碳产生大量的晶界裂纹和鼓泡，从而使钢的强度和塑性显著降低，其中断面收缩率降低更加显著，并且产生严重的脆化。

钢在氢气作用下的脱碳有以下两种形式：

一是在 565.5℃以上和低于 1.4 MPa 的氢气中，碳钢只发生表面脱碳。表面脱碳后出现铁素体组织，使强度下降而塑性提高，脱碳层向钢中扩散很慢。

二是当温度超过 221℃、压力大于 1.4 MPa 时，氢就会渗入钢的内部，在晶界处形成甲烷而使钢发生内部脱碳，即产生氢腐蚀。当温度和压力都较高时，这两个现象可能同时发生。如果表面脱碳过程比其内部进行得更快，则内部脱碳便不会发生。如果压力很高，而温度较低，碳的扩散能力大大减弱，则内部氢腐蚀可能在没有明显表面脱碳的情况下发生。在石油炼制和石油化工设备及输送管道中，由于输送和储存的介质多为碳氢化合物，易产生氢腐蚀。

另外，在采用铜材作为密封垫片时，也应充分注意氢腐蚀的危害。因为含有氧化铜（CuO）的铜密封垫片会与氢反应生成水，而使垫片变脆，失去弹性和回弹性，使密封遭到破坏而发生泄漏。因此，在采用铜材作为密封垫片时，最好与密封胶配合使用，以提高密封的可靠性。

在带压条件下处理腐蚀所造成的泄漏时应当慎重，尤其是选用注剂式带压密封技术来消除泄漏时更应格外小心。因为这项技术在注射密封注剂时会产生很大的推力，这个推力对于泄漏缺陷部位来说相当于受到外压的作用，而泄漏缺陷部位的金属组织由于腐蚀的作用强度下降或壁厚减薄，若不采取相应的补救措施，实际作业时，可能会出现局部失稳或将密封注剂沿泄漏通道注射到工艺管道中，严重时有可能将工艺管道堵死，引起其他堵塞事态。因此，在确定施工方案时，应首先考虑泄漏部位的强度，然后再决定采用哪一种方法加以消除。若需采用“注剂式带压密封技术”，应对泄漏缺陷部位采取隔离或补强措施，使密封注剂不直接与缺陷部位接触。

6）缝隙腐蚀。缝隙腐蚀是局部腐蚀的一种形式，它可能发生于溶液停滞的缝隙之中或屏蔽的表面内。这样的缝隙可以在金属与金属或金属与非金属的接合处形成，例如，在与铆钉、螺栓、垫片、阀座、松动的表面沉积物以及海生物相接触之处形成。

第 2 节　带压密封相关术语和符号

一、术语概述

在带压密封技术管理过程中，语言交流是必不可少的。在交流中涉及较多的是专业术语的定义问题，如果没有统一的定义，就会出现词义混淆、一词多义或同词不同义等现象。

根据国家标准《术语工作 词汇 第1部分：理论与应用》（GB/T 15237.1—2000），术语的定义是在特定专业领域中一般概念的词语指称。指称的定义是概念的表达方式。概念的定义是通过对特征的独特组合而形成的知识单元。特征的定义是一个客体或一组客体特性的抽象结果。客体的定义是可感知或可想象到的任何事物。而根据术语学的原理，术语和定义是可以互相替换的。两者的差异是术语应简短，而定义可冗长。

二、泄漏术语

1. 泄漏

泄漏是指高能流体经隔离物缺陷通道向低能区侵入的负面传质现象。

2. 界面泄漏

界面泄漏是指高能流体通过密封面间隙向低能区侵入的传质现象。

3. 渗透泄漏

渗透泄漏是指高能流体通过密封材料毛细管向低能区侵入的传质现象。

4. 破坏泄漏

破坏泄漏是指高能流体通过隔离体裂纹、孔洞及已失效的密封件向低能区侵入的剧烈传质现象。

5. 流体

流体泛指液体、气体、气液混合体、含有固体颗粒的气体或液体。

6. 隔离物

隔离物特指各种密封构件和物理隔离物，也泛指承压设备、管道、器皿等可能发生泄漏的壁面和部位。

7. 缺陷通道

缺陷通道是指密封副间隙、毛细管、腐蚀孔洞，承压设备上的裂纹、焊接缺陷、冲刷孔洞，物品上的穿透裂纹及孔洞等。

8. 负面传质

负面传质是指不希望发生的流体介质泄漏走向。

9. 泄漏介质

泄漏介质是指经隔离物缺陷通道淌失的流体。

10. 泄漏释放源

泄漏释放源是指能释放出可燃或有毒气体（含蒸气）的部位，包括法兰、阀门、排水口、采样口、压缩机、泵、液体装卸栈台、气体充填站、液罐顶部以及设备易损坏处等。

11. 有毒介质

根据国家职业卫生标准《职业性接触毒物危害程度分级》（GBZ 230—2010）及化工行业标准《压力容器中化学介质毒性危害和爆炸危险程度分类》（HG 20660—2000），有毒介质是极度、高度、中度危害介质的总称。

12. 可燃介质

火灾危险性规定可燃介质为甲、乙、丙类以及工作温度高于闪点的流体的总称。

13. 极度危害介质

极度危害介质是指 GBZ 230—2010《职业性接触毒物危害程度分级》中所规定的介质。

三、带压密封术语

1. 密封

密封是指隔离高能流体向低能区进行负面传质的有效措施。

2. 带压密封

带压密封是指流体介质发生泄漏时，以创建新的密封结构为目的的技术手段。

3. 注剂式带压密封

注剂式带压密封是指向特定的封闭空腔注射密封注剂，以创建新的密封结构为目的的一种技术手段。

4. 密封比压

密封比压是指作用在泄漏缺陷部位单位有效面积上实现有效密封的最低压力。

5. 密封注剂

密封注剂是供“注剂枪”注射使用的复合型密封材料的总称。

6. 固化

固化是指密封注剂通过化学反应（聚合、交联等）获得物化性能的过程。

7. 固化温度

固化温度是指密封注剂能够充分完成固化过程所需的最低温度值。

8. 固化参数

固化参数是指密封注剂达到最佳使用性能指标时所需的温度与时间的关系。

9. 耐介质性能

耐介质性能是指密封注剂试样经化学试剂浸泡作用后仍能保持其基本性能的能

力。

10. 溶重度

溶重度是指试验条件下，密封注剂浸泡化学介质规定时间后的质量变化的百分率。

11. 溶胀度

溶胀度是指试验条件下，密封注剂浸泡化学介质规定时间后的体积变化的百分率。

12. 热失重

热失重是指试验条件下，密封注剂在规定使用温度范围内质量损失变化的百分率。

13. 耐温性能

耐温性能是指使用温度范围内密封注剂仍能保持其基本性能的能力。

14. 注射压力

注射压力是表示密封注剂流变性难易程度的技术指标，用 MPa 表示。

15. 储存期

储存期是指在规定条件下，密封注剂仍能保持其质量指标的最长存放时间。

16. 注剂工具

注剂工具是指向特定密封空腔注射密封注剂所用的各类工具。

17. 注剂枪

注剂枪是指在压力作用下，将圆柱状密封注剂挤压成黏流态而注射到封闭空腔内的器械。

18. 注剂阀

注剂阀是指实现注剂孔与注剂枪刚性连接，起到接通和关闭注剂通道的一种专用小型高压旋塞阀门。

19. 注剂接头

注剂接头是指起到转向、加长及利用螺栓孔道而实现注剂孔与注剂阀及注剂枪刚性连接的管件。

20. 快换接头

快换接头是指无须工具或专门装置能快速接通和断开油路通道的装置。

21. 夹具

夹具是指安装在泄漏缺陷部位外部构成新的封闭空腔，提供强度和刚度保证的金属构件。

22. 法兰夹具

法兰夹具是指利用法兰外边缘与法兰垫片之间的空隙构成封闭空腔的镶嵌式夹具。

23. 盒式夹具

盒式夹具是指由壁面和端板组成的包容式夹具。

24. 注剂孔

注剂孔是指连接注剂阀、注剂接头或形成注剂通道的螺纹孔。

25. C 形卡具

C 形卡具是指用于填料函带压密封及法兰连接螺栓加固用的 C 形工具。

26. 防爆工具

防爆工具是指在易燃、易爆工作场所使用，能有效地防止由于工具与工作物相互摩擦、碰撞产生火花而引起燃烧、爆炸的专业器具。

四、物理与化学术语及符号

1. 基本粒子

基本粒子是指被认为不可能再分拣的粒子。

2. 原子

原子是物质的基本单元，由很小的核（包括质子和中子）以及围绕其旋转的电子所构成。

3. 质子

构成大多数原子中的核中大约一半数量的、带正电的粒子称为质子。

4. 电子

带有负电荷并绕着一个原子核转动的粒子称为电子。

5. 中子

中子是一种不带电的、与质子非常类似的粒子，在大多数原子核中大约一半的粒子是中子。

6. 电荷

电荷是粒子的一个性质，由于这一性质粒子排斥（或吸引）其他与之带相同（或相反）符号电荷的粒子。

7. 质量

物体中所含物质的量称为质量。

8. 能量守恒

能量守恒是指关于能量（或它的等效质量）既不能产生也不能消灭的科学定律。

9. 绝对零度

绝对零度是指所能达到的最低的温度，在此温度下物体不包含热能。

10. 加速度

物体速度改变的速率称为加速度。

11. 重量

重量是指引力场作用到物体上的力。它和质量成比例，但又不同于质量。

12. 硬度

硬度是指材料对压印、刮痕等外力的抵抗能力。根据试验方法不同有邵氏硬度、布氏硬度、洛氏硬度、莫氏硬度、巴氏硬度、维氏硬度等。硬度的数值与硬度计类型有关，在常用的硬度计中，邵氏硬度计结构简单，适用于生产检验。邵氏硬度计可分为 A 型、C 型、D 型，A 型用于测量软质橡胶，C 型和 D 型用于测量半硬和硬质橡胶。

13. 蠕变

当应力保持恒定时，形变随时间而变化的现象叫做蠕变。

14. 收缩率

收缩率定义为收缩量与收缩前尺寸之比的百分数，收缩量则为收缩前后尺寸之差。

15. 内应力

在没有外力存在下，胶层（材料）内部由于存在缺陷、温度变化、溶剂作用等原因所产生的应力称为内应力。

16. 拉伸强度

拉伸强度是指试样拉伸至断裂时的最大拉伸应力。这一常用术语过去很不统一，有扯断力、扯断强度、抗张力、抗张强度、强力、强度之称。

17. 剪切强度

剪切强度又称抗剪强度，是指单位粘接面积上能够承受平行于粘接面积的最大载荷，常用的单位为 MPa。

18. 伸长率

伸长率是指试样在拉力作用下长度的增加，以原长的百分数表示。

19. 熔点与凝固点

物质在其蒸气压下液态—固态达到平衡时的温度称为熔点或凝固点。这是由于固体中原子或离子的有规则排列因温度上升而使热运动变得杂乱而活化，形成不规则排列的液体的一种现象，相反的过程即为凝固。对于液体变为固体时的温度常称为凝固点或冰点，与熔点的不同之处在于放出热量而不是吸收热量。实际上物质的熔点和凝固点是一致的。

20．熔点范围

熔点范围是指用毛细管法所测定的从该物质开始融化至全部融化的温度范围。

21．沸点

液体受热发生沸腾而变成气体时的温度称为沸点，或者说是液体与其蒸气处于平衡状态时的温度。一般来说，沸点越低，挥发性越大。

22．蒸发速度

蒸发是指液体表面发生的汽化现象。蒸发速度也称为挥发速度，一般用溶剂的沸点高低来判断，决定蒸发速度的根本因素是溶剂在该温度下的蒸气压，其次是溶剂的分子量。

23．蒸气压

蒸气压是饱和蒸气压的简称。在一定温度下，液体与其蒸气达到平衡，此时的平衡压力仅因液体的性质和温度而改变，称为该液体在该温度下的饱和蒸气压。

24．黏度

黏度是指流体（液体或气体）在流动中所产生的内部摩擦阻力，其大小由物质种类、温度、浓度等因素决定。一般是动力黏度的简称，其单位是帕·秒（Pa·s）或毫帕·秒（mPa·s）。黏度分为动力黏度、运动黏度、相对黏度，三者有区别，不能混淆。

25．CAS 号

CAS 号是美国化学文摘对化学物质登录的检索服务号。

26．RTECS 号

RTECS 号是美国毒物等信息系统的注册登记号。该系统是世界最权威的毒物登记数据库，现已登录了近 11 万种化学物品。

27．UN 编号

UN 编号是联合国《关于危险货物运输的建议书》对危险货物指定的编号。

28．IMDG 规则页码

IMDG 规则页码是国际海事组织编制的《国际海上危险货物运输规则》的危险货物信息页码。

29．危险货物编号

危险货物编号是国家标准《危险货物品名表》（GB12268—2005 /XG1—2007）指定的危险货物编号，简称危规号。

30. 溶解度

在一定的温度和压力下，物质在一定量的给定溶剂中溶解的最大量称为溶解度。固体或液体物质的溶解度一般用100 g溶剂中能够溶解物质的克数表示。气体溶质的溶解度常用每升溶剂中所溶解气体的毫升数表示。

31. 同分异构体

化合物有相同的分子式，但有不同的结构和性质的现象称为同分异构。能发生同分异构现象的化合物叫做同分异构体，简称异构体。

32. 溶胀

高聚物吸收溶剂分子而发生体积膨胀的现象称为溶胀。溶胀又分为有限溶胀和无限溶胀，无限溶胀即是溶解。

33. 交联

交联是指线型聚合物分子主链间的化学键合。

34. 耐油性

耐油性是指材料抵抗油类引起的溶胀、溶解、开裂、变形或物理性能降低的能力。

35. 耐溶剂性

耐溶剂性是指抵抗溶剂引起的溶胀、溶解、龟裂或形变的能力。

36. 耐化学性

耐化学性是指耐酸、碱、盐、溶剂和其他化学物质的能力。

37. 耐水性

耐水性是指材料经水或湿气作用后仍能保持其物理、化学性质的能力。

38. 耐燃性

耐燃性是指材料接触火焰时抵制燃烧或离开火焰时阻碍继续燃烧的能力。

39. 耐候性

耐候性是指材料暴露在日光、冷热、风雨等气候条件下的耐受性。

40. 耐久性

耐久性又称稳定性和使用寿命，是指在外力的环境因素的共同作用下长期保持其性能的能力。

41. 老化

在加工、储存和使用过程中，由于受到外界因素（热、光、氧、水、射线、机械力和化学介质等）的作用，发生一系列的物理或化学变化，使高分子材料交联变脆、裂解发黏、变色龟裂、粗糙起泡、表面粉化、分层剥落、性能逐渐变坏，以至于丧失力学性能不能使用，这种变化的现象称为老化。

42．半数致死量

半数致死量是衡量毒害品毒性大小的一个重要数据。将毒物给一些动物（如鼠、兔等）口服或注射，能使一半动物死亡的剂量称为半数致死量，简写为 LD_{50}，以 mg/kg 表示。半数致死量越小，毒性越大，LD_{50}超过 5 000 mg/kg 的可视为无毒。

43．最高容许浓度

为预防化学物质引起人身急性或慢性中毒，各国政府都规定了工作场所的空气中所含的有毒蒸气或粉尘不应超过的数值，称为最高容许浓度，简称 MAC，通常以 mg/m^3 或 ppm 表示。

第 3 节　流体力学基础知识

一、流体力学的基本概念

1．流体

能流动的物质称为流体。流体是液体和气体的统称。流体的基本特征是：在任何微小剪切力的作用下都将连续不断地变形。只要有这种力继续作用，流体就将继续变形（流动），只有当外力停止作用，变形才会停止。流体的这种性质也称易流动性，它是区别流体与固体的主要特征。

按照形态的不同，流体可分为液体和气体。气体是比液体更易变形和流动的物质。气体分子间的吸引力是微不足道的，因而气体分子除与器壁和自身相互碰撞外，可以自由运动，能充满它所能够达到的全部空间。液体分子间的吸引力较大，在周围分子的作用下能够做无固定方向和无固定周期的无规则振动，同时也能够在其他分子间做移动，但不能像气体那样自由运动。所以液体的流动性不如气体。

液体和气体的主要区别还在于液体具有固定的体积，并取决于容器的形状。液体不易被压缩，气体很容易被压缩。

当气体和液体接触时会出现液体同气体的交界面，称为液体的自由表面。

2．流体的主要物理性质

（1）流体的重力特性

流体和自然界其他物体一样，具有质量。质量越大，表现为惯性越大，越难改变流体平衡和运动的状态。流体的这种性质用流体单位体积内所具有的质量，即密度来表示。

（2）流体的体积特性

当温度保持不变，流体所受压力增大时，体积便缩小；当压力保持不变，流体的温度升高时，体积便发生膨胀。这是所有流体的共同属性，即流体的压缩性和膨胀性。

（3）气体的压缩性和膨胀性

气体随着压力与温度的改变，其体积有较大的变化。当温度一定时，气体的体积与压力成反比，压力增加一倍，气体的体积减小为原来的一半；当压力一定时，温度每升高1℃，体积就比0℃时的体积增大1/273。

气体是可以压缩或膨胀的，但有时气体在压力和温度不变或变化很小的情况下，密度仍然可以看做常数，这种气体称为未压缩气体。而将气体受到压缩或膨胀后，密度已经不能作为常数的气体称为压缩气体。

在实际工程中，通常接触的都是未压缩流体。

温度对流体黏度的影响很大。液体的黏度随着温度的上升而减小。而气体的黏度却随温度的上升而增大。即温度对这两类流体黏度的变化趋势的影响正好相反。出现这种情况的原因是构成它们的黏性的主要因素不同。如前所述，液体分子间的空隙比气体要小近千倍，因而液体分子间的吸引力比气体要大得多。分子间的吸引力是构成液体黏度的主要因素。当温度上升时，分子间的空隙增大，吸引力减小，故液体的黏度下降；相反，气体分子间的吸引力微不足道，构成气体黏性的主要因素是气体分子做混乱运动时在不同流速的流层之间所进行的动量交换，温度越高，气体分子的混乱运动越强烈，动量交换越频繁，气体的黏度越大。

普通的压力对流体的黏度几乎没有影响，可以认为，流体的黏度只随温度变化。例如，气体在小于几个工程大气压的压力作用下，它们的黏度基本上与压力无关。多数液体的黏度也是如此。但是，在高压作用下，气体和液体的黏度均将随着压力的升高而增大。

二、流体静力学

流体静力学是研究流体在静止状态下的平衡规律及在工程上实际应用的基础。

在日常生产和生活中，把水储存于水箱，如果不动它，则称水箱中的水处于静止状态。所谓水处于静止状态，只是在宏观范围内把水作为整体，水对其他参照物没有相对运动。

流体不能承受拉力，静止时不能承受切向力，而只能承受压力。研究流体在静止状态下的平衡规律就是压力平衡规律。

1．流体的压强

流体垂直作用于单位面积上的力称为流体的压力强度，简称压强。如以符号 p 表示压强，以 P 表示流体垂直作用在面积 A 上的力，则压强为：

$$p = \frac{P}{A}$$

压强是工程上处理流体运动过程中极为重要的一个参数，国际单位制中为 N/mm^2，称为帕斯卡，代号为 Pa。

2．绝对压强、表压及真空度

根据不同的计算基准，流体静压强的大小可以分为绝对压强、表压和真空度。

（1）绝对压强

以没有气体存在的完全真空为零点起计算的压强值称为绝对压强。

（2）表压

表压又称相对压强，是以大气压强为零点起计算的压强值。

（3）真空度

为了表示实际压强比大气压强低的状态，把低于大气压强的部分称为真空度。

三、流体动力学

1．基本概念

（1）理想流体

不具有黏性的流体称为理想流体，这是客观世界上并不存在的一种假想的流体。在许多场合，欲求得黏性流体流动的精确解是很困难的，而对某些黏性流体来说，若先不计黏性的影响，可使问题的分析大为简化，从而有利于掌握流体流动的基本规律。至于黏性的影响，可根据试验引进必要的修正系数，对由理想流体得到的流动规律加以修正即可。

（2）流量

流量可以分为体积流量和质量流量。

1）体积流量。单位时间内，通过元流或总流中任一过流断面的流体体积称为体积流量，其单位为米^3/秒（m^3/s）或升/秒（L/s）。

2）质量流量。单位时间内，通过元流或总流中任一过流断面的流体质量称为质量流量，其单位为千克/秒（kg/s）。

（3）水头损失

流体在管内流动时，由于克服黏性阻力，将有部分机械能不可逆地转变为热能而散失，称这部分能量损失为水头损失。即单位质量的流体从一个位置流到另一个位置时，由于克服各种阻力而损失的机械能。

（4）水击现象

在满管而流的管道中，由于流速迅速改变而引起的压力急剧变化的现象称为水击现象。

工业管道中流动着有一定压力的流体，当管道中的阀门迅速关闭时，流体受阻而流速突然变小，水的惯性使局部压力突然升高。这种突然升高的压力对管道有一种“锤击”的特征。这种现象称为水击或水锤。这种突然升高的压力首先出现在紧贴阀门上游的一层流体中，之后迅速向上游传播，并且在一定条件下反射回来，产生往复波动而引起管道振动。当管中出现水击现象时，常常会听到一种“轰轰”的振动声，就是这种水流波动和管道振动的结果。在各种泵的运行过程中，由于某些意外的原因使泵突然停止运转，以至于流体流速突然变化，管道中会出现水击现象。

2. 流体流动的分类

（1）有压流、无压流和射流

按流体运动的边界条件来分，流体运动可分为有压流、无压流和射流。

1）有压流。当流体流动时，流体整个固界和固体壁（如管道）相接触，这种流动称为有压流。它的特点是流体充满整个管道，没有自由表面，对管壁有一定的压力。供热、通风、给水管道一般都是有压流。

2）无压流。当液体流动时，液体的部分固界与气体相接触，这种流动称为无压流。其特点是有自由表面。天然河流是无压流，靠重力流动的管道一般都是无压流。

3）射流。当液体流动时，液体整个固界都不与固体壁相接触，而被包围在气体或液体之中，这种流动称为射流。若整个液流被包围在气体之中，这种射流称为自由射流；若整个液流被包围在液体之中，这种射流称为淹没射流。同样，当气体运动时，整个气流被包围在液体之中称为自由射流；整个气流被包围在气体之中称为淹没射流。例如，消防水枪中水的出流及冷却池管嘴的喷水都是自由射流；通风系统中送风口的气流就是淹没射流。

（2）稳流、非稳流

按液流或气流随时间是否变化来分，流体流动可分为稳流与非稳流。

1）稳流。当流体流动时，流体任意点的压力、流速等运动要素不随时间而变化，这种流动称为稳流。

2）非稳流。当流体流动时，流体任意点的压力、流速等运动要素随时间而变化，这种流动称为非稳流。

四、流体的测量

1. 流体温度的测量

工业上常用的温度测量仪器有玻璃管温度计、压力式温度计、热电偶温度计等。

玻璃管温度计的优点是使用简便、价格低廉、准确度高；缺点是容易损坏。

压力式温度计的优点是强度高，不怕振动，可装在离测点较远的地方。使用压力式温度计测量，当温度计温包受热时，测温系统中的碳氢化合物溶液蒸发而产生压力，迫使弹簧自由端转动，再通过杠杆和小齿轮带动指针转动，在指示盘上指示温度值。

热电偶温度计的优点是可远距离测量，测量范围大，测量精度高。

2. 流体流速的测量

工业上流速的测量可采用流速计。

3. 流体流量的测量

工业上流量的测量方法很多，例如，可用文丘里管、孔板式流量计、集流器等进行测量。

4. 流体压力的测量

测量压力的仪表依其转换原理的不同，大致可分为液柱式压力计、弹性式压力计、电气式压力计和活塞式压力计四大类。

思　考　题

1. 什么是物理变化？什么是化学变化？
2. 毒性的定义是什么？
3. 什么是燃烧、闪点、燃点和自燃点？
4. 什么是爆炸？爆炸分为哪几类？
5. 举例说明什么是爆炸极限。
6. 什么是腐蚀？腐蚀一般分为哪几类？
7. 什么是流体？它的基本特征是什么？

第3章 机械加工基本知识

第1节 机械制图的国家标准

一、国家制图标准概述

国家标准《机械制图》是一项重要基础标准。1959 年我国正式发布了 GB 122 ~ 141—59《机械制图》，它是我国制定和发布的第一个关于工程类的制图标准，也是工程图学的各分支学科中发展较早的重要学科之一。20 世纪 80 年代，国家明确提出积极采用国际标准的方针，并对 1974 年的国家标准《机械制图》进行修订，形成了 GB/T 4457. 1 ~ GB/T 4457. 5、GB/T 4458. 1 ~ GB/T 4458. 5、GB/T 4459. 1 ~ GB/T 4459. 7 等共计 17 个标准（1984 年版），在这些标准名称前面均统一冠以机械制图。1984 年版《机械制图》标准除部分被新标准代替外，还一直在使用着。但从 1988 年后，我国又陆续颁布了一批冠以技术制图字样的制图标准，如：

GB/T 10609. 2—1989《技术制图　明细栏》

GB/T 14690—1993《技术制图　比例》

技术制图在我国出现于 20 世纪 80 年代中后期，是更高层次的工程制图。它涵盖了各类制图，从发展的角度看，它很可能成为工程图学中最重要的学科。由于它的出现，工程图学也可能易名，工程图学极有可能为技术图学所取代。

表 3—1 所列为我国《机械制图》标准与国际标准的对应关系。表 3—2 所列为我国《技术制图》标准与国际标准的对应关系。

表 3—1　　《机械制图》标准与国际标准的对应关系

<table>
<tr><th colspan="2">国家标准名称及代号</th><th>与国际标准的关系</th></tr>
<tr><td>1</td><td>机械制图　图样画法　图线
GB/T 4457. 4—2002</td><td rowspan="2">修改采用 ISO 128—24：1999
《技术制图　图样画法　机械工程制图用图线》（英文版）</td></tr>
<tr><td>2</td><td>机械制图　剖面符号
GB/T 4457. 5—1984</td></tr>
<tr><td>3</td><td>机械制图　图样画法　视图
GB/T 4458. 1—2002</td><td rowspan="5">修改采用 ISO 128—34：2001
《技术制图　图样画法　机械工程制图用视图》（英文版）</td></tr>
<tr><td>4</td><td>机械制图　装配图中零、部件序号及其编排方法
GB/T 4458. 2—2003</td></tr>
<tr><td>5</td><td>机械制图　轴测图
GB/T 4458. 3—1984</td></tr>
<tr><td>6</td><td>机械制图　尺寸注法
GB/T 4458. 4—2003</td></tr>
<tr><td>7</td><td>机械制图　尺寸公差与配合注法
GB/T 4458. 5—2003</td></tr>
<tr><td>8</td><td>机械制图　图样画法　剖视图和断面图
GB/T 4458. 6—2002</td><td>修改采用 ISO 128—44：2001
《技术制图　图样画法　机械工程制图用剖视图和断面图》（英文版）</td></tr>
<tr><td>9</td><td>机械制图　螺纹及螺纹紧固件表示法
GB/T 4459. 1—1995</td><td>等效采用 ISO 6410—1993
《技术制图——螺纹和螺纹件的表示法》</td></tr>
<tr><td>10</td><td>机械制图　中心孔表示法
GB/T 4459. 5—1999</td><td>等效采用 ISO 6411：1982
《技术制图　中心孔表示法》</td></tr>
<tr><td>11</td><td>机械制图　机构运动简图符号
GB/T 4460—1984</td><td>等效采用 ISO 3952/1—1981，ISO 3952/2—1981，ISO 3952/3—1979
《机构运动简图——图示符号》</td></tr>
<tr><td>12</td><td>产品几何技术规范（GPS）　技术产品文件中表面结构的表示法
GB/T 131—2006</td><td>等同采用 ISO 1302：2002
《产品几何技术规范（GPS）　技术产品文件中表面结构的表示法》（英文版）</td></tr>
<tr><td>13</td><td>焊缝符号表示法
GB/T 324—2008</td><td>修改采用 ISO 2553：1992
《焊接、硬钎焊及软钎焊接头　在图样上的符号表示法》</td></tr>
<tr><td>14</td><td>焊接及相关工艺方法代号
GB/T 5185—2005</td><td>等同采用 ISO 4063：1998
《焊接及相关工艺方法　焊接方法名称和代号》（英文版）</td></tr>
</table>

表 3—2　《技术制图》标准与国际标准的对应关系

	国家标准名称及代号	与国际标准的关系
1	技术产品文件　词汇　投影法术语 GB/T 16948—1997	等效采用 ISO 10209—2：1993 《技术产品文件—词汇—投影法术语》
2	技术制图　标题栏 GB/T 10609. 1—2008	—
3	技术制图　明细栏 GB/T 10609. 2—2009	参照采用 ISO 7573—1983 《技术制图—明细表》
4	技术制图　复制图的折叠方法 GB/T 10609. 3—2009	—
5	技术制图　焊缝符号的尺寸、比例及简化表示法 GB/T 12212—1990	—
6	技术制图　通用术语 GB/T 13361—1992	—
7	技术制图　图纸幅面和格式 GB/T 14689—2008	修改采用 ISO 5457：1999 《技术制图　图纸幅面和格式》
8	技术制图　比例 GB/T 14690—1993	等效采用 ISO 5455—1979 《技术制图——比例》
9	技术制图　字体 GB/T 14691—1993	等效采用 ISO 3098/1—1974 《技术制图——字体　第一部分：常用字母》 ISO 3098/2—1984 《技术制图——字体　第二部分：希腊字母》
10	技术制图　投影法 GB/T 14692—2008	非等效采用 ISO/DIS 5456：1993 《技术制图　投影法》
11	技术制图　圆锥的尺寸和公差注法 GB/T 15754—1995	等效采用 ISO 3040—1990 《技术制图—尺寸公差注法—圆锥》
12	技术制图　简化表示法　第 1 部分：图样画法 GB/T 16675. 1—1996	—
13	技术制图　简化表示法　第 2 部分：尺寸注法 GB/T 16675. 2—1996	—
14	技术制图　图线 GB/T 17450—1998	等同采用 ISO128—20：1996 《技术制图　画法通则　第 20 部分：图线的基本规定》
15	技术制图　图样画法　视图 GB/T 17451—1998	非等效采用 ISO/DIS 11947—1：1995 《技术制图　视图、断面图和剖视图　第 1 部分：视图》

续表

国家标准名称及代号		与国际标准的关系
16	技术制图　图样画法　剖视图和断面图 GB/T 17452—1998	等效采用 ISO/DIS 11947—2：1995 《技术制图　视图、断面图和剖视图 第 2 部分：断面图和剖视图》
17	技术制图　图样画法　剖面区域的表示法 GB/T 17453—2005	等同采用 ISO 128—50：2001 《技术制图　图样画法　剖面与截面区域表示的一般要求》（英文版）
18	技术制图　图样画法　指引线和基准线的基本规定 GB/T 4457. 2—2003	等同采用 ISO 128—22：1999 《技术制图　通用规则　指引线和参考线的基本规定与应用》（英文版）
19	技术制图　棒料、型材及其断面的简化表示法 GB/T 4456—2008	等同采用 ISO 5261：1995 《技术制图　棒料、型材及其断面的简化表示法》
20	技术制图　棒料、型材及其断面的简化表示法 GB/T 4656—2008	等同采用 ISO 5261：1995 《技术制图　棒料、型材及其断面的简化表示法》

二、图纸幅面和格式

1．图纸幅面（GB/T 14689—2008）

绘制图样时，优先采用表 3—3 中规定的基本幅面，必要时允许选用规定的加长幅面。加长幅面的尺寸由基本幅面的短边成整数倍增加后得出。

表 3—3　　**图框尺寸**　　mm

<table>
<tr><td>幅面代号</td><td>A0</td><td>A1</td><td>A2</td><td>A3</td><td>A4</td></tr>
<tr><td>B × L</td><td>841 × 1189</td><td>594 × 841</td><td>420 × 594</td><td>297 × 420</td><td>210 × 297</td></tr>
<tr><td>e</td><td colspan="2">20</td><td colspan="3">10</td></tr>
<tr><td>c</td><td colspan="3">10</td><td colspan="2">5</td></tr>
<tr><td>a</td><td colspan="5">25</td></tr>
</table>

2．图框格式

在图纸上必须用粗实线画出图框，其格式分为不留装订边和留有装订边两种，但同一产品的图样只能采用一种格式。

不留装订边图纸的图框格式如图 3—1 所示，尺寸按表 3—3 的规定选取。

留有装订边图纸的图框格式如图 3—2 所示，尺寸按表 3—3 的规定选取。装订时，一般采用 A4 幅面竖装或 A3 幅面横装。

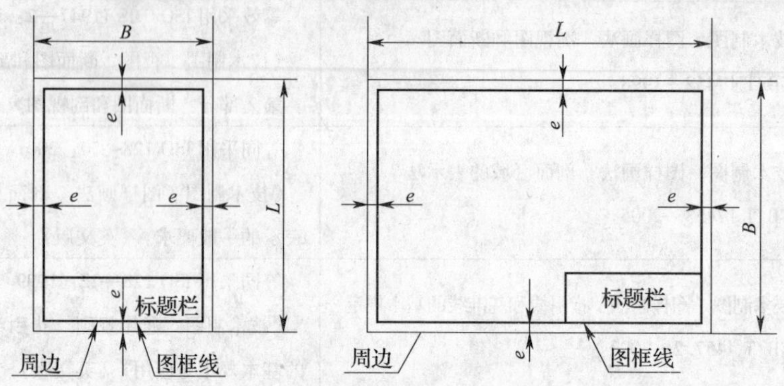

图 3—1　不留装订边图纸的图框格式

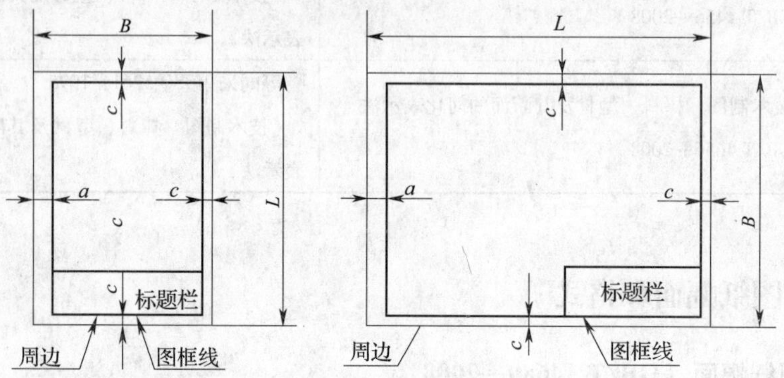

图 3—2　留有装订边图纸的图框格式

3. 标题栏

每张图纸上都必须画出标题栏。标题栏的位置应位于图纸的右下角（见图 3—1、图 3—2），标题栏中的文字方向即为看图方向。

按国家标准《技术制图　标题栏》（GB10609. 1—2008）的规定，标题栏的分区如图 3—3 所示。当采用图 3—3a 的形式时，标题栏具体的格式如图 3—4 所示。

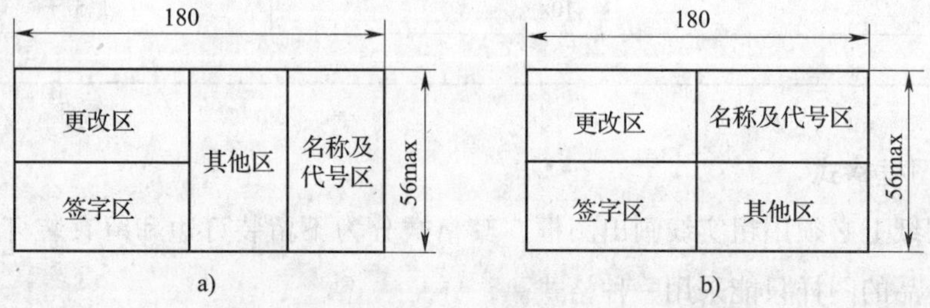

图 3—3　标题栏的分区

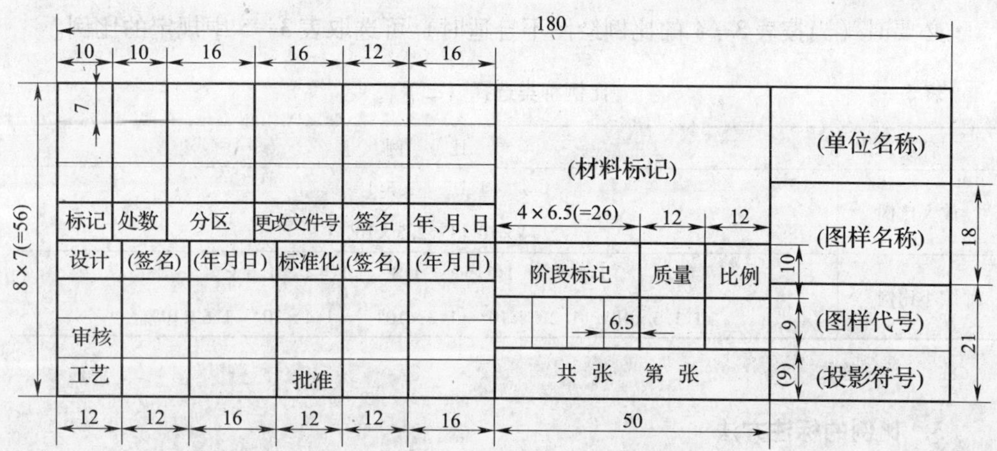

图 3—4　标题栏具体的格式

三、比例

GB/T 14690—1993《技术制图　比例》是现行国家技术制图标准；等效采用国际标准 ISO 5455—1979《技术制图——比例》。本标准规定了绘图比例及其标注方法，适用于技术图样及有关技术文件。

1. 比例的定义

国家标准《技术制图　比例》（GB/T 14690—1993）规定："图中图形与其实物相应要素的线性尺寸之比"称为比例。这里所指的要素，从几何角度去理解，是指相关的点、线、面，要素的线性尺寸是指这些点、线、面本身的尺寸或它们的相对距离。

2. 比例的种类

比值为 1 的比例称为原值比例，比值大于 1 的比例称为放大比例，比值小于 1 的比例称为缩小比例。

绘制技术图样时应在表 3—4 规定的系列中选取适当的比例。

表 3—4　　比例种类选择（一）

种类	比　例
原值比例	1:1
放大比例	5:1　2:1 $5\times10^n:1$　$2\times10^n:1$　$1\times10^n:1$
缩小比例	1:2　1:5　1:10 $1:2\times10^n$　$1:5\times10^n$　$1:1\times10^n$

注：n 为正整数。

必要时（当按表3—4的比例绘图不合适时）可选取表3—5中规定的比例。

表3—5　　比例种类选择（二）

种类	比　例
放大比例	4∶1　2.5∶1 4×10^n∶1　2.5×10^n∶1
缩小比例	1∶1.5　1∶2.5　1∶3　1∶4　1∶6 1∶1.5×10^n　1∶2.5×10^n　1∶3×10^n　1∶4×10^n　1∶6×10^n

注：n 为正整数。

3. 比例的标注方法

比例符号为"∶"，表示方法如1∶1、1∶5、1∶200、5∶1等。

一般情况下，比例应标注在标题栏中的比例栏内。

在同一张图样上的各图形一般采用相同的比例绘制；当某个图形需要采用不同的比例绘制时（如局部放大图），必须在图形名称的下方标注出该图形所采用的比例，如图3—5中"$\frac{A}{2:1}$"所示；或在图形名称的右侧标注出该图形所采用的比例，如"平面图1∶200"。

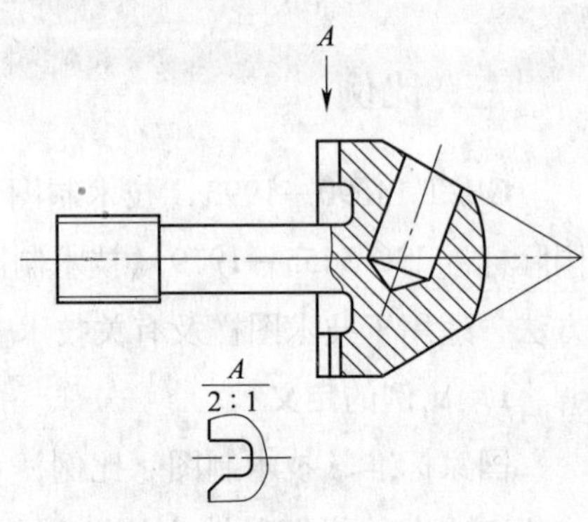

图3—5　比例标注方法

四、字体

在图样上除了要表达清楚机件的图形外，还需要用文字、数字等说明机件的大小、技术要求和其他内容。

1. 一般规定

图样中书写字体时必须做到：字体工整、笔画清楚、间隔均匀、排列整齐。

字体的大小要选择适当。字体的号数即字体的高度（用 h 表示），其公称尺寸系列为1.8 mm、2.5 mm、3.5 mm、5 mm、7 mm、10 mm、14 mm、20 mm。如需要书写更大的字，其字体高度应按$\sqrt{2}$的比率递增。

2. 汉字

汉字应写成长仿宋体字，并应采用中华人民共和国国务院正式公布推行的简化字。汉字的高度 h 应不小于3.5 mm，其字宽一般为 $h/\sqrt{2}$。

长仿宋体字的书写要领是：横平竖直、注意起落、结构匀称、填满方格。

3. 字母和数字

字母和数字分为 A 型和 B 型。A 型字体的笔画宽度（d）为字高（h）的 1/14，B 型字体的笔画宽度（d）为字高（h）的 1/10。在同一图样上，只允许选用一种形式的字体。字母和数字可写成斜体和直体，斜体字字头向右倾斜，与水平基准线成 75°。

五、图线

GB/T 17450—1998《技术制图　图线》是现行国家技术制图标准。

1. 基本线型及其变形

（1）基本线型

基本线型共有 15 种形式，见表 3—6，绘制机械图样时只用到其中的一小部分。

表 3—6　　基本线型

代码 No.	基本线型	名　称
01		实线
02		虚线
03		间隔画线
04		点画线
05		双点画线
06		三点画线
07		点线
08		长画短画线
09		长画双短画线
10		画点线
11		双画单点线
12		画双点线
13		双画双点线
14		画三点线
15		双画三点线

（2）基本线型的变形

以实线为例，基本线型可能出现的变形见表 3 7，其余各种基本线型可用同样的方法变形表示，视需要而定。

表 3—7　　基本线型的变形

名称	基本线型的变形
规则波浪连续线	
规则螺旋连续线	
规则锯齿连续线	
波浪线（徒手连续线）	

2. 图线宽度

所有线型的图线宽度（d）应按图样的类型和尺寸大小在下列数系中选择：0. 13 mm、0. 18 mm、0. 25 mm、0. 35 mm、0. 5 mm、0. 7 mm、1 mm、1. 4 mm、2 mm。该数系的公比为 $1:\sqrt{2}$（$\approx 1:1.4$）。

粗线、中粗线、细线的宽度比率为 4∶2∶1，在同一张图样中，同类图线的宽度应一致。表 3—7 中所列的各种基本线型根据需要均可选用粗、中粗、细等宽度。

如图 3—6 所示为图线应用示例。

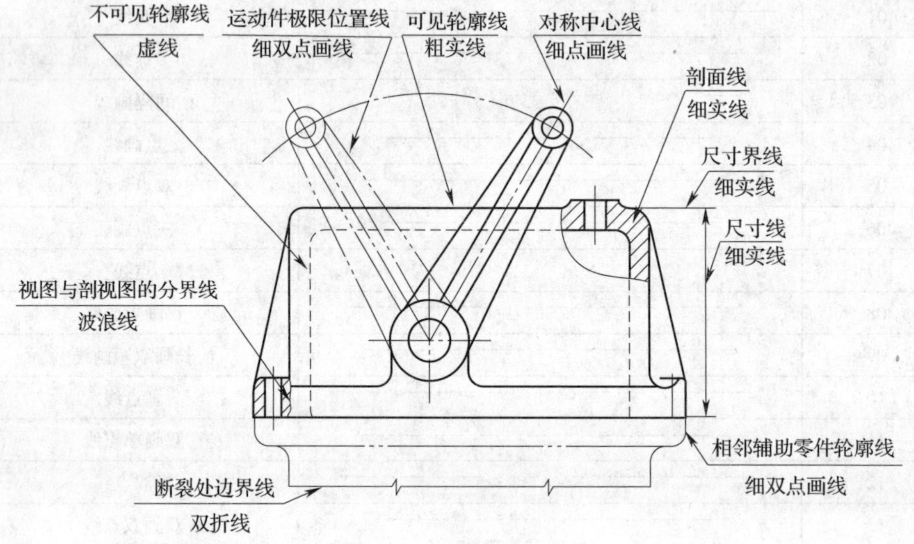

图 3—6　图线应用示例

3. 图线的画法

（1）同一图样中同类图线的宽度应基本一致。虚线、细点画线及细双点画线的线段长度和间隔应各自大致相等。

（2）两条平行线（包括剖面线）之间的距离应不小于粗实线宽度的两倍，其最小距离不得小于 0. 7 mm。

(3) 圆的对称中心线应超出圆外 2 ~ 5 mm，且首末两端应是线段；圆心应为线段的交点。当图形较小，画细点画线或细双点画线有困难时，可用细实线代替。

(4) 点画线、虚线和其他图线相交时，都应在线段处相交，不留空隙。

(5) 当虚线处于粗实线的延长线上时，粗实线应画到分界点，而虚线应留有空隙。当虚线圆弧与虚线直线相切时，虚线圆弧应画到切点，而虚线直线应留有空隙。

六、尺寸标注

1. 基本规则

(1) 机件的真实大小应以图样上所注的尺寸数值为依据，与图形的大小及绘图的准确程度无关。

(2) 图样中的尺寸以毫米为单位时，不需标注单位符号或名称，如采用其他单位，则必须注明相应的单位符号或名称。

(3) 图样中所标注的尺寸为该图样所示机件的最后完工尺寸，否则应另加说明。

(4) 机件的每一尺寸一般只标注一次，并应标注在反映该结构最清晰的图形上。

2. 尺寸的组成

一个完整的尺寸由尺寸界线、尺寸线、尺寸数字及尺寸线终端符号组成，如图 3—7 所示。

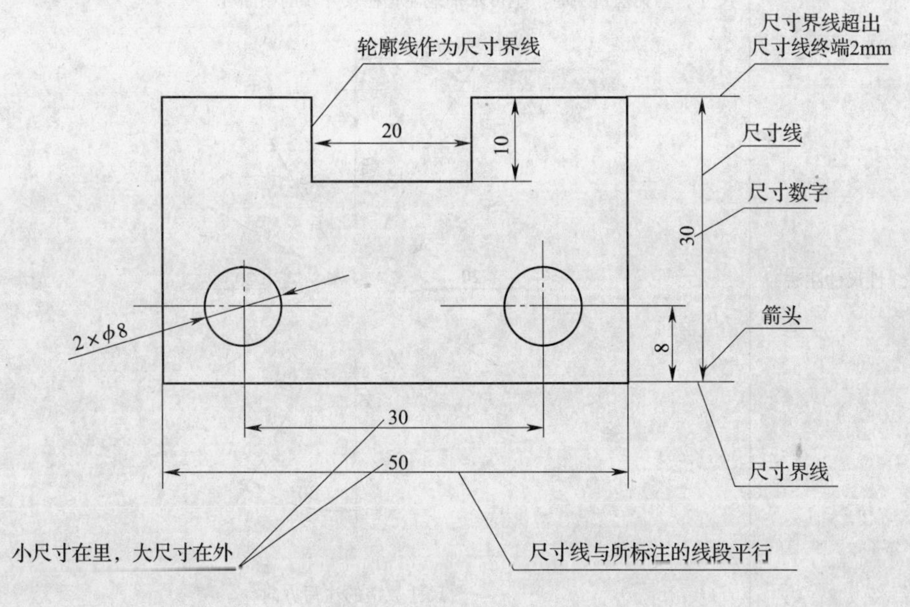

图 3—7　尺寸标注实例

（1）尺寸界线

尺寸界线用细实线绘制，一般由图形的轮廓线、轴线或对称中心线处引出。有时也可利用轮廓线、轴线或对称中心线作为尺寸界线，尺寸界线一般应与尺寸线垂直，并超出尺寸线终端约 2 mm，如图 3—7 所示。

（2）尺寸线

尺寸线用细实线绘制，不能用其他图线代替，也不得与其他图线重合或画在其他图线的延长线上。标注线性尺寸时，尺寸线必须与所标注的线段平行；当有几条互相平行的尺寸线时，大尺寸要注在小尺寸的外面，以免尺寸线与尺寸界线相交；在圆或圆弧上标注直径或半径时，尺寸线一般应通过圆心或其延长线通过圆心。

（3）尺寸数字

线性尺寸的数字一般应注写在尺寸线的上方，也允许注写在尺寸线的中断处，同一张图样上尺寸数字应大小一致，注写的方法也应基本一致。

3. 各类尺寸的注法

线性尺寸、圆及圆弧、角度、弦长、弧长及其他注法见表 3—8。

表 3—8　　各类尺寸注法

尺寸类型	说　明
线性尺寸注法	线性尺寸的数字一般应注写在尺寸线的上方，并尽可能避免在图示 30°范围内标注尺寸，当无法避免时，也可水平地注写在尺寸线的中断处 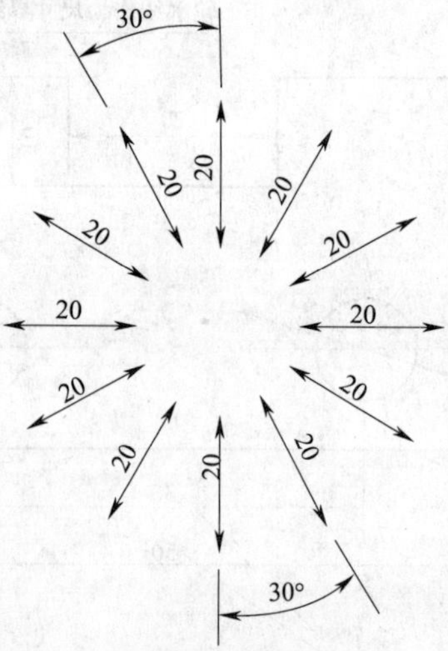 30° 20 20 20 20 20 20 20 20 20 20 20 20 30° 尺寸数字的注写方向

续表

尺寸类型	说　明
圆和圆弧注法	圆或大于半圆的圆弧应标注直径，并在尺寸数字前加注直径符号“ϕ”，尺寸线应通过圆心，以圆周为尺寸界线，如不为整圆时，只需画一个箭头。半圆或小于半圆的圆弧应标注半径，并在尺寸数字前加注半径符号“R”，尺寸线应从圆心引向圆弧，只画一个箭头
角度、弦长、弧长注法	尺寸界线应沿径向引出，尺寸线应画成圆弧，角度数字一律水平书写，注在尺寸线中断处，必要时也可写在尺寸线上方或外边，还可引出标注。弦长按直线尺寸标注，标注弦长的尺寸界线应平行于该弦的垂直平分线。弧长的尺寸线为同心弧，尺寸界线垂直于其弦，弧度较大时，尺寸界线可沿径向引出，标注弧长时应在尺寸数字左方加注符号“⌒”
小尺寸注法	在尺寸界线之间没有足够位置画箭头时，可用圆点或斜线代替中间省略的两个箭头

第 2 节　公差配合的基础知识

GB/T 1182—2008《产品几何技术规范（GPS）几何公差　形状、方向、位置和跳动公差标注》是现行国家技术制图标准，等同采用国际标准 ISO 1101：2004《技术制图　几何公差　形状、定向、定位和跳动公差—通则、定义、符号和图样表示法》。本标准规定了工件需要的所有形状和位置公差（简称形位公差）的定义，提出了形位公差的基本要求、符号、标注和在图样中的表示方法，适用于一切工业制品从功能出发的形状和位置公差要求。

一、公差配合的基本术语和定义

1. 尺寸

（1）尺寸

尺寸是用特定单位表示长度值的数字。在机械制造中一般常用毫米（mm）作为特定单位。

（2）基本尺寸（D、d）

基本尺寸是设计给定的尺寸。它的数值一般应按标准长度、标准直径的数值进行圆整。基本尺寸标准化可减少刀具、量具、夹具的规格、数量。

（3）实际尺寸

实际尺寸是通过测量所得的尺寸。但由于测量存在误差，所以实际尺寸并非真值。同时，由于工件存在形状误差，所以同一表面不同部位的实际尺寸也不相等。

（4）极限尺寸

极限尺寸是允许尺寸变化的两个界限值。它们是以基本尺寸为基数来确定的。界限值较大者称为最大极限尺寸（D_{max}、d_{max}），界限值较小者称为最小极限尺寸（D_{min}、d_{min}）。

2. 尺寸偏差与公差

（1）尺寸偏差（简称偏差）

尺寸偏差是某一尺寸减去其基本尺寸所得的代数差。实际尺寸减去其基本尺寸所得的代数差称为实际偏差；最大极限尺寸减去其基本尺寸所得的代数差称为上极限偏差；最小极限尺寸减去其基本尺寸所得的代数差称为下极限偏差；上极限偏差与下极限偏差统称为极限偏差。偏差可以为正、负或为零。

孔上极限偏差：$ES = D_{max} - D$，下极限偏差：$EI = D_{min} - D$

轴上极限偏差：$es = d_{max} - d$，下极限偏差：$ei = d_{min} - d$

（2）尺寸公差（简称公差）

尺寸公差是指允许尺寸的变动量。公差等于最大极限尺寸与最小极限尺寸代数差的绝对值，也等于上极限偏差与下极限偏差代数差的绝对值。公差取绝对值，不存在负公差，也不允许为零。

孔公差：$T_D = |D_{max} - D_{min}| = |ES - EI|$

轴公差：$T_d = |d_{max} - d_{min}| = |es - ei|$

3. 零线与公差带

（1）零线

零线是在公差配合图解（简称公差带图）中确定偏差的一条基准直线，即零偏差线。通常以零线表示基本尺寸，偏差由零线算起，零线以上为正偏差，零线以下为负偏差，如图3—8所示。

（2）尺寸公差带（简称公差带）

尺寸公差带是由代表上极限偏差与下极限偏差的两条直线所限定的一个区域。

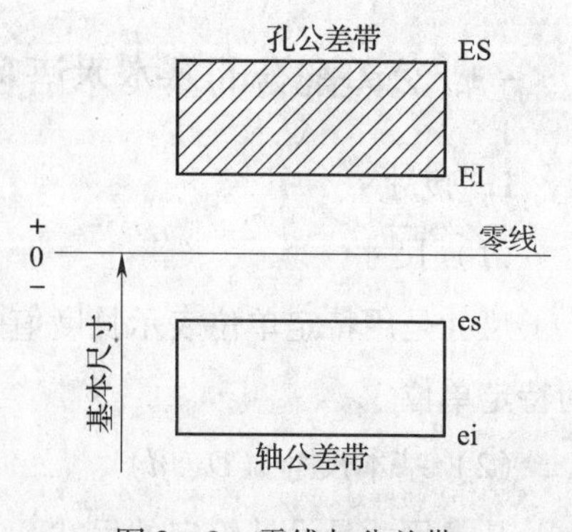

图3—8　零线与公差带

4. 配合

配合是指基本尺寸相同的相互结合的孔和轴公差带之间的关系。

配合可以分为间隙配合、过盈配合和过渡配合三种。

（1）间隙配合

孔的公差带在轴的公差带之上，具有间隙的配合（包括最小间隙为零的配合）称为间隙配合，如图 3—9 所示。

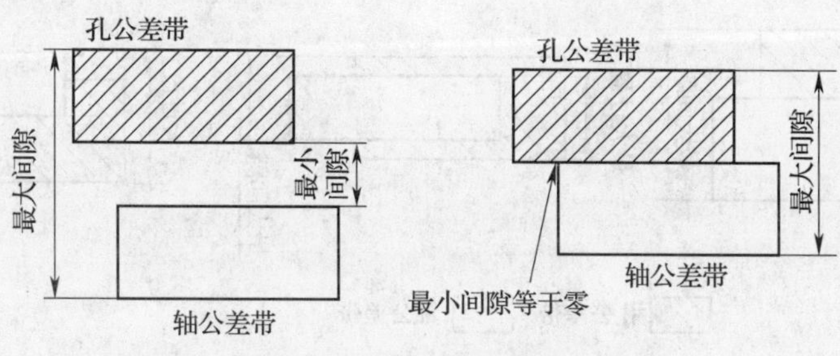

图 3—9　间隙配合

由于孔和轴都有公差，所以实际间隙的大小随着孔和轴的实际尺寸而变化。

孔的最大极限尺寸减去轴的最小极限尺寸所得的差值为最大间隙，也等于孔的上极限偏差减轴的下极限偏差。以 X 代表间隙，则：

最大间隙：$X_{max} = D_{max} - d_{min} = ES - ei$

最小间隙：$X_{min} = D_{min} - d_{max} = EI - es$

（2）过盈配合

孔的公差带在轴的公差带之下，具有过盈的配合（包括最小过盈为零的配合）称为过盈配合，如图 3—10 所示。实际过盈的大小也随着孔和轴的实际尺寸而变化。

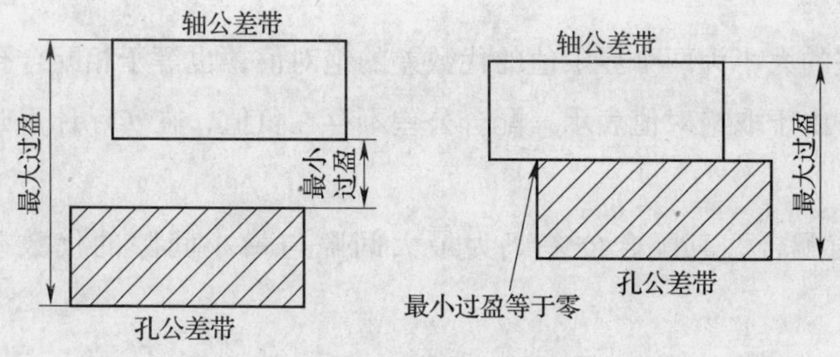

图 3—10　过盈配合

孔的最大极限尺寸减去轴的最小极限尺寸所得的差值为最小过盈，也等于孔的上极限偏差减轴的下极限偏差。以 Y 代表过盈，则：

最大过盈：$Y_{max}=D_{min}-d_{max}=EI-es$

最小过盈：$Y_{min}=D_{max}-d_{min}=ES-ei$

（3）过渡配合

孔和轴的公差带相互交叠，随着孔、轴实际尺寸的变化可能得到间隙或过盈的配合称为过渡配合，如图 3—11 所示。

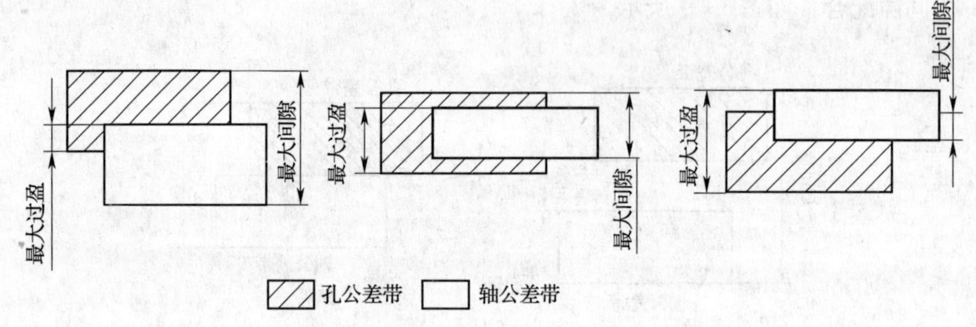

图 3—11　过渡配合

孔的最大极限尺寸减去轴的最小极限尺寸所得的差值为最大间隙。

孔的最小极限尺寸减去轴的最大极限尺寸所得的差值为最大过盈。

最大间隙：$X_{max}=D_{max}-d_{min}=ES-ei$

最大过盈：$Y_{max}=D_{min}-d_{max}=EI-es$

（4）配合公差

在上述间隙配合、过盈配合和过渡配合三类配合中，允许间隙或过盈在两个界限内变动，这个允许的变动量为配合公差，这是设计人员根据相配件的使用要求确定的。配合公差越大，配合精度越低；配合公差越小，配合精度越高。

配合公差的大小为两个界限值的代数差的绝对值，也等于相配合孔的公差和轴的公差之和。由于取绝对值表示，配合公差不存在负值，在实际计算时常省略绝对值符号。

对于间隙配合，其配合公差 T_f 为最大间隙与最小间隙的代数差的绝对值，即：

$$T_f=X_{max}-X_{min}=T_D+T_d$$

对于过盈配合，其配合公差 T_f 为最小过盈与最大过盈的代数差的绝对值，即：

$$T_f=Y_{min}-Y_{max}=T_D+T_d$$

对于过渡配合，其配合公差 T_f 为最大间隙与最大过盈的代数差的绝对值，即：

$$T_f = X_{max} - Y_{max} = T_D + T_d$$

二、国家标准中规定的公差带与配合

1. 国家标准中规定的公差带

根据国家标准所提供的 20 种等级的标准公差和 28 种基本偏差可组成大量不同大小和位置的公差带（孔有 543 种，轴有 544 种），为有利于生产和减少刀具、量具的规格、数量，必须对公差带的数量做必要的限制，故国家标准规定了一般公差带、常用公差带和优先公差带。

对于基本尺寸小于等于 500 mm 的轴，国家标准规定了 116 种一般公差带，其中 59 种为常用公差带（方框内），13 种为优先公差带（圆圈内），见表 3—9。

表 3—9　　一般、常用和优先的轴公差带

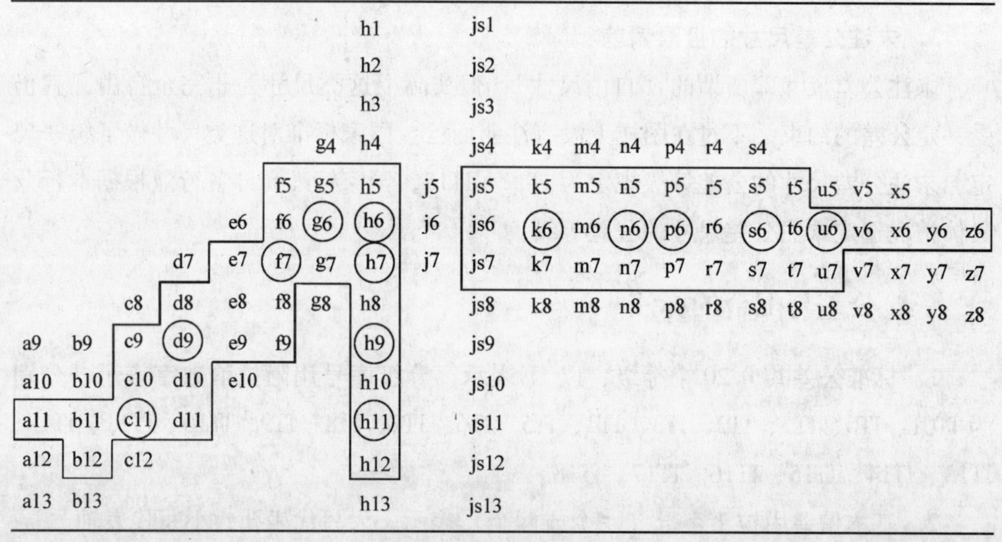

							h1		js1												
							h2		js2												
							h3		js3												
						g4	h4		js4	k4	m4	n4	p4	r4	s4						
					f5	g5	h5	j5	js5	k5	m5	n5	p5	r5	s5	t5	u5	v5	x5		
				e6	f6	g6	h6	j6	js6	k6	m6	n6	p6	r6	s6	t6	u6	v6	x6	y6	z6
			d7	e7	f7	g7	h7	j7	js7	k7	m7	n7	p7	r7	s7	t7	u7	v7	x7	y7	z7
		c8	d8	e8	f8	g8	h8		js8	k8	m8	n8	p8	r8	s8	t8	u8	v8	x8	y8	z8
a9	b9	c9	d9	e9	f9		h9		js9												
a10	b10	c10	d10	e10			h10		js10												
a11	b11	c11	d11				h11		js11												
a12	b12	c12					h12		js12												
a13	b13						h13		js13												

对于基本尺寸小于等于 500 mm 的孔，国家标准规定了 107 种一般公差带，其中 44 种为常用公差带（方框内），13 种为优先公差带（圆圈内），见表 3—10。

2. 国家标准中规定的配合

把 543 种孔的公差带与 544 种轴的公差带进行组合可得到近 30 万种配合，远远超过了实际需要，故国家标准根据我国生产实际及参照国际公差标准的规定在基本尺寸小于等于 500 mm 范围内，对基孔制规定了 59 种常用配合和 13 种优先配合。对基轴制规定了 47 种常用配合和 13 种优先配合。

表 3—10　　一般、常用和优先的孔公差带

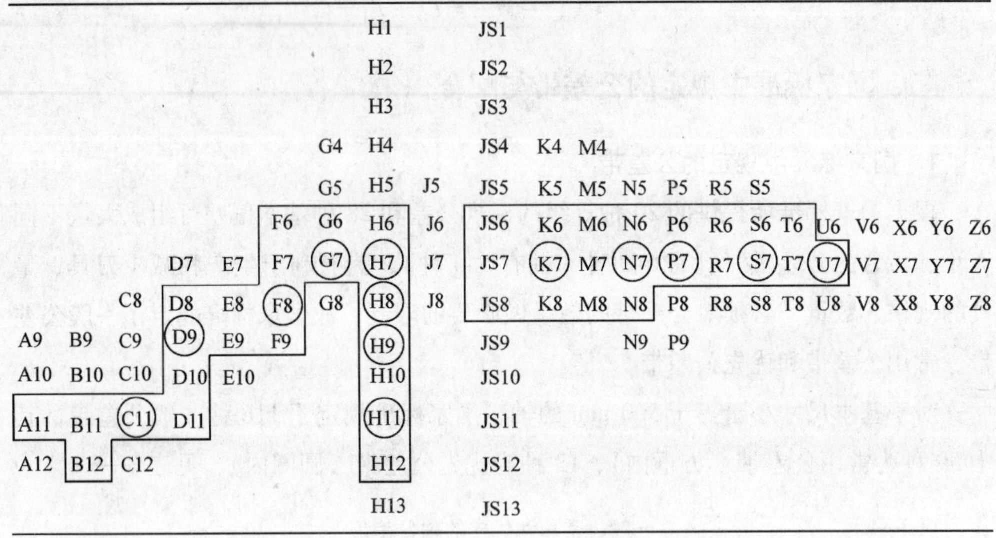

3. 未注公差尺寸的极限偏差

未注公差尺寸即所谓的“自由尺寸”，但实际上这类尺寸并非完全自由，其仍受一定公差的约束，不过在图样上没有注明而已。国家标准对这类尺寸做了统一规定，未注公差尺寸的公差等级规定为 IT12 ~ IT18，国家标准允许各行业根据本行业具体情况选定未注公差尺寸的公差等级。

三、公差与配合的标注

1. 标准公差共分 20 个等级，以 IT 表示，等级序号用阿拉伯数字表示，分别为 IT01、IT0、IT1、IT2、IT3、IT4、IT5、IT6、IT7、IT8、IT9、IT10、IT11、IT12、IT13、IT14、IT15、IT16、IT17、IT18。

2. 基本偏差用拉丁字母（一个或两个）表示。大写代表孔，小写代表轴。

孔：A、B、C、CD、D、E、EF、F、G、H、J、JS、K、M、N、P、R、S、T、U、V、X、Y、Z、ZA、ZB、ZC。

轴：a、b、c、cd、d、e、ef、f、g、h、j、js、k、m、n、p、r、s、t、u、v、x、y、z、za、zb、zc。

其中，H 为基准孔，h 为基准轴（因为 H 和 h 的基本偏差为零）。

3. 在零件图中标注线性尺寸的公差时，可以采用公差带代号（公差带的代号标注在基本尺寸的右边），或标注极限偏差（上极限偏差注在基本尺寸的右上方，下极限偏差与基本尺寸注在同一底线上），也可同时标注公差带代号和相应的极限

偏差（极限偏差应加圆括号）。

4. 在零件图中标注极限偏差时，上极限偏差与下极限偏差的小数点必须对齐，小数点后的位数也必须相同。当上极限偏差或下极限偏差为“零”时，用数字“0”标出，并与下极限偏差或上极限偏差的小数点前的个位数对齐。当公差带相对于基本尺寸对称地配置，即两个偏差的绝对值相同时，偏差只需标注一次，并应在偏差与基本尺寸之间注出符号“ ±”，且两者数字的高度相同。

5. 在装配图中标注线性尺寸的配合代号时，必须在基本尺寸的右边用分数的形式注出。分子为孔的公差带代号，分母为轴的公差带代号。

6. 在装配图中标注相配零件的极限偏差时，一般应把孔的基本尺寸和极限偏差填写在尺寸线的上方，把轴的基本尺寸和极限偏差填写在尺寸线的下方。

7. 标注标准件、外购件与零件（轴或孔）的配合代号时，可以只标注相配零件的公差带代号。

四、几何公差

几何公差的研究对象是机械零件上的几何要素，简称要素。

机械零件的形体都是由若干个不同形状和不同位置的几何图形组合而成的，而几何图形也都是由点、线和面构成的。这些点、线和面统称为零件上的几何要素。所以说，几何要素是构成零件形状的基本单元。如图 3—12 所示，圆柱面、圆锥面、球面、平面、轴线、素线和点都是构成这个零件的要素。

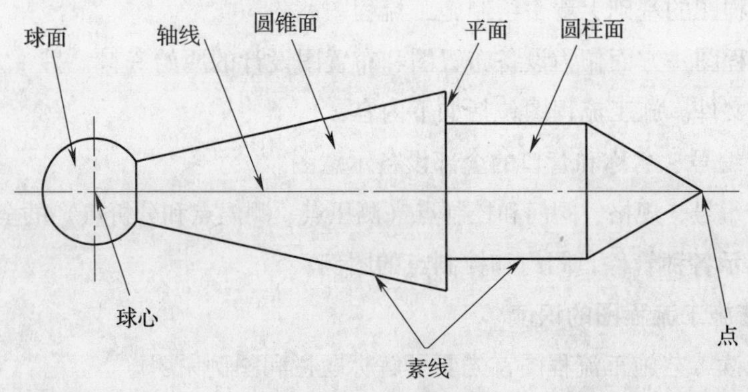

图 3—12　几何要素

要素的几何特征表现在具有一定的形状和位置关系上，形状是一个要素本身所处的状态，位置则是指两个或几个要素之间所形成的方位关系。

第 3 节　识读简单设备布置图的方法

设备布置图应以管道及仪表流程图、土建图、设备表、设备图、管道走向和管道图以及制造厂提供的有关产品资料为依据绘制。绘制时，设备布置图的内容表达及画法应遵守化工行业标准《化工装置设备布置设计技术规定》（HG 20546—1992）的有关规定。

一、工艺流程图的识读

工艺流程图是表示石化生产过程的图样。可分为工艺方案流程图和工艺施工流程图。

工艺方案流程图又称工艺流程示意图或工艺流程简图，它是用来表达整个工厂、车间或某一工段生产过程概况的图样。当生产方法确定后，就开始设计和绘制工艺流程简图，以便进行物料衡算、热量衡算以及设备和工艺计算，它可作为讨论工艺方案和设计工艺施工流程图的依据。

工艺施工流程图又称工艺安装流程图或带控制点工艺流程图，简称施工流程图。

1. 施工流程图的内容

在工艺设计过程中，当物料衡算、热量衡算以及设备和工艺计算完成以后，即可在方案流程图的基础上着手绘制施工流程图。

施工流程图一方面作为设备布置图和布置图设计的原始资料，另一方面也是安装的指导性文件。施工流程图包括如下内容：

（1）带编号、名称和管口的全部设备示意图。

（2）带编号、规格、阀门和控制点（测压点、测温点和分析点）的全部流程线。

（3）表示各种管件、阀门和控制点的图例。

2. 工艺施工流程图的识读

（1）识读工艺施工流程图首先要了解标题栏和图例说明。

从标题栏中了解工程名称、设计单位以及图名、图号、设计阶段和图纸张数等内容。

从图例说明中，应大致了解图样中所用的图例符号、管道标注以及管材、物料、仪表等的代号。

（2）掌握设备的数量、名称和编号。如图 3—13 所示为脱硫系统工艺施工流程图，从图 3—13 中可以看出，脱硫系统的工艺设备共有 10 台。传动设备有 6 台，分别是两台罗茨鼓风机 201—1、201—2，其中一台是备用的；3 台氨水泵 205—1、205—2、205—3，其中一台是备用的；一台空气鼓风机 207。静止设备有 4 台，分别是脱硫塔 202、除尘塔 203、氨水槽 204 和再生塔 206。

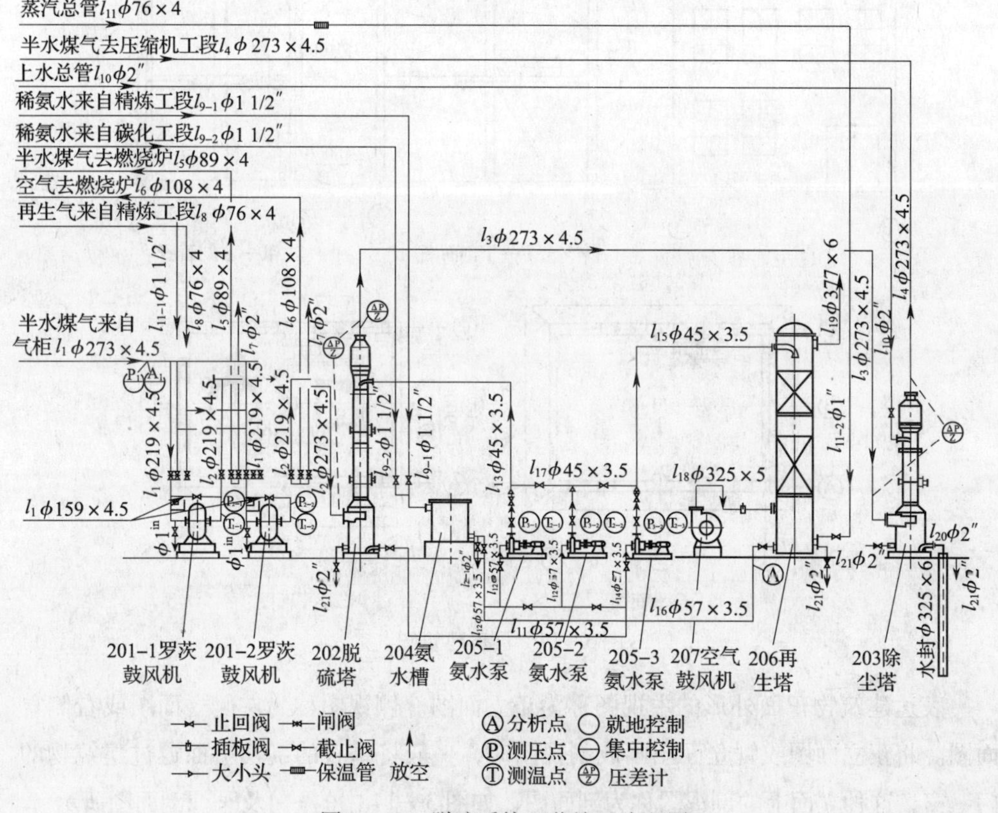

图 3—13　脱硫系统工艺施工流程图

(3) 了解物料（介质）由原料转变为半成品或成品的过程，即工艺流程线，着重弄清楚每一管线的来龙去脉、编号和规格，以及其上的管件、阀门和控制点的部位、名称、编号、数量等。

二、设备布置图识读

施工流程图中所确定的设备、管道、控制仪表等必须按工艺要求合理地布置和安装。用以表达厂房内、外设备安装位置的图样称为设备布置图；用以表达管道的空间走向以及管件、阀门、仪表等安装位置的图样称为管道布置图。两者总称为车间布置图。

车间内设备、管道、电器、仪表等的布置与厂房的结构有着密切的关系。在车间布置图中，设备和管道的布置及安装往往是以厂房建筑的某些结构为基准来确定的。所以，在介绍设备布置图和管道布置图之前，应首先识读厂房建筑图。

1. 厂房建筑图简介

如图3—14所示为一双层厂房的建筑图。建筑图也是按正投影原理绘制的视图。

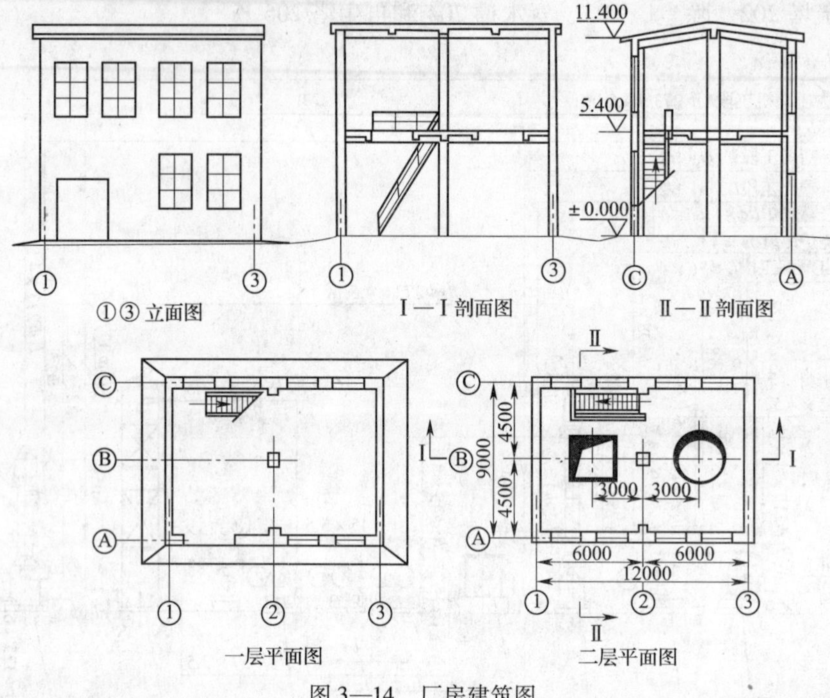

图3—14　厂房建筑图

表达建筑物正面外形的主视图称为正立面图。侧视图称为左侧立面图或右侧立面图。将正立面图或侧立面图画成剖视图时，一般将垂直的剖切平面通过建筑物的门、窗，这种立面上的剖视图称为剖面图，如图3—14中的Ⅰ—Ⅰ及Ⅱ—Ⅱ剖面图所示。

建筑物的俯视图画成剖视图，这时水平的剖切平面也通过建筑物的门、窗。这种俯视图上的剖视图称为平面图，如图3—14中的一层及二层平面图所示。图样中凡未被剖切的墙、墙垛、梁柱和楼板等结构的轮廓都用细实线画出；被剖切后的剖面轮廓则用较粗的实线画出。这些结构以及门、窗、孔洞、楼梯等常见构件都有规定画法。

厂房平面图和剖面图，或这两种图样的某些内容，常是设备布置图的重要组成部分，而表达建筑物正面、侧面等外形的立面图在设备布置图中则很少采用。

2. 设备布置图的内容和识读

在厂房建筑图上以建筑物的定位轴线为基准，按设备的安装位置添加设备的图形或标记，并标注其定位尺寸，即成为设备布置图。平面图上的设备布置图称为设备布置平面图；剖面图上的设备布置图则称为设备布置剖面图或设备布置立面图。

（1）设备布置图的内容

1）厂房平面图、立（剖）面图，设备较大时，还有首页图。

2）设备的平面布置图和立面布置图以及设备的编号及名称，如图 3—15 所示为脱硫系统设备布置图。

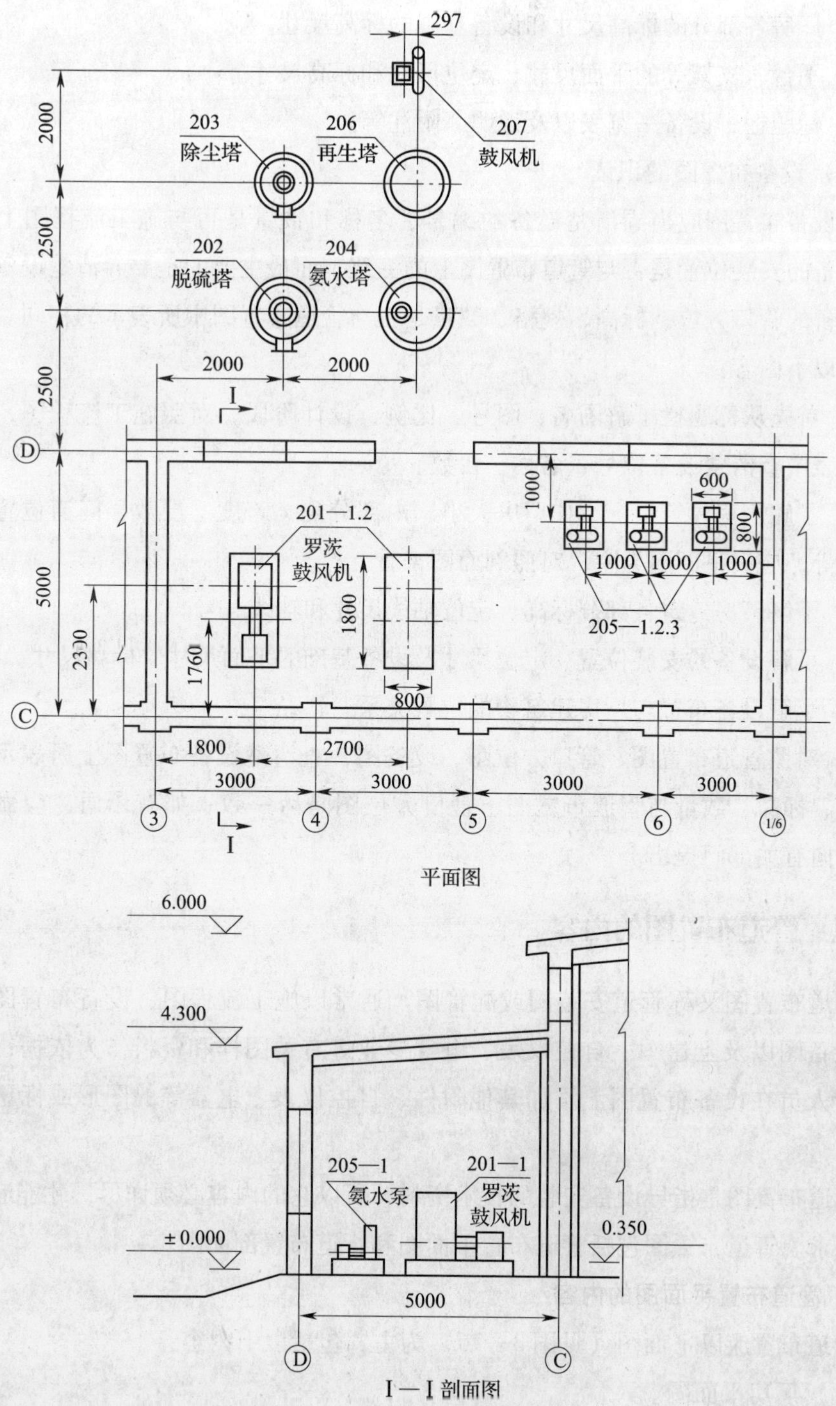

图 3—15　脱硫系统设备布置图

3）厂房定位轴线尺寸和设备定位尺寸。

4）设备基础的平面尺寸和定位尺寸。

5）厂房各部分的标高尺寸和设备基础的标高尺寸。

6）平台、支架等的平面尺寸、定位尺寸和标高尺寸。

7）标题栏、设备一览表以及说明、附注等。

（2）设备布置图的识读

对设备布置图应当弄清楚设备的编号、名称和数量是否与施工流程图上的相同，设备的安装位置是否与管道布置图上的一致。而最主要的是要弄清楚设备布置图中设备的管口方位、标高、规格、数量是否与管道布置图中所表示的相同。还应当了解以下内容：

1）首先从标题栏了解图名、图号、比例、设计阶段，对照施工流程图，从设备一览表中查清楚设备位号、名称、台数。

2）了解厂房建筑情况，如厂房大小、内部分隔、跨度、层数、门窗位置、预留孔洞等，应以平面图为主，对照剖面图来看。

3）了解厂房建筑各部分标高、定位轴线尺寸和轴线编号。

4）了解设备的安装位置、定位尺寸及设备基础的平面尺寸、标高尺寸。

5）了解设备布置与厂房建筑物的位置关系。

6）对照管道布置图、管口方位图、设备图，查清楚设备布置图上所表示的管口方位、标高、数量与管道布置图、管口方位图是否一致，如有矛盾，应做好记录，并向有关部门提出。

三、管道布置图的内容

管道布置图又称管道安装图或配管图。通常以施工流程图、设备布置图、有关的设备图以及土建图、自控仪表、电气专业等有关图样和资料作为依据；由工艺设计人员在设备布置图上添加其他附件、自控仪表、电器等的图形或标记而构成。

管道布置图是指导设备安装的技术资料，所以它的内容必须详尽，才能满足安装的要求。管道布置图包括管道布置平面图和管道布置剖面图。

1. 管道布置平面图的内容

管道布置应以平面图（见图 3—16）为主，包括以下内容：

（1）厂房平面图。

（2）设备的平面布置、编号和名称。

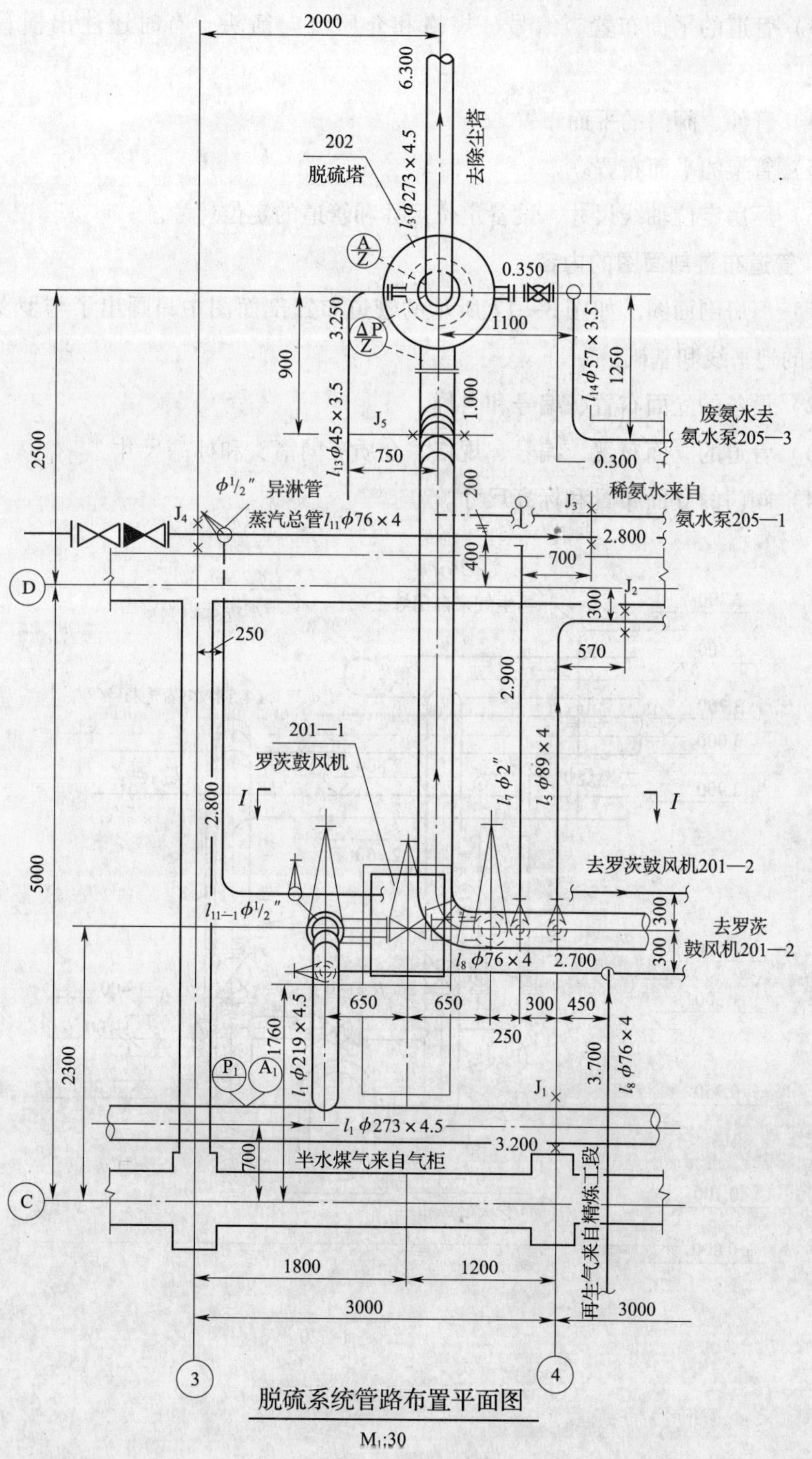

脱硫系统管路布置平面图

M1:30

图 3—16　管道布置平面图

（3）管道的平面布置、编号、规格和介质流向箭头，有时还注出横管的标高。

（4）管件、阀门的平面布置。

（5）管架的平面布置。

（6）厂房定位轴线尺寸、设备定位尺寸和管道的定位尺寸。

2. 管道布置剖面图的内容

（1）厂房剖面图。如图 3—17 所示的管道布置剖面图中只画出了与罗茨鼓风机有关的地平线和基础。

（2）设备的立面布置、编号和名称。

（3）管道的立面布置、编号、规格、介质流向箭头和标高尺寸。

（4）阀门的立面布置和标高尺寸。

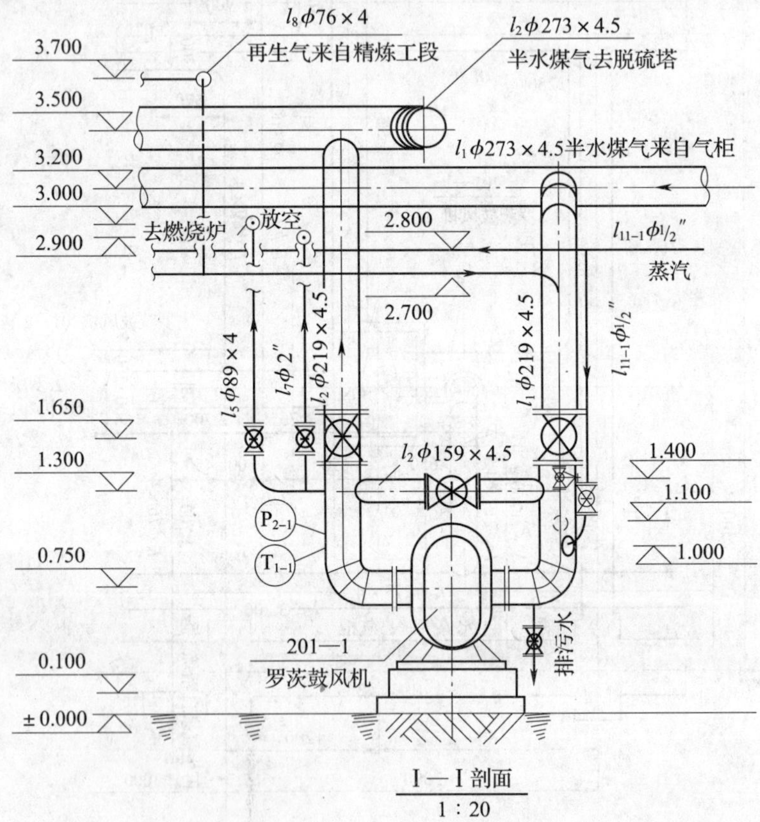

图 3—17　管道布置剖面图

第 4 节　钳工常用设备、工具、量具、仪表

带压密封工作业时，需根据设计图样的要求，使用量具、工具和机具对金属型材进行展开、放样、号料、矫正、下料、加工、煨制及组装等工序。因此，带压密封工应当掌握钳工常用设备、工具、量具、仪表的使用。

一、常用量具的使用与维护

1. 布卷尺

布卷尺又称皮尺，常用的规格有 5 m、10 m、15 m、20 m、30 m、50 m 等。使用布卷尺时的注意事项如下：

（1）按实际测量距离拉出需要的长度。

（2）测量中，尺带要拉直，但不要拉得过紧，以免拉断尺带；也不可拉得过松，以免影响测量的准确性。

（3）当测量较长距离时，宜两人一起操作。使用中不可将尺子在地上拖来拖去，以免磨损尺带。

（4）尺子使用后，应及时将尺带擦拭干净，平直地卷入尺盒内。

用布卷尺测量管子长度的方法如图 3—18 所示。

2. 90°角尺（弯尺）

90°角尺一般分为整体式和组合式两种，如图 3—19 所示。整体式 90°角尺用整块金属制成。组合式 90°角尺由尺座和尺苗两部分组成。90°角尺的两边长短不同，长而薄的一边叫做尺苗，短而厚的一边叫做尺座。有的 90°角尺在尺苗上带有尺寸刻度。

90°角尺的使用方法是：将尺座一面靠紧工件基准面，尺苗向工件的另一面靠拢，观察尺苗与工件贴合处，利用透过光线是否均匀来判断工件两相邻面是否垂直，如图 3—20 所示。

在钳工作业中，90°角尺用来检验型材弯制直角、法兰安装的垂直度以及划垂直线及型钢划线等。

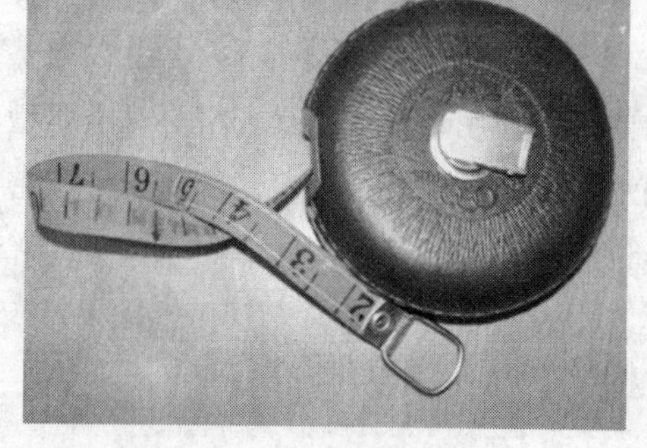

图 3—18　用布卷尺测量管子长度的方法

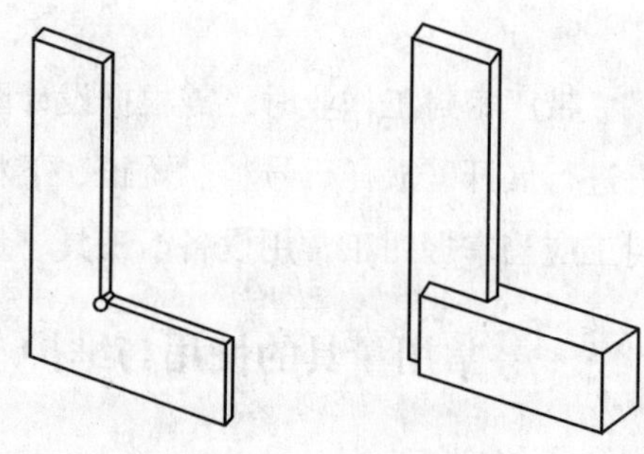

图 3—19　90°角尺

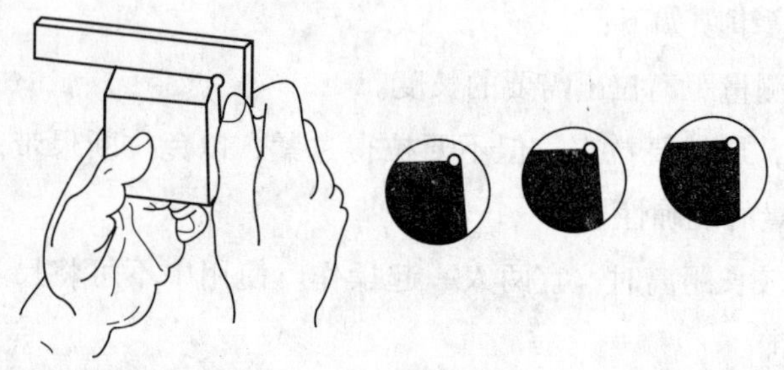

图 3—20　90°角尺的使用

（1）钳工所用的宽座角尺由长臂和短臂（即宽座）两部分组成，长臂上有长度的刻度。常用于各类型钢的划线以及检验法兰安装的垂直度。

（2）钳工所用的扁钢角尺的长臂和短臂是用同样规格、相等厚度的扁钢制成的，常用于测量展开件。90°角尺的使用及维护注意事项如下：

1）使用时应轻拿轻放，保护刻度。

2）不得用 90°角尺敲击被测物。

3）使用完毕应及时擦拭干净，并涂油保存。

3. 水平仪

水平仪又称水平尺，有条形和框式两种，用于测量设备的水平度，较长的水平仪还可测量垂直度。

常用的是条形水平仪，如图 3—21 所示。在水平仪平面中央装有一个横向水泡玻璃管，用于检查平面的水平度；另一个垂直水泡玻璃管用于检查垂直度。通过观察玻璃管内气泡是否处在中间位置来判定被测设备是否水平或垂直。

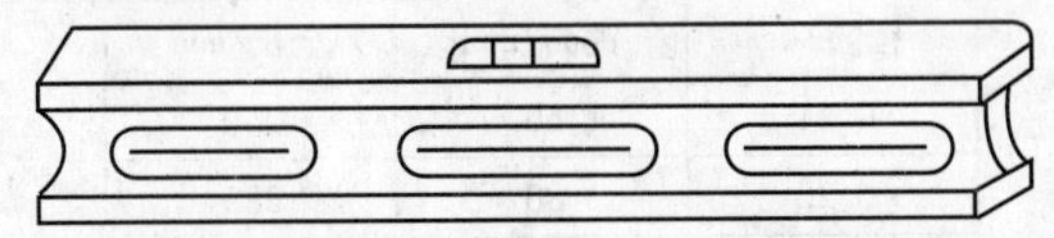

图 3—21　条形水平仪

水平仪的使用及维护注意事项如下：

（1）测量前，要将测量表面与水平仪工作表面擦拭干净，以防止测量不准确或损伤工作表面。

（2）看水平仪时，视线要垂直对准水泡玻璃管，否则读数不准。

（3）水平仪要轻拿轻放，放正放稳，不准在测量设备表面将水平仪拖来拖去。

（4）检查设备的垂直度时，应用力均匀地将水平仪靠紧在设备立面上。

4. 线锤

线锤用于测量立管的垂直度。线锤的规格以质量划分，钳工使用的线锤一般在 0. 5 kg 以下。

其余测量工具参见第二部分初级带压密封工，第三节泄漏介质数据采集，第二单元测量专用工器具使用方法。

二、常用手动工具的使用与维护

常用的手动工具有锤子、錾子、钢锯、锉刀、管子割刀、扳手、管子钳、链条钳、台虎钳、管子铰板、螺纹铰板、丝锥等。

1. 锤子

常用的锤子是钳工锤和八角锤。锤子由锤头和木柄组成，其规格用锤头质量表示。钳工锤如图 3—22a 所示，常用的为 0. 5 kg 和 1 kg 两种。八角锤俗称大榔头，如图 3—22b 所示。锤子标准及参数见表 3—11。

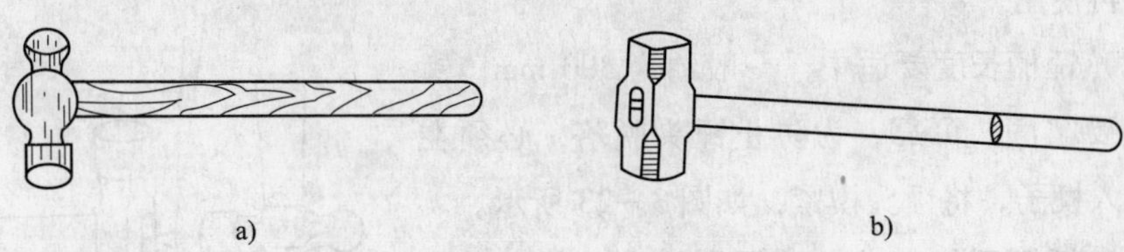

图 3—22　锤子

a）钳工锤　b）八角锤

表 3—11　　　　**锤子标准及参数**

名称标准号	规格			简图
	锤重/kg	锤高/mm	全长/mm	
圆头锤（QB/T 1290. 2—2010）	0. 11	66	260	
	0. 22	80	285	
	0. 34	90	315	
	0. 45	101	335	
	0. 68	116	355	
	0. 91	127	375	
	1. 13	137	400	
	1. 36	147	400	
	锤重/kg	锤高/mm		
八角锤（QB/T 1290. 1—2010）	0. 9	105		
	1. 4	115		
	1. 8	130		
	2. 7	152		
	3. 6	165		
	4. 5	180		
	5. 4	190		
	6. 3	198		
	7. 2	208		
	8. 1	216		
	9. 0	224		
	10. 0	230		
	11. 0	236		

锤子的使用及维护注意事项如下：

（1）锤子平面应平整，有裂痕或缺口的锤子不得使用。当锤面呈球面或有卷边时，应将锤面磨平后再使用。

（2）锤柄长度要适中，一般约为 300 mm。锤柄安装要牢固、可靠，为防止锤头脱落，必须在端部打入楔子，将锤头楔紧，如图 3—23 所示。

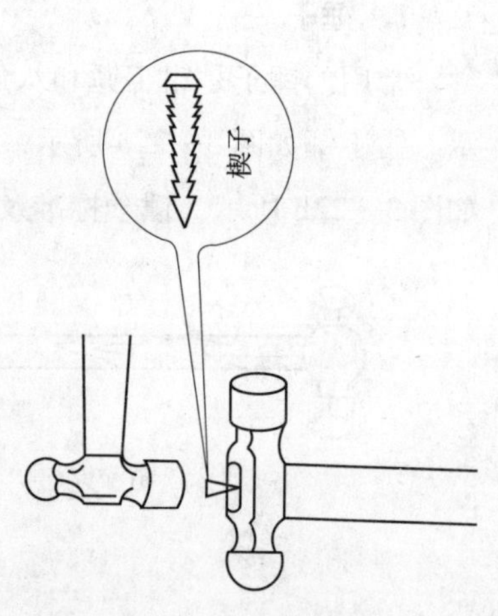

图 3—23　锤柄的安装

（3）锤柄不得弯曲，不得有蛀孔、节疤及伤痕，不可充当撬棍，以免锤柄折断或受损伤。

（4）使用锤子时，锤柄和锤面上均不应沾有油脂，握锤子的手不准戴手套，手掌上有油或汗应及时擦掉。

（5）操作中若发现锤柄的楔子松动、脱落或锤柄出现裂纹，应及时修理。

2．錾子

錾子种类很多，钳工常用的是扁錾和尖錾，如图 3—24 所示。

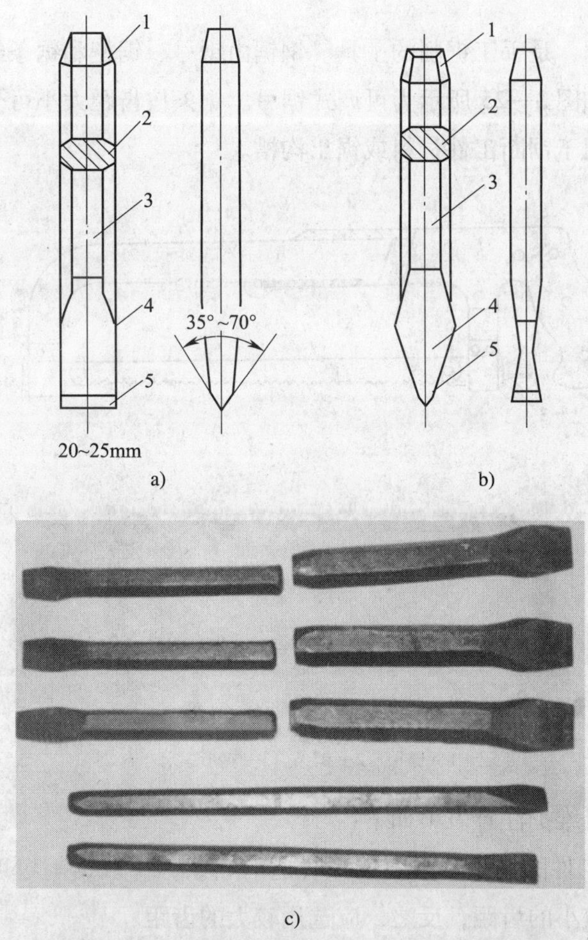

图 3—24　各种錾子

a）扁錾结构　b）尖錾结构　c）实物

1—头　2—剖面　3—柄　4—斜面　5—锋口

扁錾主要用来錾切平面和分割材料、去除毛刺等。尖錾用于錾各种槽、分割曲线形板料等。

錾子的使用及维护注意事项如下：

（1）各种錾子的刃口必须经淬火才能使用。

（2）卷边的錾子应及时修磨或更换。修磨时应先在铁砧上将蘑菇状的卷边敲掉后，再在砂轮机上修磨。刃口钝了的錾子可在砂轮机上修磨。经多次修磨后的錾子须再次锻打并经淬火后方能使用。

（3）錾子头部不能有油脂，否则锤击时易使锤面滑离。

（4）錾子不可握得太松，以免锤击时錾子松动而击打在手上。

3. 钢锯

钢锯又称手锯，是手工锯削的工具。钢锯由锯弓、锯把和锯条组成，分固定式和可调式两种，如图3—25所示为可调式锯弓。锯条按齿距大小可分为粗、中、细三种。钢锯主要用于锯断工件材料或锯出沟槽。

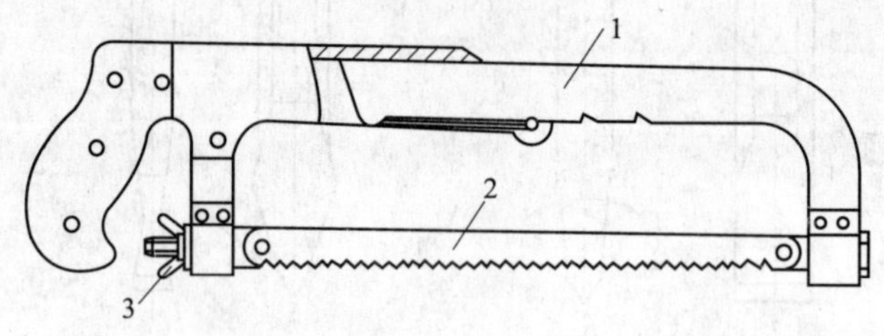

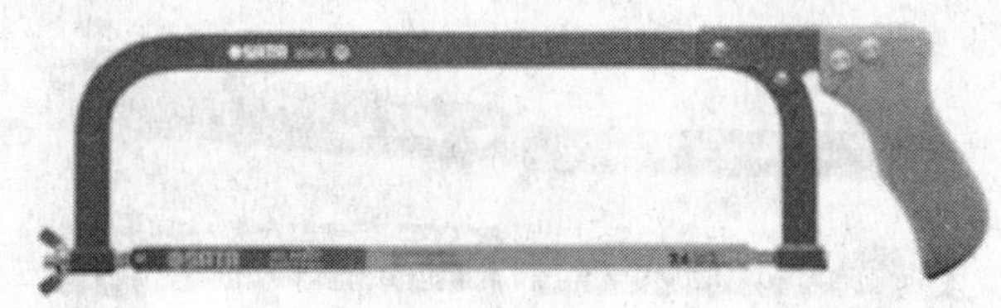

图3—25　可调式锯弓

1—锯弓　2—锯条　3—翼形螺母

钢锯的使用及维护注意事项如下：

（1）应根据工件的材质及厚度选择合适的锯条。一般锯削厚度较薄、材料较硬的工件应选择较小的齿距；反之，应选用较大的齿距。

（2）安装锯条时，锯齿尖应朝前，不能装反。锯条装得不能过松，也不能过紧，过松会使锯条发生扭曲，容易折断；太紧会失去应有的弹性，也易折断。

4. 锉刀

锉刀是从金属工件表面锉掉金属的加工工具。常用锉刀锉削管子坡口、毛刺、焊接飞溅物及加工零件等。锉刀由锉柄和锉身两部分组成。按断面形状不同可分为平锉、方锉、半圆锉、三角锉和圆锉等，如图3—26所示。锉刀的齿有粗有细，可分为粗齿锉、中齿锉、细齿锉、双细齿锉和油光锉等。

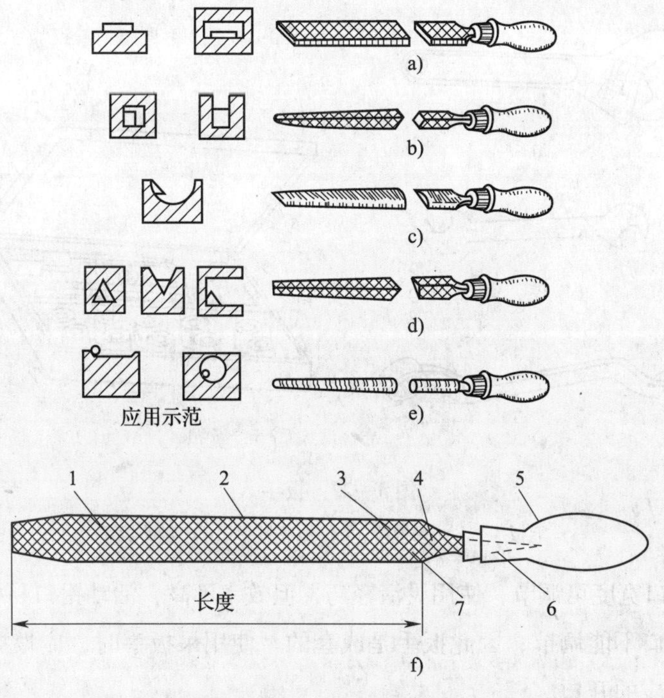

图 3—26　锉刀断面的形状

a）平锉　b）方锉　c）半圆锉　d）三角锉　e）圆锉　f）锉刀的构造

1—锉刀面　2—锉刀边　3—底齿　4—锉刀尾　5—木柄　6—锉刀舌　7—面齿

锉刀的使用及维护注意事项如下：

(1) 锉刀的粗细选择应根据工件的加工余量、加工精度、表面粗糙度及工件材料性质来决定。

(2) 锉刀断面形状和长度的选择取决于加工表面的形状。

(3) 锉刀须装上木柄后才能使用，否则容易伤手。

(4) 锉刀不能当锤子用，它质脆，容易折断。

(5) 对于工件上的毛刺、氧化物等应先除掉后才能进行锉削。

(6) 锉刀不得接触油脂，沾有油脂的锉刀应将油脂清洗干净。

(7) 锉刀应先使用一面，当该面磨损后再用另一面。

(8) 油光锉只限于光整表面时使用。

(9) 用小锉刀时不可用力过大，以免折断。

(10) 锉刀不得重叠存放或与其他工具堆放在一起，并应保持干燥，防止生锈。

5. 扳手

扳手的种类很多，常用的有活扳手、呆扳手（固定扳手）、梅花扳手、套筒扳手等，如图 3—27 所示。扳手用于安装和拆卸各种设备、法兰、部件上的螺栓。

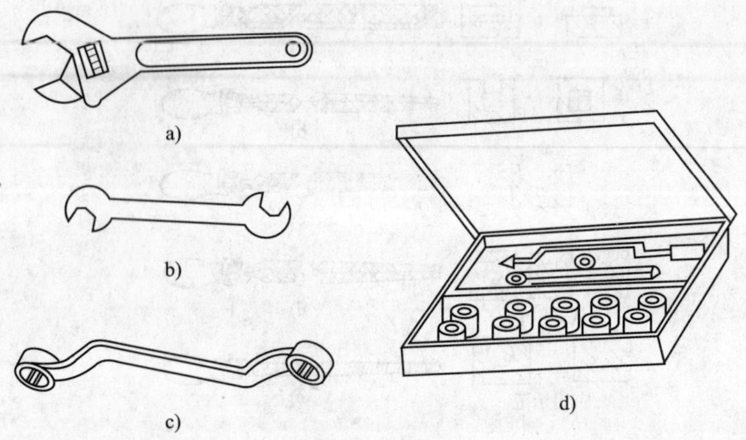

图 3—27　扳手

a）活扳手　b）呆扳手　c）梅花扳手　d）套筒扳手

活扳手开口宽度可调节，使用灵活轻巧，但效率不高，活动钳口易松动或歪斜。

呆扳手开口不能调节，因此扳手是成套的。使用呆扳手时，应根据螺母的大小选用与其相适应的开口。

梅花扳手适用于操作空间狭窄或不能容纳普通扳手的地方。套筒扳手的作用与梅花扳手相同，但比梅花扳手更为灵活。

扳手的使用与维护注意事项如下：

（1）活扳手开度要同螺母大小相吻合，两者接触要严密，既不能过松也不能过紧，以防止产生“滑脱”或“卡位”现象。活扳手使用时应让固定钳口受主要作用力，如图 3—28 所示；否则会损坏扳手。

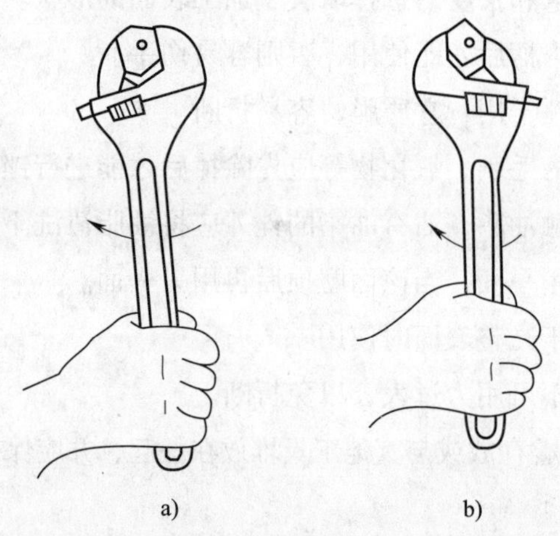

图 3—28　活扳手的使用

a）正确　b）不正确

（2）遇锈蚀严重的螺栓不易扳动时，不要用锤子击打扳手柄部，也不要用管子加长手柄来转动，不得用扳手代替锤子敲打管件。

（3）活扳手应定期加入机油，以保持活动钳口灵活，并避免锈蚀。

（4）使用扳手时，不得在扳手开口处加垫片。

（5）使用呆扳手、套筒扳手、梅花扳手时，套上螺母或螺钉后不得晃动，并应卡到底，以免划伤扳手及螺母。

6. 管子钳和链条钳

管子钳和链条钳是用来安装及拆卸各种规格的管子和配件的工具，如图 3—29 所示。

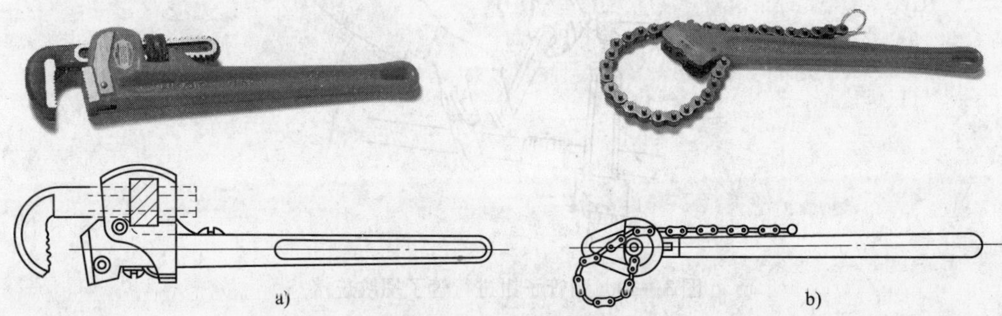

图 3—29　管子钳和链条钳

a）张开式管子钳　b）链条钳

管子钳及链条钳的规格是以它的长度划分的，分别应用于相应的管子和配件。管子钳的适用范围见表 3—12，链条钳的适用范围见表 3—13。一般管子钳适用于小直径管子，链条钳用于较大管径及狭窄的地方拧动管子。

表 3—12　　**管子钳的适用范围**　　mm

管子钳规格	钳口宽度	适用管子直径	管子钳规格	钳口宽度	适用管子直径
200	25	3 ~ 15	450	60	32 ~ 50
250	30	8 ~ 20	600	75	40 ~ 80
300	40	15 ~ 25	900	85	65 ~ 100
350	45	20 ~ 32	1 050	100	80 ~ 125

表 3—13　　**链条钳的适用范围**　　mm

链条钳规格	适用管子直径	链条钳规格	适用管子直径
350	25 ~ 32	900	80 ~ 125
450	32 ~ 50	1 200	100　200
600	50 ~ 80		

管子钳和链条钳的使用及维护注意事项如下：

（1）使用管子钳时，用钳口卡住管子，通过向钳把施加压力迫使管子转动。为防止钳口滑脱而伤及手指，一般左手轻压活动钳口上部，右手握钳。两手动作协调，不可用力过猛。如图 3—30 所示为用管子钳进行管子螺纹连接。

图 3—30　用管子钳进行管子螺纹连接

（2）使用管子钳时，不可用套管接长手柄。不可将管子钳当撬棒或锤子使用。

（3）管子钳在使用中应注意经常清洗钳口、钳牙，并定期注入机油，以保持活动钳口灵活。

（4）钳口磨损严重的管子钳不宜再继续使用。

（5）链条钳的链节要适时清洗，并注入机油，以保持链节的灵活，也免于锈蚀。

（6）禁止用小规格管子钳拧大直径的管子，以防止损坏管子钳；也不允许用大规格的管子钳拧小直径管子，这样容易损坏零件，操作也不方便。

7. 管子台虎钳和台虎钳

（1）管子台虎钳

管子台虎钳又称龙门夹头和管压钳，如图 3—31 所示。它用于夹持管子，以便进行管子锯削、套螺纹、安装和拆卸管件等。

管子台虎钳的使用与维护注意事项如下：

1）管子台虎钳安装应牢固，上钳口在滑道内应能自由滑动。

2）夹持管子时，管子台虎钳的型号应与管子规格相适应。不同型号的管子台虎钳的适用范围见表 3—14。

图 3—31　管子台虎钳

表 3—14　　管子台虎钳的适用范围　　mm

型号	管子公称直径	型号	管子公称直径
1	15 ~ 50	4	65 ~ 125
2	25 ~ 65	5	100 ~ 150
3	50 ~ 100	—	—

3）操作时，将管子放入管子台虎钳的钳口中，旋转把手夹紧管子，如图 3—32 所示。

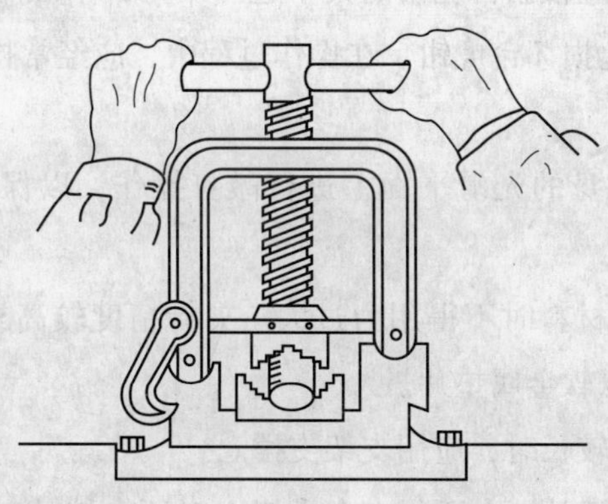

图 3—32　用管子台虎钳夹紧管子

4）夹持较长的管子时，必须将管子另一端的伸出部分支撑好。

5）旋紧或松开手柄时不得用套管接长或用锤子敲击。

6）压紧螺杆应经常加油。使用完毕应清除油污，合拢钳口。长期停用时应涂油存放。

7）管子台虎钳在使用和搬运时应防止摔碰。

（2）台虎钳

台虎钳俗称老虎钳，分为固定式和回转式两种，如图 3—33 所示。台虎钳是用来夹持工件的工具。

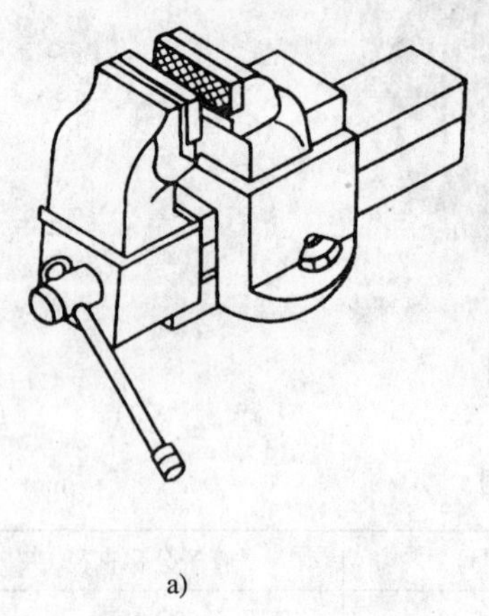

a)

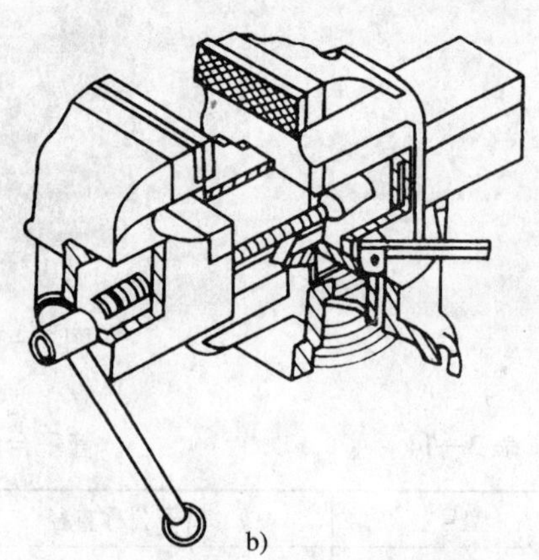

b)

图 3—33　台虎钳

a）固定式　b）回转式

台虎钳的使用与维护注意事项如下：

1）台虎钳应安装牢固，钳口应对准钳台边缘。

2）夹持工件时，应根据台虎钳的大小适当用力，不准用锤子击打、用脚蹬或在手柄上加套管，以免损坏台虎钳。在操作过程中，应经常检查及紧固工件，以免脱落。

3）不准在滑动钳身的光滑平面上进行敲打操作，以保护它与钳身的良好配合。

4）夹持脆或软的材料时不得用力过大。夹持精度较高或表面光滑的工件时，工件与钳口之间应垫以软金属垫片。

5）当夹持的工件较长时，应用支架支撑。

6）台虎钳应保持清洁，并不得在台虎钳上对所夹持的工件进行加热，以防止钳口退火。

7）使用中，要注意经常向螺杆、螺母等活动部位注入机油，以保持良好的润滑。

8. 螺纹铰板

螺纹铰板是在圆柱形工件上铰出外螺纹的加工工具，有圆板牙和方板牙两种。

圆板牙有固定式和可调式两种，圆板牙及扳手的形状如图 3—34 所示。圆板牙需装在板牙架内才能使用，圆板牙用钝后不能再磨锋利而应报废。方板牙由两片组合而成，如图 3—35 所示，方板牙用钝后可重新磨锋利后再使用。

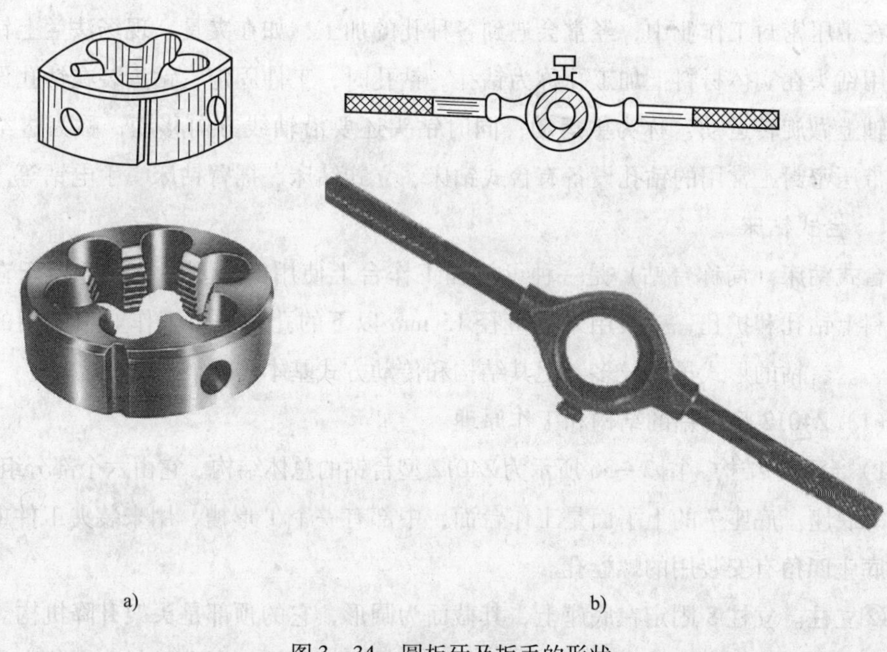

a)　　b)

图 3—34　圆板牙及扳手的形状

a）圆板牙　b）扳手

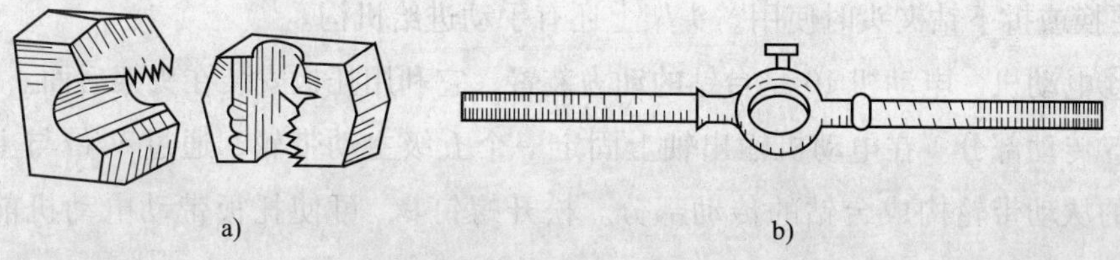

a)　　b)

图 3—35　方板牙及扳手

a）方板牙　b）扳手

螺纹铰板的使用及维护注意事项如下：

（1）套螺纹的圆杆端部要锉掉棱角，这样既起刃具的导向作用，又能保护切削刃。

（2）螺纹铰板与工件要垂直，两手用力要均匀。

（3）转动螺纹铰板时，每转动一周应适当后转一些，以便于将钝屑挤断。套螺纹时应适时注入切削液。

(4) 使用后的螺纹铰板应清除切屑、油污和灰尘，并在其表面上涂上机油，妥善保管。

三、钻孔设备

在带压密封工作业中，经常会遇到各种孔的加工，如在夹具、现场法兰上钻孔等。用钻头在实体材料上加工孔称为钻孔。钻孔时，工件固定，钻头装在钻孔设备的主轴上做旋转运动，称为主运动；同时钻头还要沿轴线方向移动，称为进给运动。带压密封工常用的钻孔设备有台式钻床、立式钻床、摇臂钻床、手电钻等。

1. 台式钻床

台式钻床（简称台钻）是一种可放在工作台上使用的小型钻床，适用于在金属材料上钻孔和扩孔，一般用来钻直径 15 mm 以下的孔，是钳工作业最常用的设备之一。台钻的形式虽然较多，但其结构和传动方式基本一样。

（1）Z4012 型台钻的结构和工作原理

1）台钻的结构。图 3—36 所示为 Z4012 型台钻的总体结构。它由六个部分组成。

①底座。底座 7 的上平面是工作台面，中部有一个 T 形槽，用来装夹工件或夹具。底座四角有安装用的螺栓孔。

②立柱。立柱 8 固定在底座上，其截面为圆形，它的顶部是头架升降机构。

③头架。头架 2 安装在立柱上，用手柄 6 锁紧。主轴（又称钻轴）4 装在头架孔内，主轴是台钻的工作部分。主轴上部固定一个五级从动带轮，下部的锁紧螺母 3 供更换或拆下钻夹头时使用。头架上还有手动进给机构。

④电动机。电动机 10 是台钻的动力装置，它利用托板安装在头架后面。

⑤传动部分。在电动机输出轴上固定一个五级主动带轮，通过 V 带与主轴上固装的从动带轮构成台钻的传动部分。松开螺钉 9，可使托板带动电动机前后移动，借以调节 V 带的松紧度。

⑥电气部分。电气盒及转换开关 11 在台钻右侧，操作转换开关可使主轴正转、反转或停机。

2）传动原理。主轴的旋转运动是由电动机通过 V 带传动而获得的。主轴的变速可通过更换带轮上 V 带的位置，即改变 V 带传动的传动比来实现。Z4012 型台钻传动简图如图 3—37 所示，该台钻主轴有五级转速可供选择。在变换转速时，松开螺钉 9，将电动机推向立柱，使 V 带松开，移动 V 带至需要的级位，再将电动机拉出，调整 V 带的松紧度，然后锁紧螺钉。

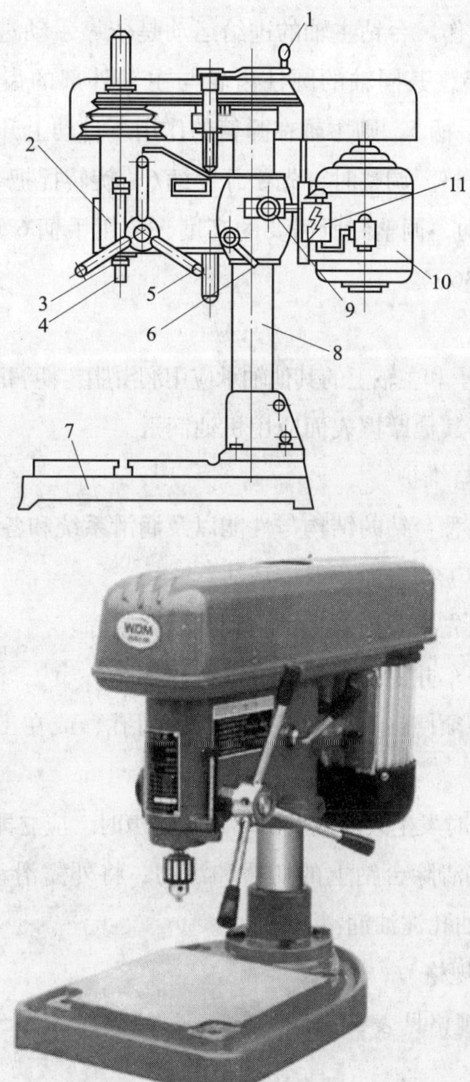

图 3—36　Z4012 型台钻的总体结构

1—摇把　2—头架　3—锁紧螺母　4—主轴　5、6—手柄　7—底座
8—立柱　9—螺钉　10—电动机　11—转换开关

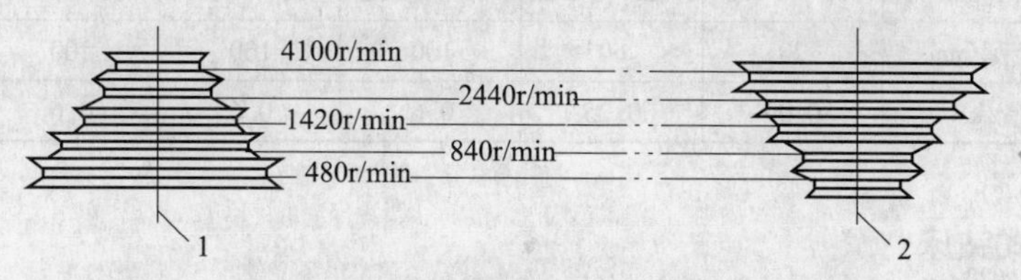

图 3—37　Z4012 型台钻传动简图

1—主轴　2—电动机轴

3）进给机构的工作。台钻主轴的进给运动是依靠手动进给机构进行的。转动手柄（三球式手柄）5，其同轴的圆柱齿轮与主轴外部的齿条啮合，带动主轴下降，实现进给。松开手柄5，则主轴在弹簧的作用下自动上升复位。

4）头架升降的调整。调整时，先松开手柄6，旋转摇把1，通过螺旋传动使头架在立柱上做上下移动，调整到所需要的高度，再用手柄6锁紧。手柄6松开时，主轴还能绕立柱回转360°。

（2）台钻的润滑

1）主轴带轮的轴承和主轴上的其他轴承应用润滑脂定期润滑，并每年清洗一次。

2）主轴、立柱等其他摩擦表面应用机油润滑。

（3）台钻的使用与维护

1）在使用前应熟悉台钻的结构与性能以及润滑系统和各手柄的作用。

2）在使用过程中工作台面要保持清洁。

3）头架移动前须先松开锁紧手柄，调整后要紧固。

4）变速时应先停车并关闭电源，再进行调整。

5）钻通孔时，必须使钻头通过工作台的让刀孔，或在工件下垫上垫铁，以免钻坏工作台面。

6）如台钻在工作时发生故障或发出不正常响声时，应立即停车，再检查原因。

7）工作完毕，应清除台钻上的切屑和污物，将外露滑动面及工作台面擦净，并对各滑动面及各注油孔注油润滑。

（4）台钻的技术规格

常见台钻的技术规格见表3—15。

表3—15　　台钻的技术规格

技术规格	Z4002	Z4006	Z512	Z－512－1	Z4012	ZQ4015
最大钻孔直径/mm	2	6	12	12.7	12	15
主轴转速级数	3	3	5	5	5	5
主轴转速/（r/min）	300～8 700	1 450～5 800	480～4 100	480～4 100	480～4 100	480～4 100
主轴最大行程/mm	20	60	100	100	100	100
电动机容量/kW	0.09	0.25	0.6	0.6	0.6	0.6

2．立式钻床

立式钻床简称立钻，一般用来钻中型工件的孔。其最大钻孔直径规格有25 mm、35 mm、40 mm、50 mm等多种。这类钻床可以自动进给，它的功率和结构强度都允许采用较高的切削用量，并可获得较高的效率和加工精度。立式钻床的结构如图 3—38 所示。

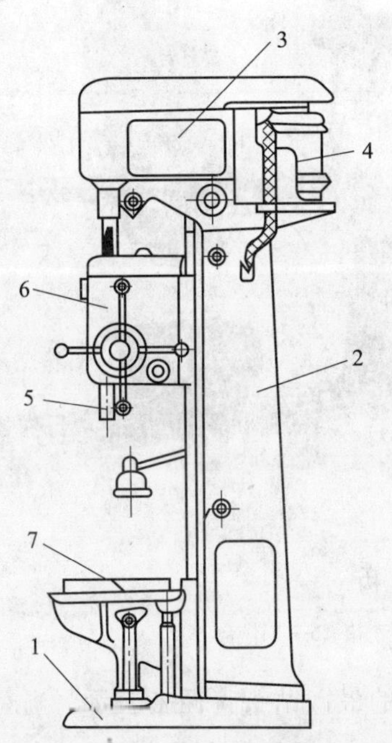

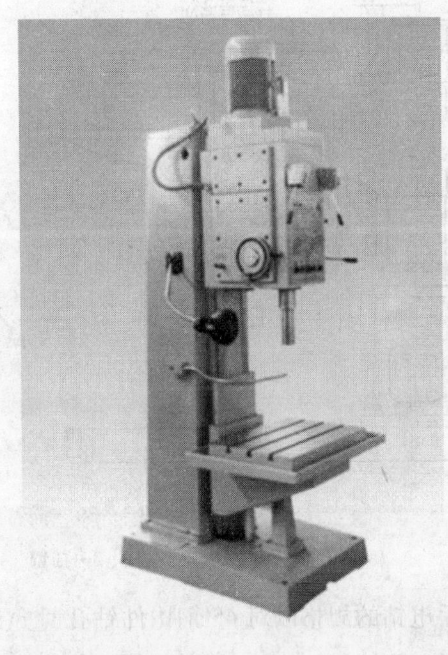

图 3—38　立式钻床的结构

1—底座　2—床身　3—主轴变速箱　4—电动机　5—主轴　6—进给变速箱　7—工作台

3. 摇臂钻床

摇臂钻床的结构如图 3—39 所示。它适用于加工大型工件和多孔的工件。工作中工件不动而移动钻床的主轴来对准工件上孔的中心，所以加工时比立式钻床方便。主轴变速箱 4 能在摇臂 3 上做大范围的移动，而摇臂又能回转 360°，所以，摇臂钻床能在很大范围内进行孔的加工。工件不太大时，可压紧在工作台 5 上加工，若工作台上放不下工件，可把工作台吊走，把工件直接放在底座 1 上进行加工。根据工件的不同高度，摇臂可在立柱 2 上上下移动。钻床主轴移动到所需的位置后，摇臂可用电动胀闸锁紧在立柱上，主轴变速箱也可用电动锁紧装置固定在摇臂上。这样，加工时主轴位置不会变动，刀具也不易振动。摇臂钻床适用于钻孔、扩孔、锪孔等多种孔的加工工作。

4. 手电钻

手电钻是一种体积小、质量轻的手提式电动工具。其使用灵活，携带方便，操作简单。在安装、制作及维修等工作中，主要用于对金属构件钻孔，也适用于对木材、塑料等构件钻孔。

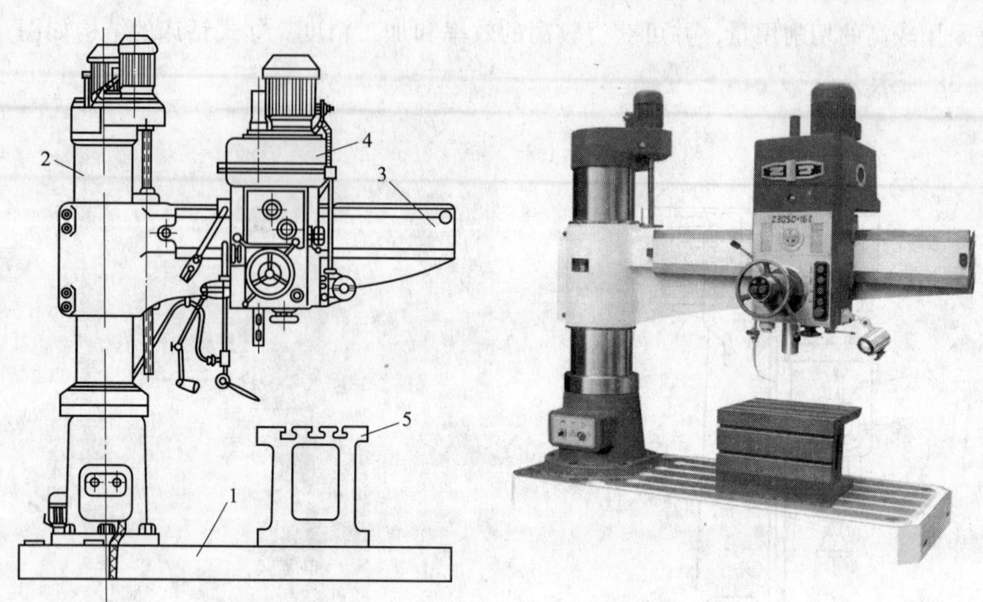

图 3—39　摇臂钻床的结构

1—底座　2—立柱　3—摇臂　4—主轴变速箱　5—工作台

手电钻的规格以对 45 钢构件钻孔时允许使用的最大钻头直径来表示，当对有色金属、塑料、木材构件等钻孔时，其最大钻孔直径可比原额定值增大 30% ~50%。

（1）手电钻的形式

按照电动机的形式不同，可分为单相串励式（J1Z 系列）和三相工频式（J3Z 系列）。前者规格一般为 6 ~19 mm，后者则有 13 ~49 mm 等多种规格。单相串励式手电钻按其额定电压的不同，又有 36 V、110 V 和 220 V 三种类型，其中 36 V 手电钻的安全性最好。

手电钻的技术规格分别见表 3—16 和表 3—17。

表 3—16　　单相串励式手电钻的技术规格

技术规格	J1Z—6	J1Z—10	J1Z—13	J1Z—19	J1Z—23
最大钻孔直径/mm	6	10	13	19	23
额定转速/（r/min）	720 ~850	450 ~510	330 ~390	330	300
空载转速/（r/min）	1 400	900	600	530	530
额定功率/W	100	210	200	300	600
额定转矩/（N·m）	0.9	2.4	4.2 ~4.5	13	20
额定电压/V	36 110 220	36 110 220	36 110 220	110 220	220

表 3—17　　三相工频式手电钻的技术规格

技术规格	J3Z—13	J3Z—13—1	J3Z—19	J3Z—23	J3Z—32	J3Z—38
最大钻孔直径/mm	13	13	19	23	32	38
额定转速/（r/min）	530	1 200	290	235	175	145
额定转矩/（N・m）	5	5	13	20	55	80
额定电压/V	38	220	380	380	380	380

（2）手电钻的结构与工作原理

手电钻的外形及手柄结构随手电钻的规格大小而异，例如，钻孔直径大于 13 mm 的手电钻都采用双侧手柄结构（见图 3—40a），并带有后托架，以便钻孔时向工件施加轴向推压力。而钻孔直径为 6 mm 的手电钻一般采用手枪式结构，如图 3—40b 所示。

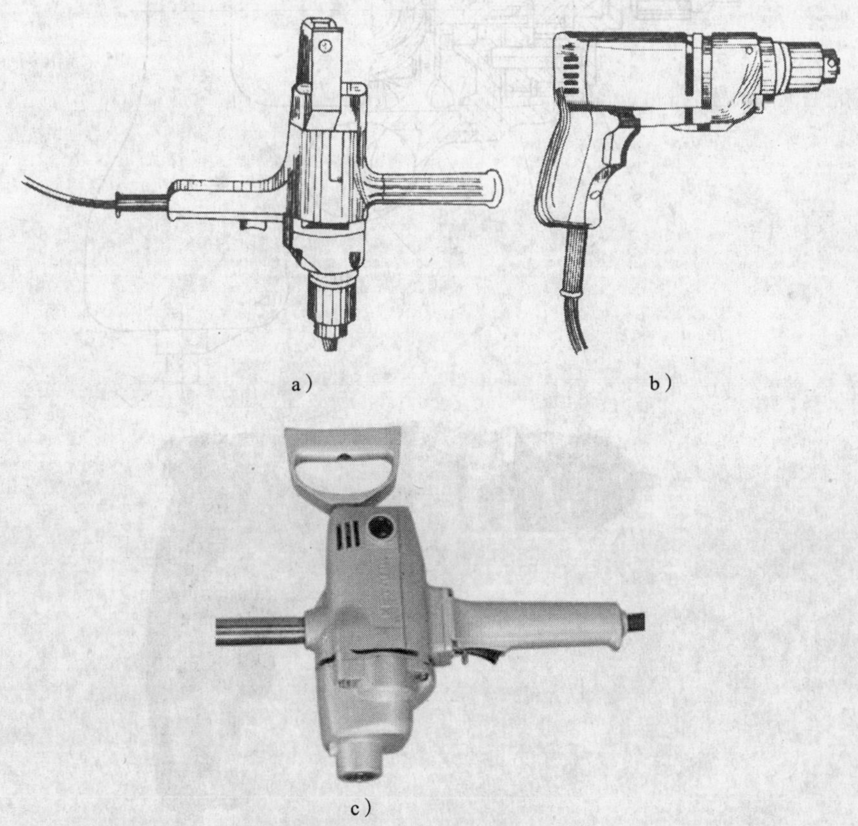

a）　b）

c）

图 3　40　手电钻的外形

a）双侧手柄结构　b）手枪式结构　c）实形

手电钻的形式较多，但内部结构、传动系统和使用方法基本相似，下面以单相串励式手电钻（J1Z—6）为例说明手电钻的结构和原理。

1）J1Z—6 型手电钻的结构。如图 3—41 所示为 J1Z—6 型手电钻的结构，它由七个部分组成。单相串励式电动机 1 由定子、电枢、整流子、电刷及风扇组成，是手电钻的动力装置。减速箱由二级圆柱齿轮传动组成，是手电钻的传动部分。钻夹头 4 装在主轴上，用于夹持钻头。外壳 8 用铝合金压铸而成，也有用硬塑料压制而成的。要求表面光滑，质量轻，坚固耐用。手电钻的手柄上装有手按式快速切断自动复位开关 9。电源线 10 一般使用三芯橡胶软线。插头多采用单相三柱式插头，最大铜柱连接地线，其他两个铜柱连接电源（图 3—41 中未画出）。

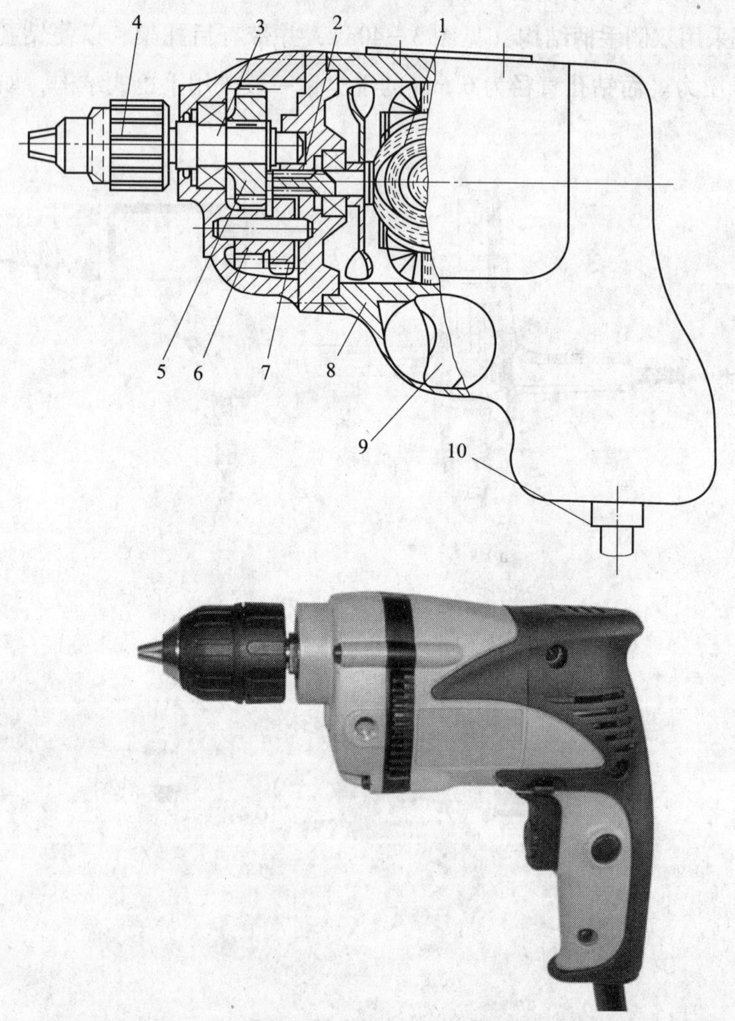

图 3—41　J1Z—6 型手电钻的结构

1—电动机　2、5、6、7—齿轮　3—主轴　4—钻夹头　8—外壳　9—开关　10—电源线

2）J1Z—6 型手电钻的传动原理。单相串励式电动机的输出轴端固装一小齿轮 2，它与减速箱内中间轴上的齿轮 7 啮合，齿轮 6 与齿轮 7 是连体结构，齿轮 6 与主轴上固装的齿轮 5 啮合，组成二级齿轮传动。将开关接通电源后，电动机的运动和动力便通过减速箱传递给主轴及钻夹头。

（3）手电钻的使用与操作

1）使用手电钻钻孔时，应根据钻孔直径来选择相应规格的手电钻，以充分发挥手电钻的性能和结构上的特点，使其既便于操作，又能防止手电钻过载而烧坏电动机。

2）钻孔直径为 13 mm 以下的手电钻采用三爪式钻夹头；钻孔直径超过 13 mm 的手电钻则采用圆锥套筒来连接主轴与钻头。

3）使用前，须空转 1 min，检查传动部分运转是否正常，钻头是否偏摆，螺钉是否脱落，声音是否正常，如有异常现象，应先排除故障再使用。如三相工频式手电钻旋转方向不符时，将插头内任意两根线的接头位置进行互换即可。

4）钻孔时不宜用力过猛，以防止电动机过载。凡遇转速严重降低时，应减轻压力；当孔快钻通时，也应减轻压力，以防止发生事故。如果手电钻因故突然停止或卡钻，应立即切断电源，检查原因。

5）减速箱及轴承处的润滑脂应经常保持清洁，并注意添换润滑脂。

6）掉换钻头时应先拔下电源插头，插插头时开关应在断开位置，以防止突然启动造成危险。手电钻不用时应放在干燥、清洁和没有腐蚀性气体的环境中。

（4）手电钻的常见故障及排除方法见表 3—18。

表 3—18　　手电钻的常见故障及排除方法

故障现象	故障原因	排除方法
1. 手电钻外壳带电	（1）定子或电枢绝缘损伤或不良 （2）导电部分触及壳体	进行检修
2. 通电后手电钻不运转	（1）电源断了 （2）接头松脱 （3）开关接触不良或不动作 （4）电刷与换向器表面不接触	（1）修复电源 （2）紧固接头 （3）修理或更换开关 （4）调整弹簧压力及位置
3. 通电后发出不正常的声响，并且不旋转或转得很慢	（1）开关触点烧坏 （2）机械部分卡住 （3）轴向推力过大，使手电钻超负荷 （4）当进入金属时工具被咬住	（1）修理或更换开关 （2）检修机械部分 （3）减小进给力 （4）停止推进

续表

故障现象	故障原因	排除方法
4. 减速箱外壳过热	（1）减速箱内缺润滑脂或润滑脂太脏 （2）齿轮啮合过紧或有杂物落入	（1）添加或更换润滑脂 （2）调整齿轮间隙或清除杂物
5. 电动机旋转而主轴不转	齿轮轴或半圆键折断	检修、更换
6. 电动机机壳表面过热	（1）负荷过大 （2）钻头太钝 （3）装配不正确 （4）绕组潮湿 （5）电源电压下降	（1）减小进给量 （2）重磨或掉换 （3）检查及调整 （4）确保电动机绕组干燥 （5）通知电工检修
7. 换向器上产生环火或较大火花	（1）电枢短路 （2）电刷与换向器接触不良 （3）换向器表面跳动	（1）修复电枢 （2）调整弹簧压力并使电刷与换向器接触良好 （3）清除杂物，使换向器表面光洁

思考题

1. 技术制图有几种基本线型？其名称各是什么？
2. 什么是尺寸公差？其值为什么不允许为零？
3. 什么是配合？配合分为哪几种？
4. 最大间隙和最小间隙如何表达？
5. 未注公差尺寸的极限偏差是多少？
6. 如何识读管道布置图？

第4章 带压密封基本知识

第1节 泄漏的定义和常见形式

一、泄漏

泄漏与密封是一对共存的矛盾。人们总是希望用先进技术手段建立起来的密封结构能在一定期限内，甚至永远不发生泄漏。但实际上在工厂和现实生活中泄漏现象到处可见，泄漏与密封作为一种普遍的现象，一直是人们要进行深入探讨和研究的课题。

凡是存在压力差的隔离物体上都有发生泄漏的可能。

广义的泄漏包括内漏和外漏。

内漏是系统内部介质在隔离物体内发生的传质现象，一般是不可见的，如管路系统阀门关闭后存在的泄漏就属于内漏。外漏是系统内部介质与系统外部介质在隔离物体上发生的传质现象。本书所说的泄漏均指后者，并严格局限在流体范围内。

泄漏可定义为隔离物体上出现的传质现象。

对流体来说，泄漏又分为正压泄漏和负压泄漏。正压泄漏是指介质由隔离物体的内部向外部传质的现象，生产领域内发生的泄漏绝大多数属于正压泄漏。负压泄漏是指外部空间介质通过隔离物体向受压体内部传质的一种现象，又称真空泄漏。

二、法兰密封与法兰泄漏

法兰密封是应用最广泛的一种密封结构形式。这种密封形式一般是依靠其连接螺栓所产生的预紧力，通过各种固体垫片（如橡胶垫片、石棉橡胶垫片、植物纤维垫片、缠绕式金属内填石棉垫片、波纹状金属内填石棉垫片、波纹状金属夹壳内填石棉垫片、波纹状金属垫片、平金属夹壳内填石棉垫片、槽形金属垫片、突心金属平垫片、金属圆环垫片、金属八角垫片等）或液体垫片（一定时间或一定条件下转变成一定形状的固体垫片）达到足够的工作密封比压，来阻止被密封流体介质的外泄，属于强制密封范畴，如图 4—1 所示。

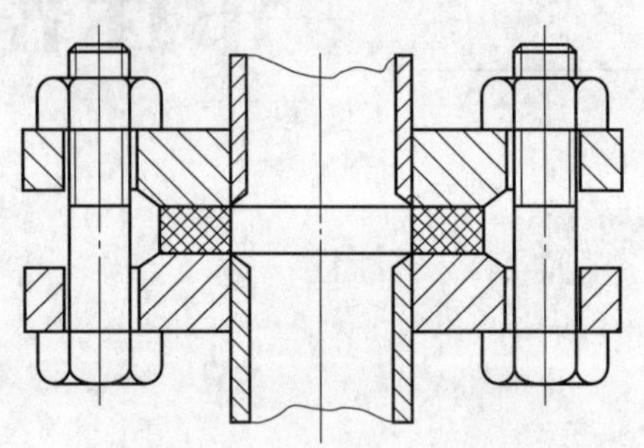

图 4—1　法兰强制密封

在实际带压密封作业中，处理法兰泄漏要占整个工作量的 90% 以上，而其第一项工作就是对泄漏法兰几何尺寸的准确测量。因此，根据在带压密封技术作业中的经验，细致地了解法兰的类型、密封面的形式、连接螺栓、螺栓孔尺寸、垫片状况及与之相关的国家标准，这些知识对成功地处理法兰泄漏来说是必备的基础知识。

1. 法兰标准简介

我国的法兰标准制定已经有 40 多年的历史，但法兰设计及分析方法则多是参照发达国家的相应标准而制定的。我国制定的第一套法兰标准是化工部的 HG 5001 ~ 5028—1958《管法兰标准》。目前，我国现行法兰标准主要有国家标准、机械行业标准和化工行业标准等。

法兰可分为压力容器法兰和钢制管法兰。

2. 压力容器法兰

压力容器法兰的现行标准是机械行业标准 JB/T 4700—2000《压力容器法兰分类与技术条件》、JB/T 4701—2000《甲型平焊法兰》、JB/T 4702—2000《乙型平焊法兰》和 JB/T 4703—2000《长颈对焊法兰》。

（1）压力容器法兰的类型

1）甲型平焊法兰。甲型平焊法兰是一个截面基本为矩形的圆环，这个圆环通常称为法兰盘，它直接与容器的筒体或封头焊接。根据法兰的受力分析可知，这种法兰在紧固和工作时均会作用给容器壁一定的附加弯矩。法兰盘自身的刚度较低，所以适用于压力等级较低和筒体直径较小的范围。压力容器法兰的分类见表 4—1。

表 4—1　　　　压力容器法兰的分类

类型	平焊法兰										对焊法兰					
	甲型				乙型						长颈					
简图																
公称压力PN/MPa	0.25	0.6	1.0	1.6	0.25	0.6	1.0	1.6	2.5	4.0	0.6	1.0	1.6	2.5	4.0	6.4
公称直径DN/mm 300																
（350）	按PN1.0															
400																
（450）																
500																
（550）	按PN0.6															
600																
（650）																
700																
800																
900																
1000																
（1100）																
1200																
（1300）																
1400																
（1500）																
1600																
（1700）																
1800																
（1900）																
2000																
2200					按PN0.6											
2400																
2600																
2800																
3000																

注：1．表中带括号的公称直径应尽量不采用。

2．粗实线内长颈法兰唯一覆盖的细实线格，表示与甲型、乙型共同覆盖选用。

2）乙型平焊法兰。乙型平焊法兰与甲型平焊法兰相比，除法兰盘外增加了一个厚度大于筒体壁厚的短节。有了这个短节，既可提高整个法兰的刚度，又可使容器壁避免承受附加弯矩。因此，这种法兰适用于较大直径和较高压力的条件下。从表4—1中可以看出，乙型平焊法兰所覆盖的公称直径与公称压力的范围正好与甲型平焊法兰相衔接。

3）长颈对焊法兰。长颈对焊法兰是用根部增厚的颈取代了乙型平焊法兰中的短节，从而更有效地提高了法兰的整体刚度，由于去掉了乙型平焊法兰中法兰盘与短节的焊缝，所以也消除了可能发生的焊接变形及可能存在的焊接残余应力。而且针对这种法兰，可以轧制成专门供弯制法兰用的型钢，在大批量使用时，比单件锻制成本要低。

（2）压力容器法兰密封面结构形式

压力容器法兰密封面结构形式共有三种。

1）平面型密封面。密封表面是一个凸出的光滑平面，如图4—2a所示。这种密封面结构简单，加工方便，便于进行防腐衬里。但螺栓紧固后，垫圈材料容易向两侧伸展，不易压紧，用于所需压紧力不高且介质无毒的场合。

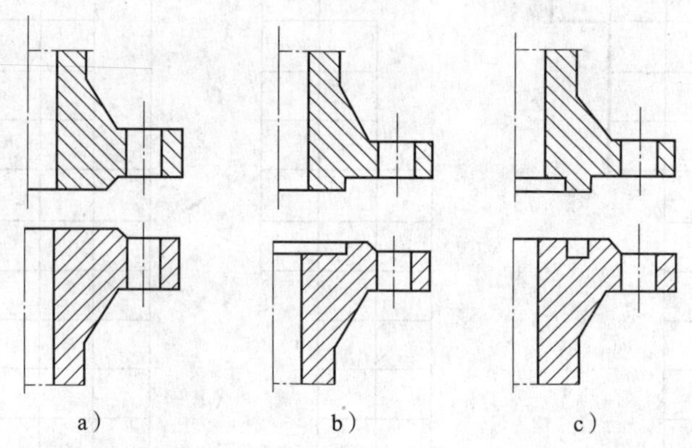

图4—2　中、低压压力容器法兰密封压紧面的形状

a）平面型　b）凹凸面型　c）榫槽面型

2）凹凸面型密封面。它是由一个凸面和一个凹面所组成的，如图4—2b所示。在凹面上放置垫圈，压紧时，由于凹面的外侧有挡台，垫圈不会被挤出来。

3）榫槽面型密封面。密封面由一个榫和一个槽所组成，如图4—2c所示。垫圈放在槽内。这种密封面规定不用非金属软垫圈，可采用缠绕式或金属包垫圈，垫圈宽度为16～25 mm，容易获得良好的密封效果。它适用于密封易燃、易爆、有毒介质。密封面的凸面部分容易碰坏，运输与装拆时都应注意。

甲型平焊法兰只有平面型与凹凸面型密封面，乙型平焊法兰与长颈对焊法兰则三种密封面形式均有。

制造法兰用的材料是碳钢或低合金钢，如果遇到的是不锈钢容器则需要选配容器法兰，从经济上考虑，当然不宜将整个法兰都改用不锈钢制造，故在上述介绍的 8 种法兰结构之外，还有 8 种带衬环的容器法兰。所谓带衬环的，就是在每对法兰中的两个压紧面间都增加一对不锈钢制的焊环（每个法兰上一个），并在乙型平焊法兰的短节内表面和长颈对焊法兰颈的内表面加衬一层不锈钢的衬里，这样就隔绝了腐蚀性介质或不允许污染的介质与碳钢法兰的接触。

（3）压力容器法兰的标记

压力容器法兰标记如下，法兰类型及标准号见表 4—2。

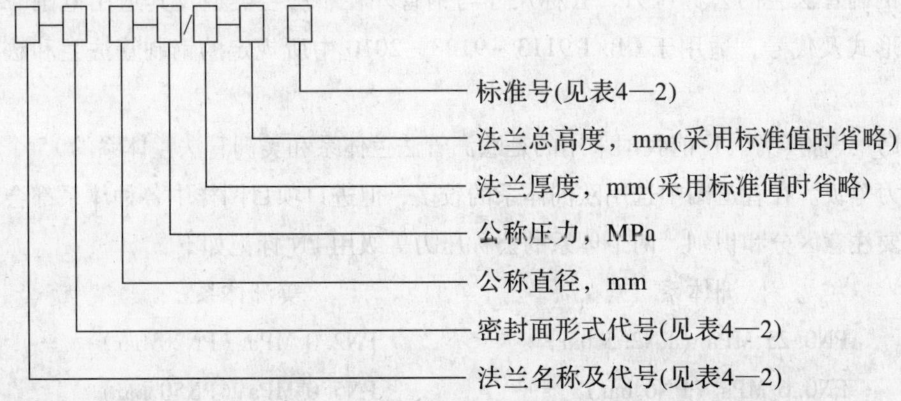

表 4—2　　法兰类型及标准号

<table>
<tr><td rowspan="4">法兰标准号</td><td colspan="2">法兰类型</td><td>标准号</td></tr>
<tr><td colspan="2">甲型平焊法兰</td><td>JB/T 4701—2000</td></tr>
<tr><td colspan="2">乙型平焊法兰</td><td>JB/T 4702—2000</td></tr>
<tr><td colspan="2">长颈对焊法兰</td><td>JB/T 4703—2000</td></tr>
<tr><td rowspan="6">密封面形式代号</td><td colspan="2">密封面形式</td><td>代号</td></tr>
<tr><td colspan="2">平面型密封面</td><td>RF</td></tr>
<tr><td rowspan="2">凹凸面型密封面</td><td>凹密封面</td><td>FM</td></tr>
<tr><td>凸密封面</td><td>M</td></tr>
<tr><td rowspan="2">榫槽面型密封面</td><td>榫密封面</td><td>T</td></tr>
<tr><td>槽密封面</td><td>G</td></tr>
<tr><td rowspan="3">法兰名称及代号</td><td colspan="2">法兰类型</td><td>名称及代号</td></tr>
<tr><td colspan="2">一般法兰</td><td>法兰</td></tr>
<tr><td colspan="2">衬环法兰</td><td>法兰 C</td></tr>
</table>

（4）标记实例

1）公称压力为1.6 MPa、公称直径为800 mm的衬环榫槽面型密封面乙型平焊法兰的榫面法兰，且考虑腐蚀余量为2 mm（即应增加短节厚度2 mm，δ_1改为18 mm），标记为：法兰 C—T　800—1.6　JB/T 4702—2000，并在图样明细表备注中注明δ_1 = 18 mm。

2）公称压力为2.5 MPa、公称直径为1 000 mm的平面型密封面长颈对焊法兰，其中法兰厚度改为78 mm（标准厚度为68 mm），法兰总高度不变，仍为155 mm，标记为：法兰　RF　1000—2.5/78—155　JB/T 4703—2000。

3. 钢制管法兰

（1）钢制管法兰参数

钢制管法兰的公称压力、公称尺寸与钢管外径、法兰类型及其适用范围、密封面形式及代号，适用于GB/T 9113 ~ 9123—2010中所规定的钢制管法兰和法兰盖。

1）公称压力。目前我国采用的是欧洲管法兰体系和美洲管法兰体系的15个公称压力等级。在管道图中选用欧洲体系的较多，但进口项目图样中各种体系都会涉及，要注意区分和识别。两个体系的公称压力等级用PN标记如下：

欧洲体系	美洲体系
PN0.25 MPa（PN2.5 bar）	PN2.0 MPa（PN20 bar）
PN0.6 MPa（PN6 bar）	PN5.0 MPa（PN50 bar）
PN1.0 MPa（PN10 bar）	PN11.0 MPa（PN110 bar）
PN1.6 MPa（PN16 bar）	PN15.0 MPa（PN150 bar）
PN2.5 MPa（PN25 bar）	PN26.0 MPa（PN260 bar）
PN4.0 MPa（PN40 bar）	PN42.0 MPa（PN420 bar）
PN6.3 MPa（PN63 bar）	
PN10.0 MPa（PN100 bar）	
PN16.0 MPa（PN160 bar）	

2）公称尺寸与钢管外径。我国选用的钢管外径为Ⅰ、Ⅱ两个系列，Ⅰ系列为国际通用系列（俗称英制管）；Ⅱ系列为国内常用系列（俗称米制管）。两个体系管法兰的公称尺寸与钢管外径应符合表4—3的规定。

（2）法兰类型

我国法兰的设计规范也是采用了从材料力学的计算方法到塑性极限强度理论的计算方法，而最终选择了基于弹性分析的计算方法作为法兰设计的基本依据。现依据国家标准（GB 4216、GB 9112、GB 9113、GB 9114、GB 9115、GB 9116、GB 9117、GB 9118、GB 9119、GB 9120、GB 9121、GB 9122、GB 9123、GB 9124、GB 9125、GB 9126、GB 9128、GB 9129、GB 9130、GB 9131、GB 12380、GB 12381、GB 12382、GB 12383、GB 12384、GB 12385、GB 12386）来说明法兰类型及密封面形式。

表 4—3　　公称尺寸与钢管外径　　mm

公称尺寸 DN	钢管外径			公称尺寸 DN	钢管外径		
	欧洲体系		美洲体系		欧洲体系		美洲体系
	系列Ⅰ	系列Ⅱ	系列Ⅰ		系列Ⅰ	系列Ⅱ	系列Ⅰ
10	17.2	14	—	450	457	480	457
15	21.3	18	21.3	500	508	530	508
20	26.9	25	26.9	600	610	630	610
25	33.7	32	33.7	700	711	720	—
32	42.4	38	42.4	800	813	820	—
40	48.3	45	48.3	900	914	920	—
50	60.3	57	60.3	1 000	1 016	1 020	—
65	76.1	76	73.0	1 200	1 220		—
80	88.9	89	88.9	1 400	1 420		—
100	114.3	108	114.3	1 600	1 620		—
125	139.7	133	141.3	1 800	1 820		—
150	168.3	159	168.3	2 000	2 020		—
200	219.1	219	219.1	2 200	2 220		—
250	273.0	273	273.0	2 400	2 420		—
300	323.9	325	323.9	2 600	2 620		—
350	355.6	377	355.6	2 800	2 820		—
400	406.4	426	406.4	3 000	3 020		—

1）平焊法兰。平焊法兰与设备或管道采用平面角焊缝的形式连成一个整体，其结构如图 4—3 所示。

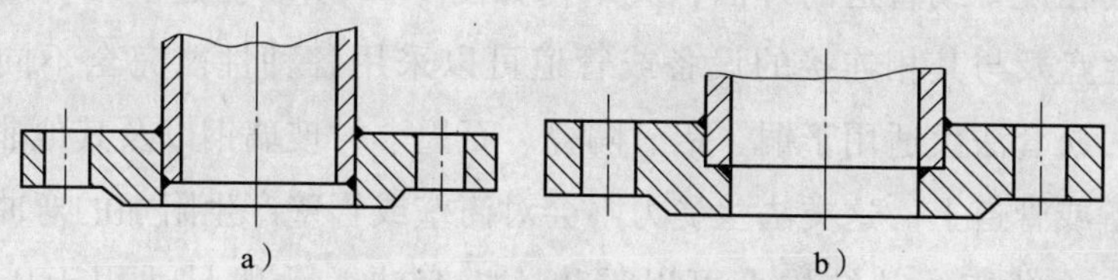

图 4—3　平焊法兰的结构

a）平焊管法兰　b）平焊设备法兰

平焊法兰根据其结构的差异又可分为以下几种：

①板式平焊法兰。其结构如图 4—3 所示。

②带颈平焊法兰。其结构如图 4—4 所示。

③带颈承插平焊法兰。其结构如图 4—5 所示。

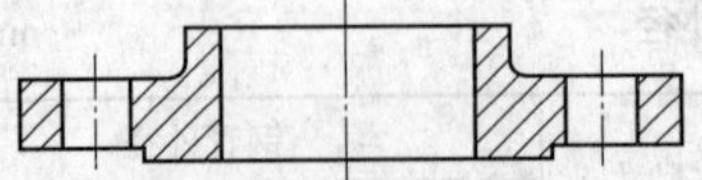

图 4—4　带颈平焊法兰的结构

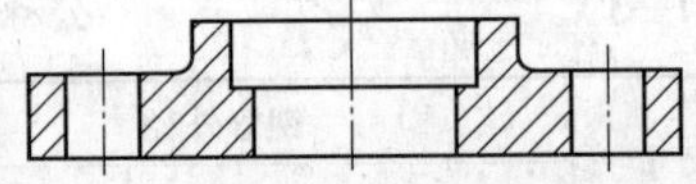

图 4—5　带颈承插平焊法兰的结构

2）整体法兰。法兰与设备或管道不可拆地固定在一起时，称为整体法兰，其结构如图 4—6 所示。

3）对焊法兰。法兰与管道采用对接环焊缝的形式连成一个整体，所形成的焊缝可以进行无损探伤检验，焊缝质量有保证，其结构如图 4—7 所示。

4）螺纹法兰。螺纹法兰的特点是法兰与管壁通过螺纹进行连接，两者之间既有一定连接，又不完全形成一个整体，其结构如图 4—8 所示。这种法兰对管壁产生的附加应力较小。

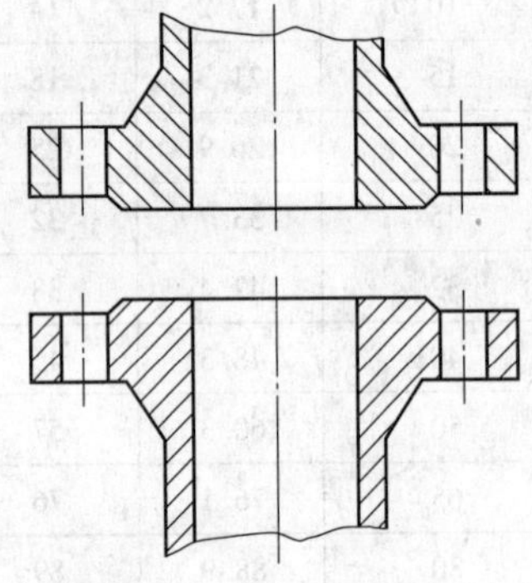

图 4—6　整体法兰的结构

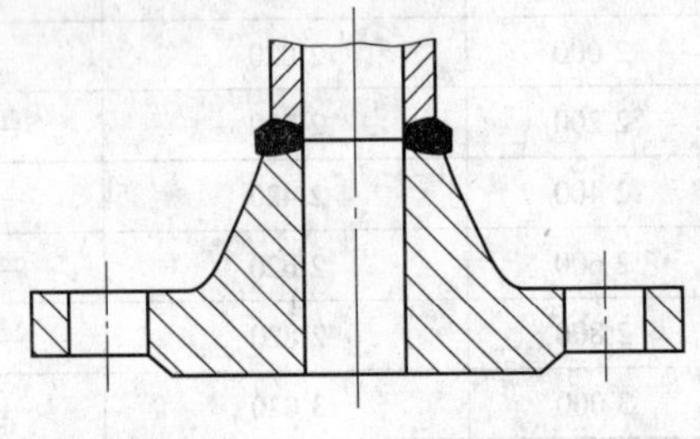

图 4—7　对焊法兰的结构

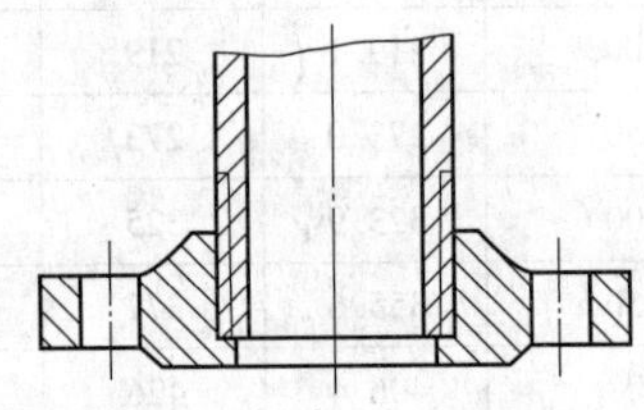

图 4—8　螺纹法兰的结构

5）松套法兰。松套法兰的特点是法兰与设备或管道不直接连成一体，而是把法兰盘套在设备或管道的外面，其结构如图 4—9 所示。这种结构的法兰无须焊接，法兰盘及与其相连接的设备或管道可以采用各种性能完全不同的材料制造。因此，松套法兰适用于铜、铝、陶瓷、石墨、衬玻璃钢以及其他非金属材料制造的设备或管道上。这类法兰受力不会对筒壁或管壁产生附加的弯曲应力，这也是它的一个优点。从结构上可以看出，松套法兰一般只适用于压力较低的场合。

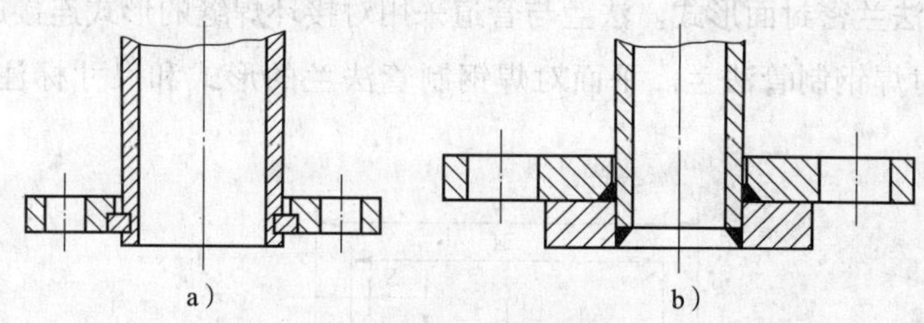

图 4—9　松套法兰的结构

a）板式翻边松套法兰　b）平焊环松套法兰

6）法兰盖。法兰盖与同种规格型号的法兰连接，形成切断的密封形式，又称盲板法兰，其结构如图 4—10 所示。在法兰盖上开孔，则可实现异径法兰连接，达到变径的目的。

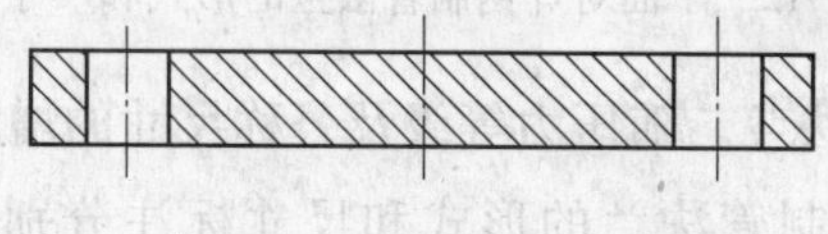

图 4—10　法兰盖的结构

以上介绍了法兰的类型。这些法兰绝大多数的几何形状都是圆形的。但在特殊场合下，也可以把法兰设计成其他的几何形状。如图 4—11 所示为椭圆形法兰与方形法兰的结构。椭圆形法兰通常用于阀门和小直径的高压管上，方形法兰有利于把管子紧凑排列。

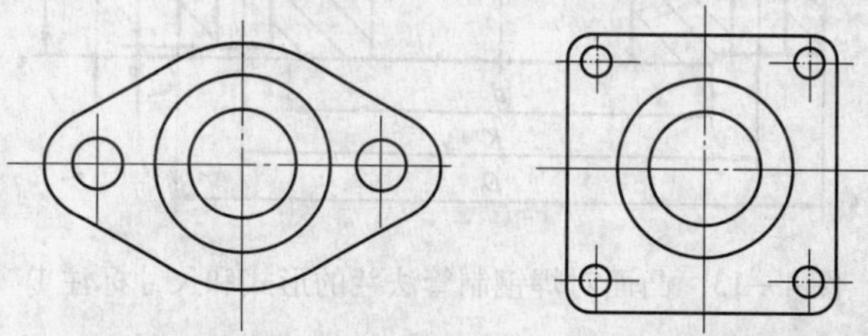

图 4—11　椭圆形与方形法兰的结构

（3）密封面形式

法兰的密封性与法兰压紧垫片的密封面形式有直接的关系。密封面形式主要根据工艺条件（温度、压力、流体介质的性质）、密封口径以及准备采用的垫片情况进行选择。密封面的几何尺寸和表面加工的质量要求必须与相应的垫片相配合。下面按照国家标准的顺序依次介绍各种类型，如整体式、螺纹式、对焊式、承插式、板式等，以及与之相对应的平面法兰密封面、凸面法兰密封面、凹凸面法兰密封面、榫槽面法兰密封面、环连接面法兰密封面等形式。

1）对焊法兰密封面形式。法兰与管道采用对接环焊缝的形式连接成一整体。

①平面对焊钢制管法兰。平面对焊钢制管法兰的形式和尺寸标注如图 4—12 所示。

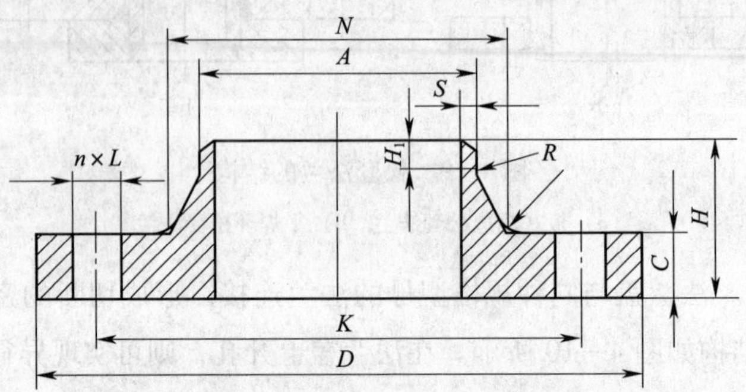

图 4—12　平面对焊钢制管法兰的形式和尺寸标注

②凸面对焊钢制管法兰。随压力等级及公称尺寸的增大，法兰的结构尺寸也有所变化。凸面对焊钢制管法兰的形式和尺寸标注分别如图 4—13 和图 4—14 所示。

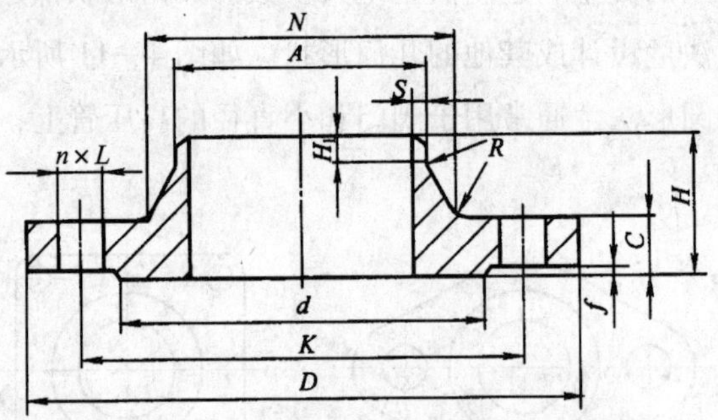

图 4—13　凸面对焊钢制管法兰的形式和尺寸标注 1

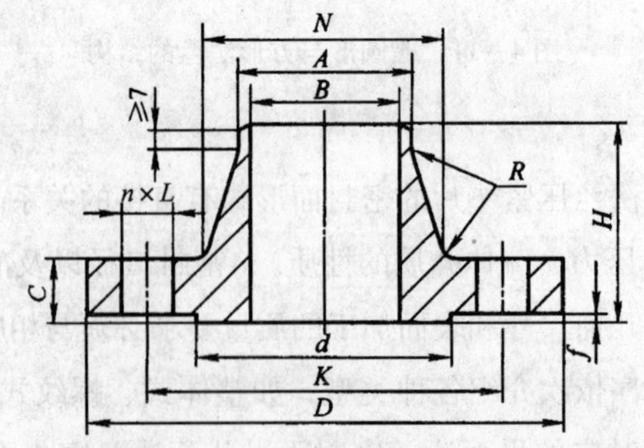

图 4—14　凸面对焊钢制管法兰的形式和尺寸标注 2

③凹凸面对焊钢制管法兰。凹凸面对焊钢制管法兰的形式和尺寸标注分别如图4—15 和图 4—16 所示。

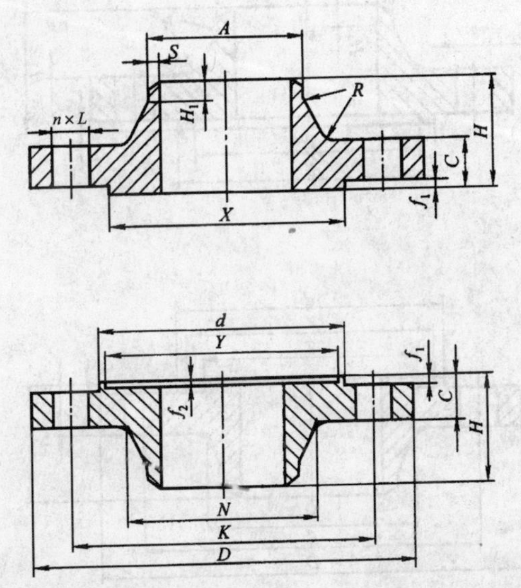

图 4—15　凹凸面对焊钢制管法兰的形式和尺寸标注 1

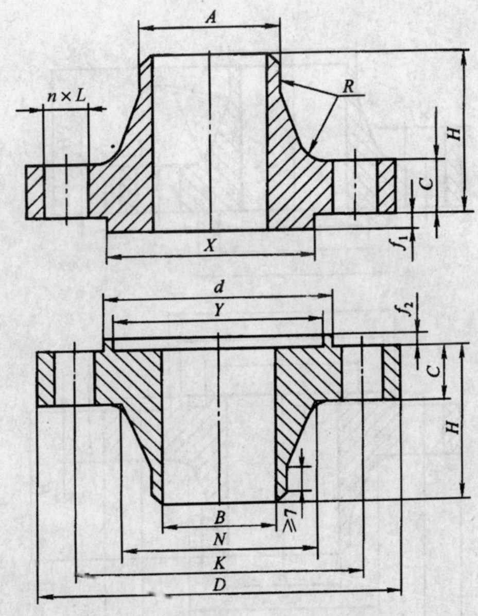

图 4—16　凹凸面对焊钢制管法兰的形式和尺寸标注 2

④榫槽面对焊钢制管法兰。榫槽面对焊钢制管法兰的形式和尺寸标注分别如图4—17 和图 4—18 所示。

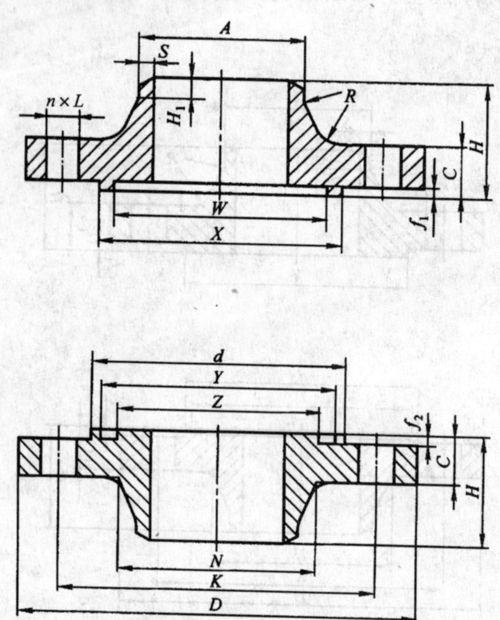

图 4—17　榫槽面对焊钢制管法兰的形式和尺寸标注 1

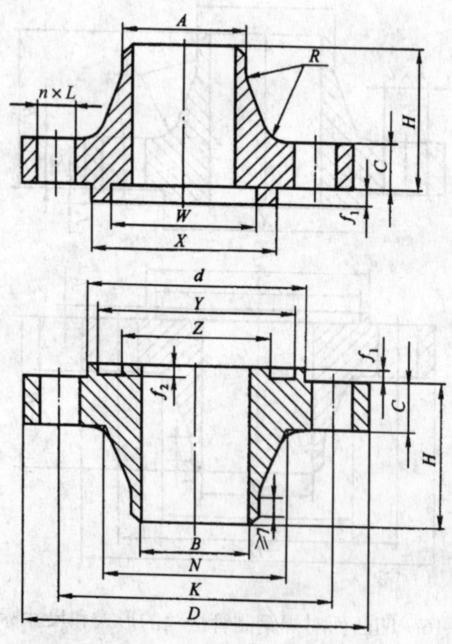

图 4—18　榫槽面对焊钢制管法兰的形式和尺寸标注 2

⑤环连接面对焊钢制管法兰。环连接面对焊钢制管法兰的形式和尺寸标注如图 4—19 所示。

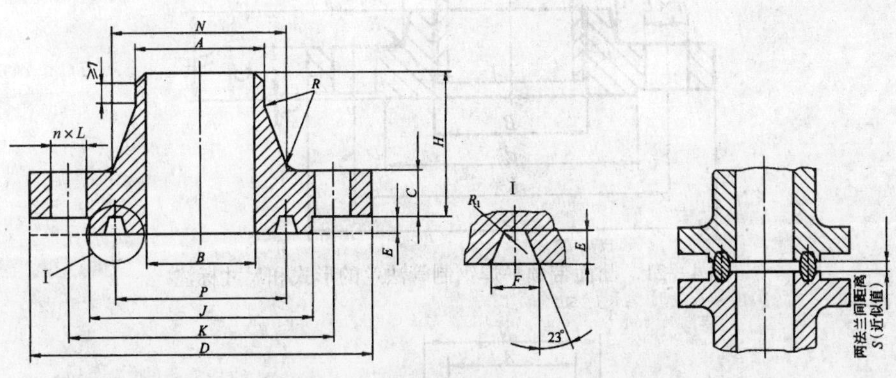

图 4—19　环连接面对焊钢制管法兰的形式和尺寸标注

2）带颈平焊法兰密封面形式

①平面带颈平焊钢制管法兰。平面带颈平焊钢制管法兰的形式和尺寸标注如图 4—20 所示。

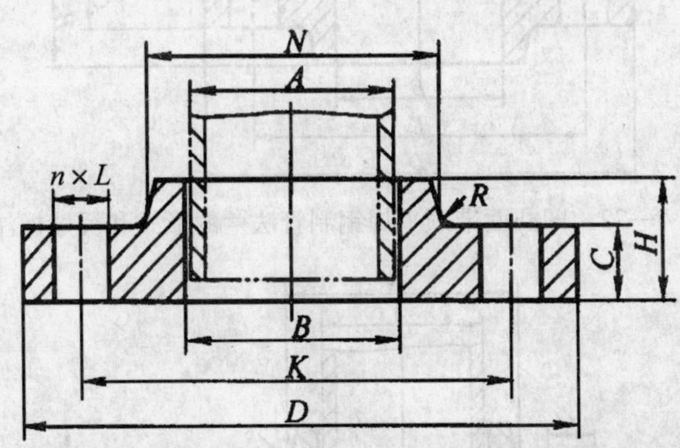

图 4—20　平面带颈平焊钢制管法兰的形式和尺寸标注

②凸面带颈平焊钢制管法兰。凸面带颈平焊钢制管法兰的形式和尺寸标注如图 4—21 所示。

③凹凸面带颈平焊钢制管法兰。凹凸面带颈平焊钢制管法兰的形式和尺寸标注如图 4—22 所示。

④榫槽面带颈平焊钢制管法兰。榫槽面带颈平焊钢制管法兰的形式和尺寸标注如图 4—23 所示。

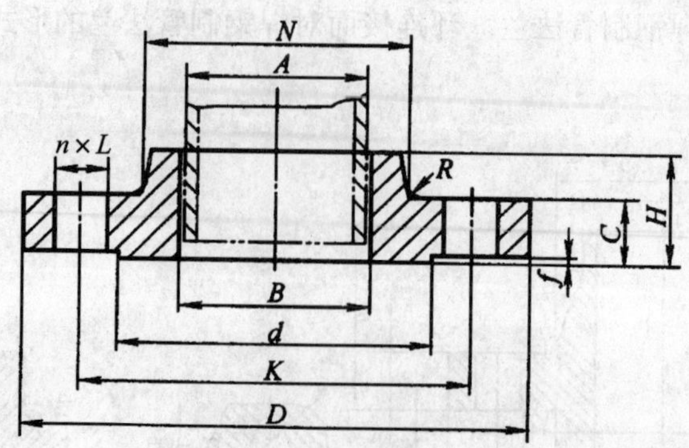

图 4—21 凸面带颈平焊钢制管法兰的形式和尺寸标注

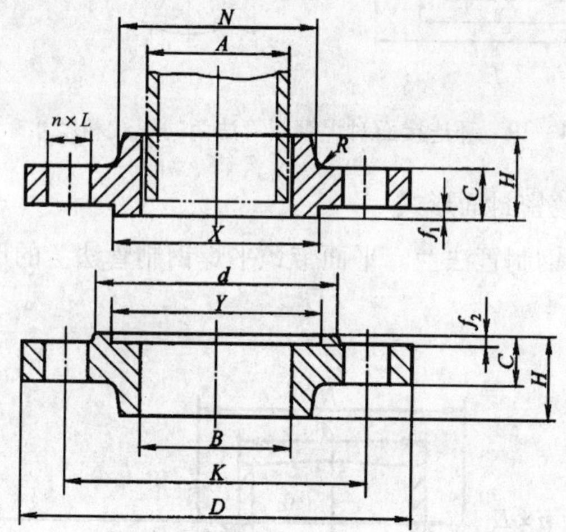

图 4—22 凹凸面带颈平焊钢制管法兰的形式和尺寸标注

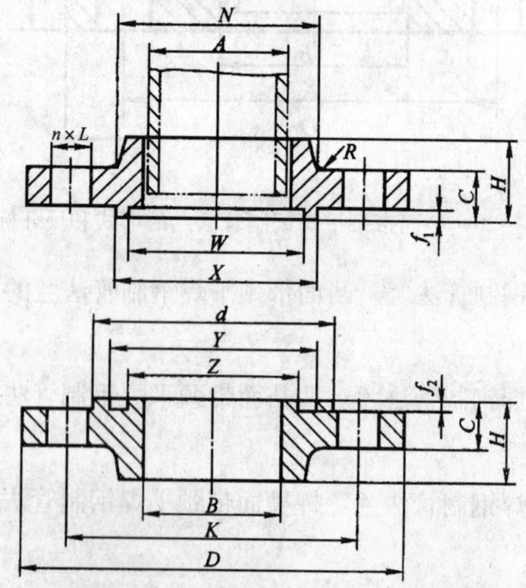

图 4—23 榫槽面带颈平焊钢制管法兰的形式和尺寸标注

⑤环连接面带颈平焊钢制管法兰。环连接面带颈平焊钢制管法兰的形式和尺寸标注如图 4—24 所示。

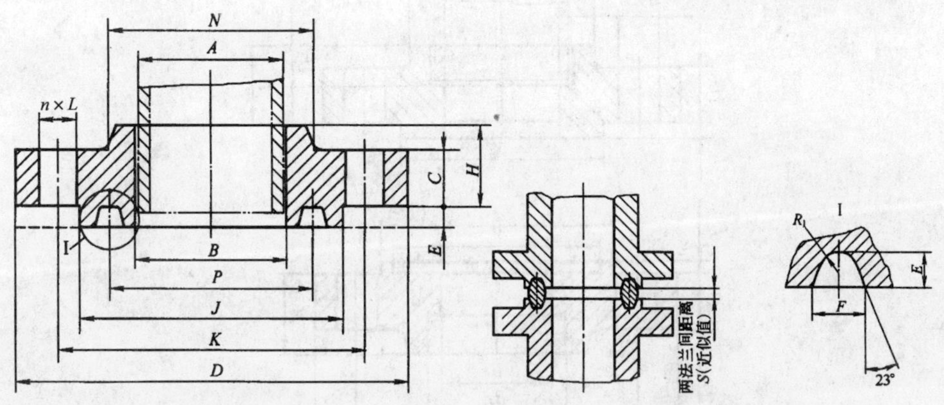

图 4—24　环连接面带颈平焊钢制管法兰的形式和尺寸标注

3）带颈承插平焊法兰密封面形式

①凸面带颈承插焊钢制管法兰。凸面带颈承插焊钢制管法兰的形式和尺寸标注如图 4—25 所示。

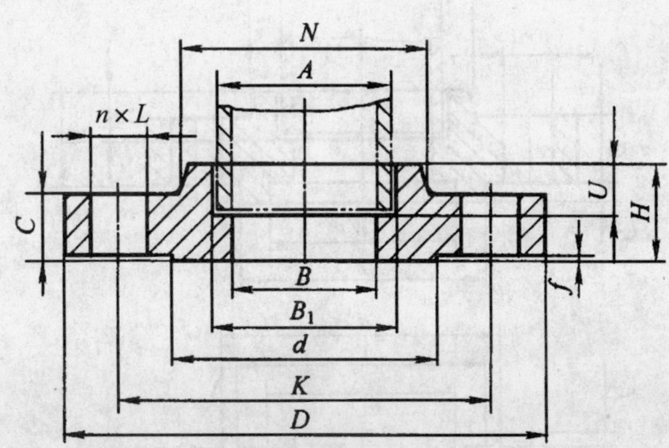

图 4—25　凸面带颈承插焊钢制管法兰的形式和尺寸标注

②凹凸面带颈承插焊钢制管法兰。凹凸面带颈承插焊钢制管法兰的形式和尺寸标注如图 4—26 所示。

③榫槽面带颈承插焊钢制管法兰。榫槽面带颈承插焊钢制管法兰的形式和尺寸标注如图 4—27 所示。

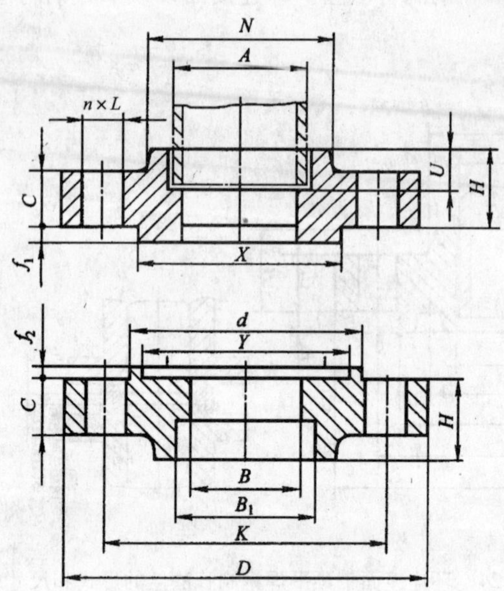

图 4—26　凹凸面带颈承插焊钢制管法兰的形式和尺寸标注

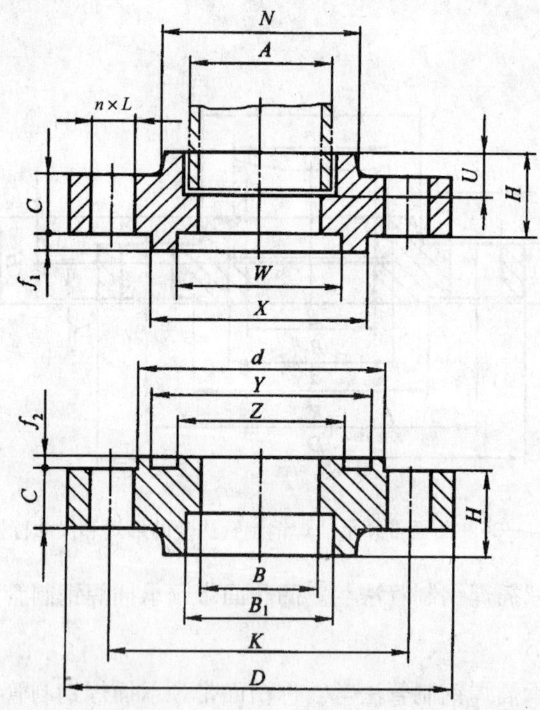

图 4—27　榫槽面带颈承插焊钢制管法兰的形式和尺寸标注

④环连接面带颈承插焊钢制管法兰。环连接面带颈承插焊钢制管法兰的形式和尺寸标注如图 4—28 所示。

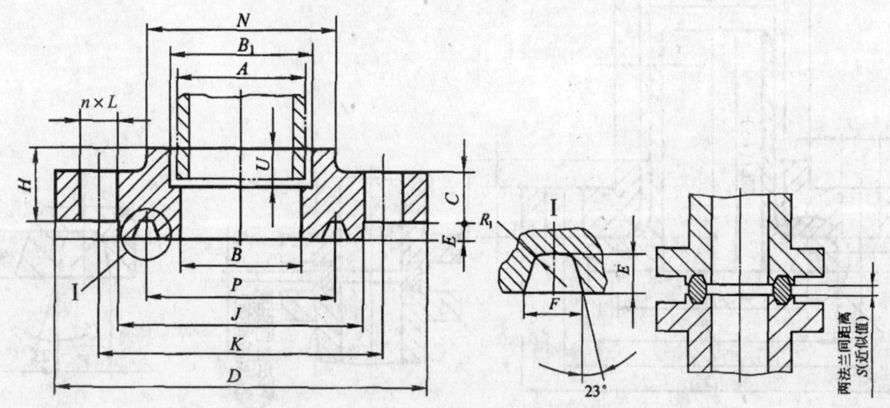

图 4—28　环连接面带颈承插焊钢制管法兰的形式和尺寸标注

4）对焊环松套带颈法兰密封面形式

①凸面对焊环松套带颈钢制管法兰。凸面对焊环松套带颈钢制管法兰的形式和尺寸标注如图 4—29 所示。

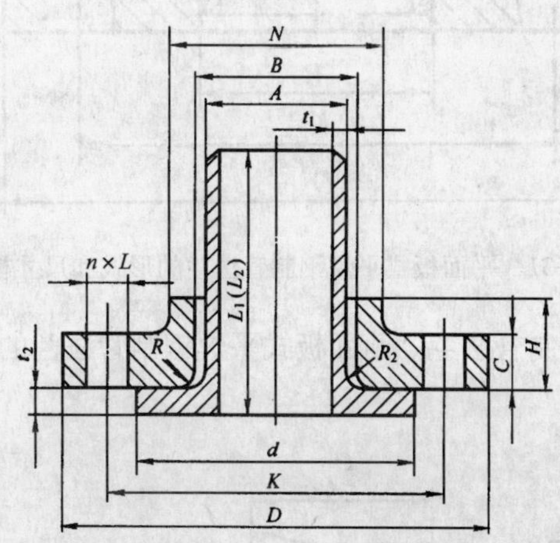

图 4—29　凸面对焊环松套带颈钢制管法兰的形式和尺寸标注

②环连接面对焊环松套带颈钢制管法兰。环连接面对焊环松套带颈钢制管法兰的形式和尺寸标注如图 4—30 所示。

5）板式平焊法兰密封面形式

①平面板式平焊钢制管法兰。平面板式平焊钢制管法兰的形式和尺寸标注如图 4—31 所示。

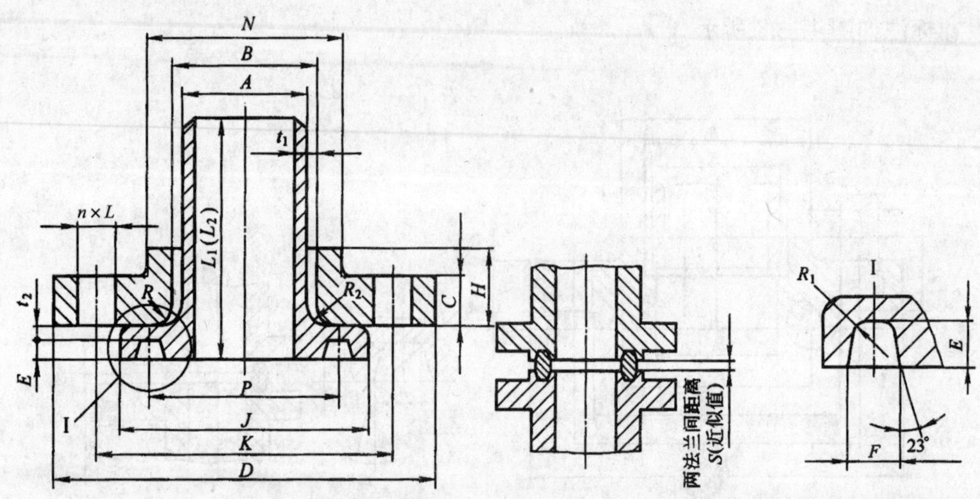

图 4—30　环连接面对焊环松套带颈钢制管法兰的形式和尺寸标注

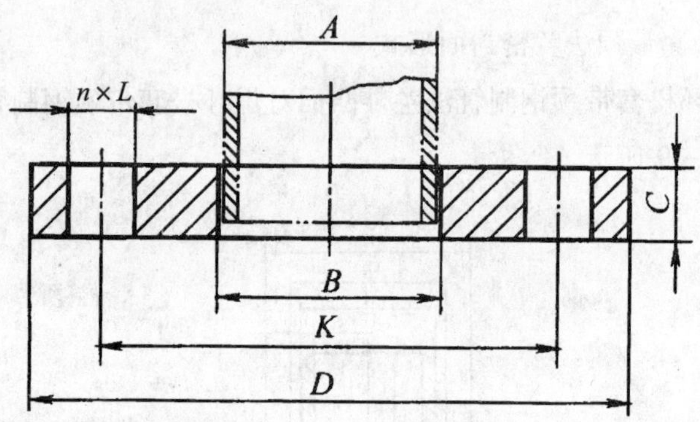

图 4—31　平面板式平焊钢制管法兰的形式和尺寸标注

②凸面板式平焊钢制管法兰。凸面板式平焊钢制管法兰的形式和尺寸标注如图 4—32 所示。

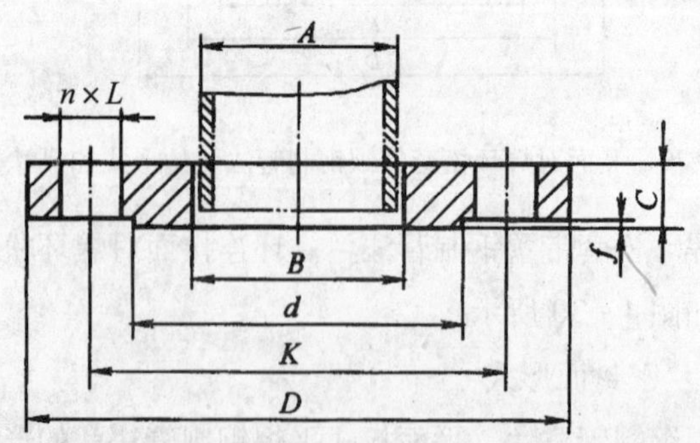

图 4—32　凸面板式平焊钢制管法兰的形式和尺寸标注

6）对焊环松套板式法兰密封面形式

①凸面对焊环松套板式钢制管法兰。凸面对焊环松套板式钢制管法兰的形式和尺寸标注如图 4—33 所示。

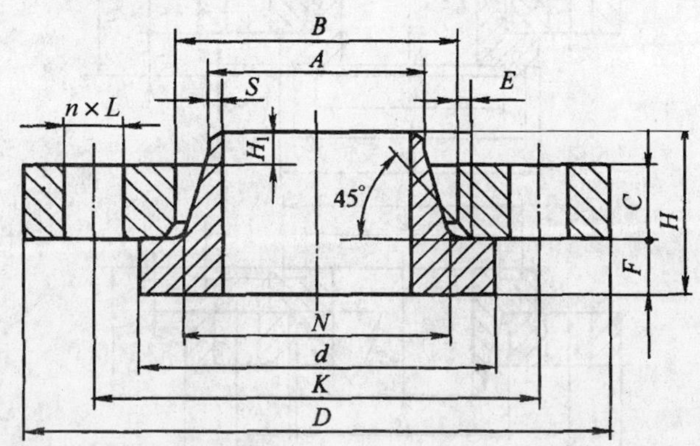

图 4—33　凸面对焊环松套板式钢制管法兰的形式和尺寸标注

②凹凸面对焊环松套板式钢制管法兰。凹凸面对焊环松套板式钢制管法兰的形式和尺寸标注如图 4—34 所示。

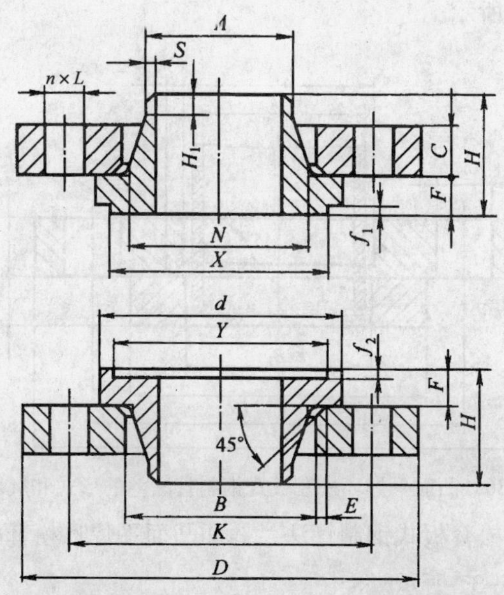

图 4—34　凹凸面对焊环松套板式钢制管法兰的形式和尺寸标注

③榫槽面对焊环松套板式钢制管法兰。榫槽面对焊环松套板式钢制管法兰的形式和尺寸标注如图 4—35 所示。

7）平焊环松套板式法兰密封面形式

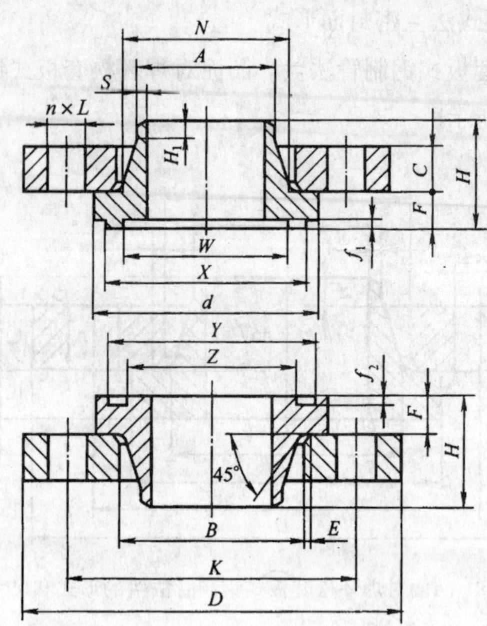

图 4—35　榫槽面对焊环松套板式钢制管法兰的形式和尺寸标注

①凸面平焊环松套板式钢制管法兰。凸面平焊环松套板式钢制管法兰的形式和尺寸标注如图 4—36 所示。

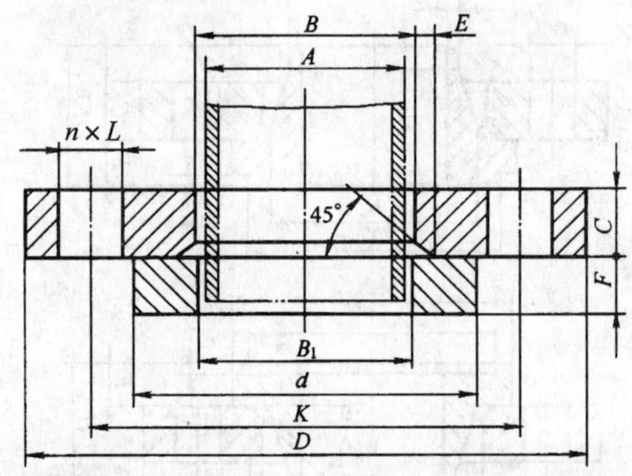

图 4—36　凸面平焊环松套板式钢制管法兰的形式和尺寸标注

②凹凸面平焊环松套板式钢制管法兰。凹凸面平焊环松套板式钢制管法兰的形式和尺寸标注如图 4—37 所示。

③榫槽面平焊环松套板式钢制管法兰。榫槽面平焊环松套板式钢制管法兰的形式和尺寸标注如图 4—38 所示。

8）板式翻边松套法兰密封面形式。板式翻边松套钢制管法兰的形式和尺寸标注如图 4—39 所示。

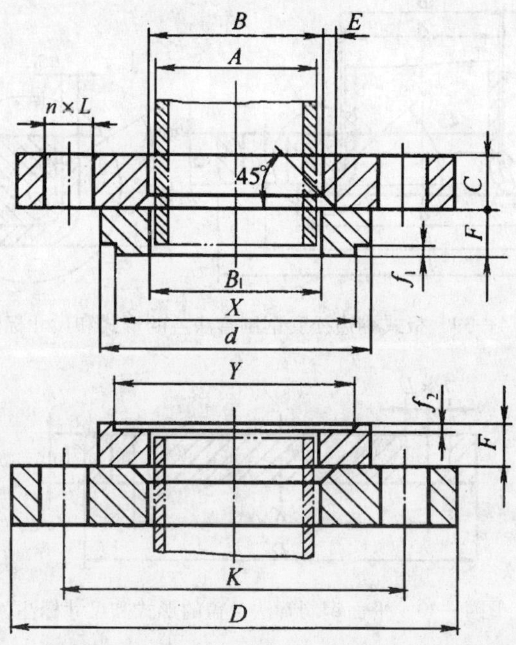

图 4—37　凹凸面平焊环松套板式钢制管法兰的形式和尺寸标注

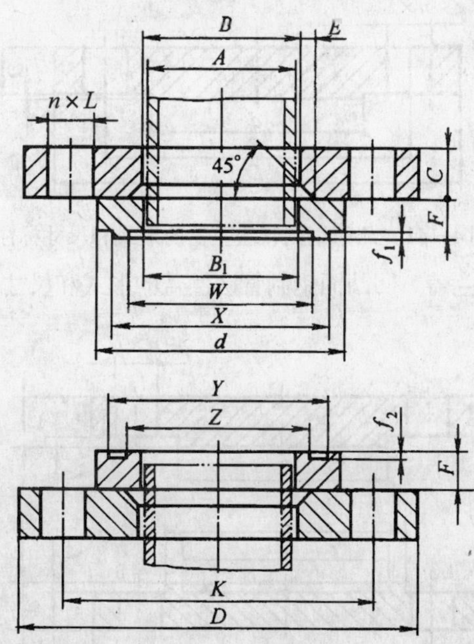

图 4—38　榫槽面平焊环松套板式钢制管法兰的形式和尺寸标注

9）钢制法兰盖密封面形式。法兰盖的密封面形式要比法兰的密封面形式少一些。

①平面钢制管法兰盖。平面钢制管法兰盖的形式和尺寸标注如图 4—40 所示。

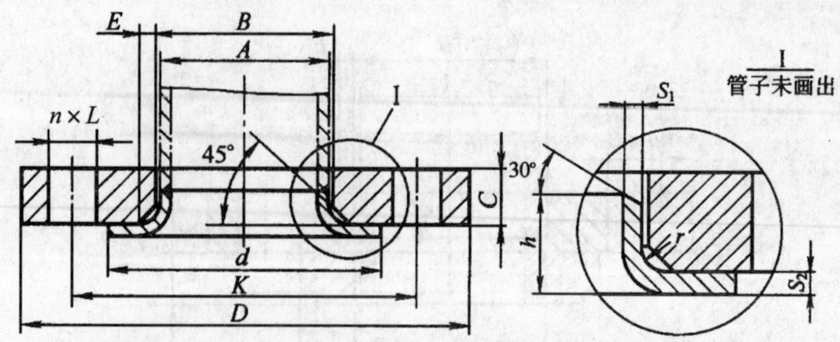

图 4—39　板式翻边松套钢制管法兰的形式和尺寸标注

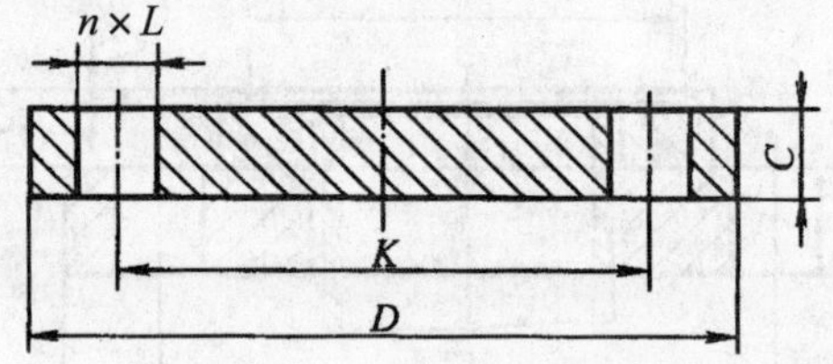

图 4—40　平面钢制管法兰盖的形式和尺寸标注

②凸面钢制管法兰盖。凸面钢制管法兰盖的形式和尺寸标注如图 4—41 所示。

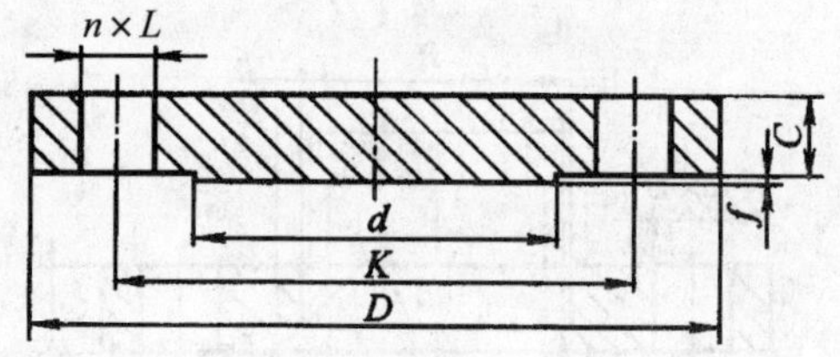

图 4—41　凸面钢制管法兰盖的形式和尺寸标注

③凹凸面钢制管法兰盖。凹凸面钢制管法兰盖的形式和尺寸标注如图 4—42 所示。

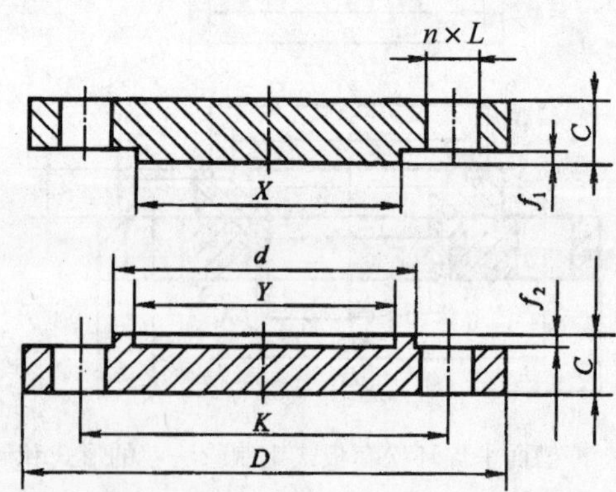

图 4—42　凹凸面钢制管法兰盖的形式和尺寸标注

④榫槽面钢制管法兰盖。榫槽面钢制管法兰盖的形式和尺寸标注如图 4—43 所示。

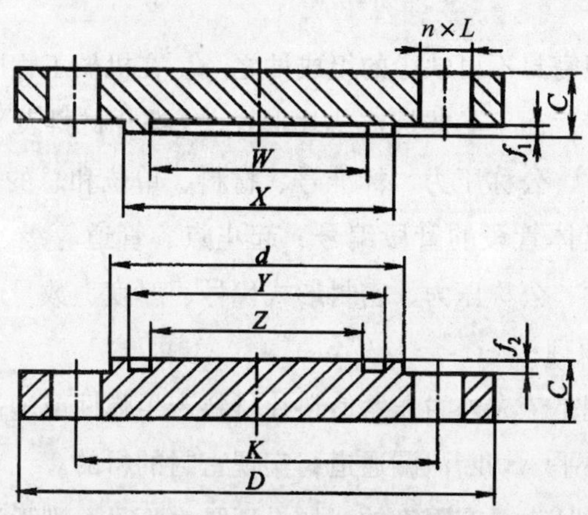

图 4—43　榫槽面钢制管法兰盖的形式和尺寸标注

⑤环连接面钢制管法兰盖。环连接面钢制管法兰盖的形式和尺寸标注如图 4—44所示。

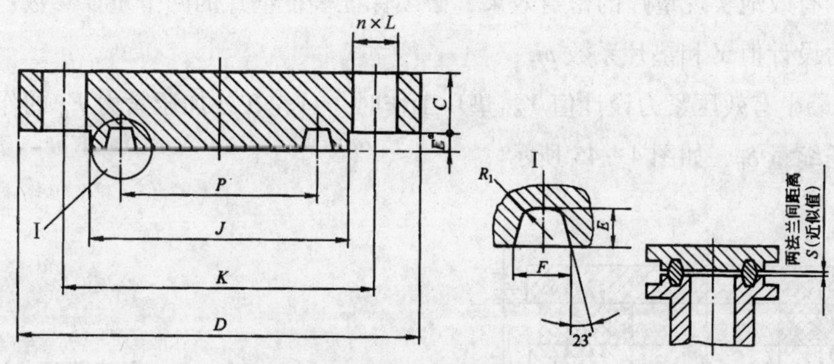

图 4—44　环连接面钢制管法兰盖的形式和尺寸标注

（4）密封面代号

法兰的密封面形式及代号应符合表 4—4 的规定。

表 4—4　　**密封面形式及代号**

密封面形式		代　号	
平面		FF	
凸面		RF	
凹凸面	凸面	MF	M
	凹面		F
榫槽面	榫面	TG	T
	槽面		G
环连接面		RJ	

4. 法兰垫片

垫片是法兰实现密封不可缺少的组成件之一。在机械工程图中一般只画出法兰的示意图和所在位置，而不具体标注垫片形式。《综合材料表》给出本工程所需的各种垫片的公称尺寸、公称压力、标准号、材料、单位和总的数量；《管段表》则给出垫片所在某一具体管段的管段编号、起止点、管道等级、设计温度、设计压力、垫片的公称尺寸、公称压力、密封形式代号、厚度、数量。

（1）垫片密封原理

垫片的密封原理是依靠外力压紧使垫片材料产生弹性或塑性变形，从而填满密封面上微小的凹凸不平，切断泄漏通道，实现密封的目的。

垫片所能承受的外力是有限度的。如果压紧力不足，则无法实现填满密封面上微小的凹凸不平及切断泄漏通道的目的；而压紧力太大往往又会使垫片产生过大的压缩变形甚至破坏。为了正确地使用垫片，必须选择恰好实现密封的最小压紧力。

为了有效地实现垫片的密封效果，必须保证表征垫片的两个重要参数：最小有效压紧力设计值 Y 和垫片系数 m。

1）最小有效压紧力设计值 Y。垫片工作时，首先在外加压紧力 F_0 的作用下形成初始压缩量 δ_0，如图 4—45 所示。

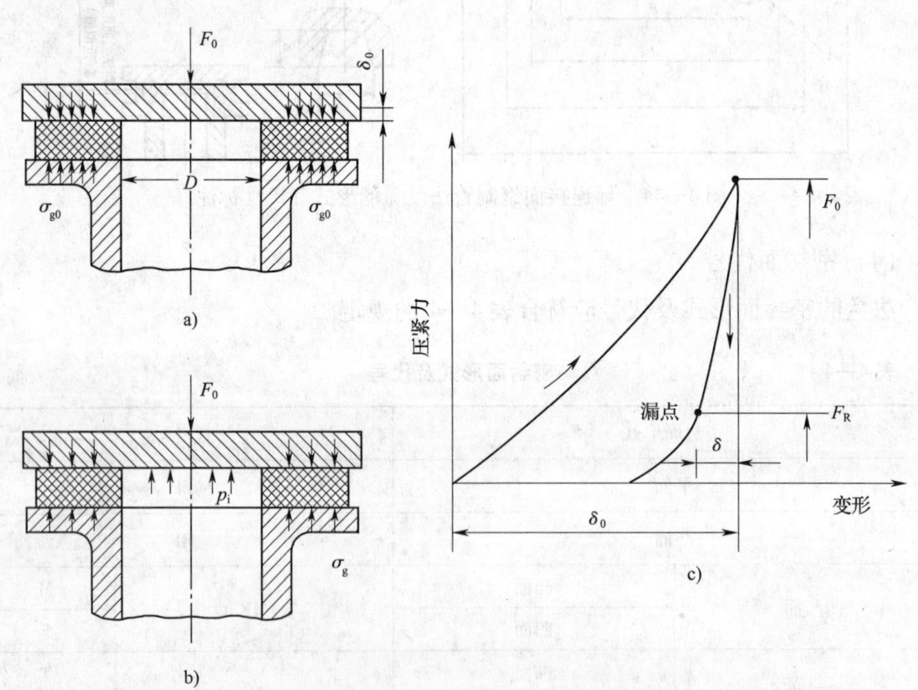

图 4—45 垫片工作时变形情况

a）无内压 b）有内压 c）变形曲线

设垫片的受压面积为 A_g，则垫片所受的平均预紧压力 σ_{g0} 为：

$$\sigma_{g0}=\frac{F_0}{A_g}$$

此时设备内无压力，如图 4—45a 所示。

若设备内压为 p_i，总压力为 $\frac{\pi}{4}D^2p_i$，方向与 F_0 相反。在此压力作用下，垫片被放松回弹，回弹量为 δ，垫片上的压紧应力减小为：

$$\sigma_g=\frac{F_0-(\pi D_e^2)\frac{p_i}{4}}{A_g}$$

式中，D_e 为压紧力的作用半径。

通过试验，可以得出密封垫的密封特性曲线，如图 4—46 所示。压紧后的垫片放松到一定程度时即出现泄漏，在密封特性曲线上反映这一点的是 σ_c，也就是说垫片密封所需的最小压紧应力为 σ_c。σ_c 对应于一定的内压 p_{ic}，当预紧压应力小于 σ_c 时，垫片不能做到有效的密封，所以 σ_c 是垫片密封与未密封的分界点，也称为“漏点”，是压紧程度的最低极限。

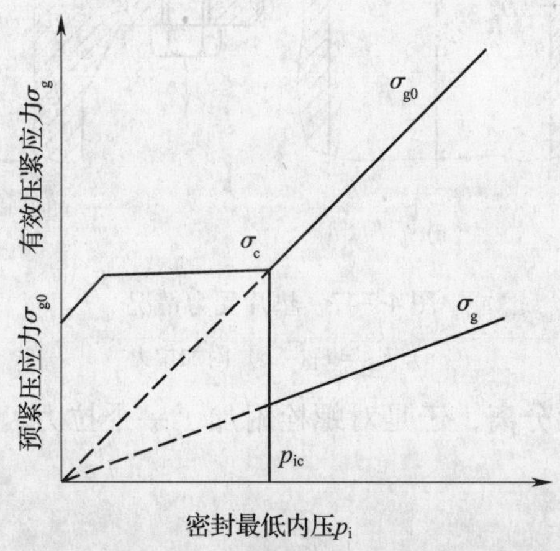

图 4—46　垫片的密封特性曲线

在图 4—46 的下方是内压作用下的有效压紧应力曲线。σ_c 对应的点就是最小有效压紧应力，它是一个极限值，在工作中应用时应加以一定的安全系数。把加过安全系数的最小有效压紧应力作为选用和计算密封垫时的设计值，简称 Y 值。

Y 值是密封垫的固有值，只与密封垫本身的材料、形状有关，而与介质的种类及内压的大小无关。通常密封垫生产厂都在样本或产品说明书中给出 Y 的推荐值，或者各部门根据长期使用经验规定出标准值。

密封的最小有效压紧应力设计值 Y 并没有反映管道内介质工作压力的影响，因而作为选用密封垫的准则是不完善的，还需引用另一个重要参数——垫片系数 m。

2）垫片系数 m。设备内压的影响主要表现在使压紧垫片的螺栓伸长，因而法兰面之间的间隙增大，使预紧状态下的垫片回弹，垫片的变形量减小。因此，在最小预紧压应力 σ_c 的作用下，垫片能封住一定的内压（σ_c 所对应的横坐标点），但当内压超过此值时垫片就不能做到密封。

当设备无内压时，预紧力是由螺栓拧紧产生的，螺栓内部形成拉应力。设总拉力为 F_{b0}，而垫片受到压紧力的大小与螺栓拉力大小相等，方向相反。在数值上有 $F_{g0}=F_{b0}$，如图4—47a所示。

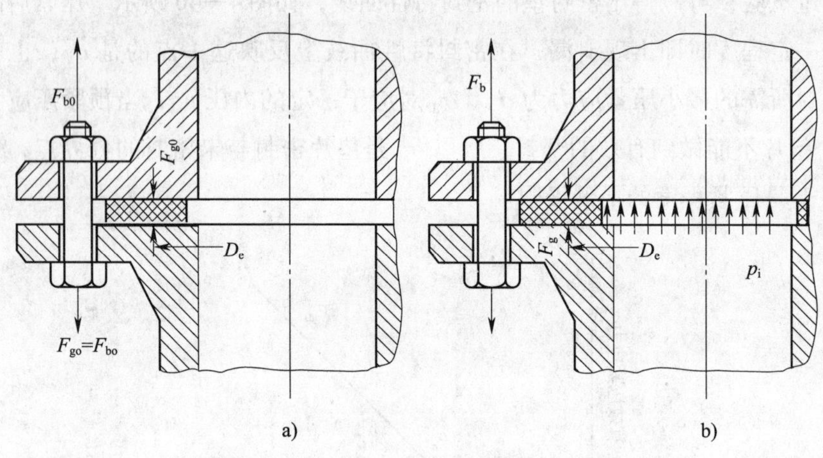

图 4—47　垫片受力情况

a）$F_{g0}=F_{b0}$　b）附加拉力

内压作用后使法兰分离，于是对螺栓附加了一个拉力，如图 4—47b 所示。其值为：

$$\frac{\pi}{4}D_e^2 p_i$$

式中，D_e 为垫片的有效直径。

当垫片开始发生泄漏时，垫片的有效压紧应力与内压之比 m 称为垫片系数。即：

$$m=\frac{\sigma_g}{p_i}$$

垫片系数 m 与垫片的种类、尺寸、形状、环境温度、介质压力以及法兰密封面的表面粗糙度等因素有关。表 4—5 为几种密封垫片的试验数据。

表 4—5　　　　　　　垫片系数 m 的试验值（介质为水）

垫片种类	预紧压应力 σ_{g0}/MPa	泄漏开始时压力 p_i/MPa	有效压紧应力 σ_g/MPa	垫片系数 $m=\sigma_g/p_i$
橡胶垫片	5.40	1.5	2.46	1.64
试样尺寸：	7.18	2.5	3.27	1.31
ϕ75 mm × ϕ61 mm × 1.6 mm	15.0	5.0	4.80	0.96
石棉橡胶板	2.09	0.3	1.52	5.10
试样尺寸：	4.26	0.7	2.93	4.20
ϕ75 mm × ϕ61 mm × 1.6 mm	10.0	3.3	4.97	1.51
	20.0	8.0	7.20	0.90
纸垫片	2.09	0.6	0.92	1.53
试样尺寸：	2.42	0.7	1.06	1.51
ϕ75 mm × ϕ61 mm × 1.6 mm	3.96	1.2	1.62	1.35
缠绕垫片	10.0	0.5	9.1	18.2
试样尺寸：	20.0	0.6	18.9	31.5
ϕ60 mm × ϕ48 mm × 5 mm	30.0	1.1	28.0	25.5
	40.0	2.3	35.0	15.2
	50.0	6.4	38.7	6.1
	60.0	10.0	42.3	4.2

垫片系数 m 是设计、选择密封垫的重要参数，保证密封的必要条件为：

$$\sigma_g \geqslant mp_i$$

实际上，在设计密封垫时，最小有效压紧力设计值 Y 和垫片系数 m 必须同时满足，即应符合以下条件：

$$A_g = \frac{A_e p_i}{Y - mp_i}$$

式中，A_e 为有效承压面积。这里 A_e 和 p_i 在使用条件下是给定的，垫片系数 m 和 Y 值可以在密封垫产品样本中查到。表 4—5 中给出几种垫片的 m 值，可利用公式 $m=\frac{\sigma_g}{p_i}$ 计算出垫片的相应尺寸。

（2）垫片材料

制作垫片的材料都应当有一定的耐介质范围，不能被介质所腐蚀，同时垫片材料也不能污染被密封介质；并具有良好的变形性能和回弹能力，要有一定的机械强度和适当的柔软性；在设计工作温度下，不易变质、硬化或软化。

常用的垫片材料可分为金属和非金属两大类。

金属垫片材料一般并不要求强度高，而是要求软而韧。常用的有软铝、铁、软钢、蒙乃尔合金（含镍量为62%、含铜量为30%）、含铬量为4%～5%的钢和18/8不锈钢等。金属垫片主要用于中、高温的法兰连接密封。

非金属垫片材料中，用得最多的是石棉橡胶和石棉合成树脂（塑料）。这些材料的优点主要是柔软和耐腐蚀，但耐温度和压力的性能较金属垫片差，通常只用于常、中温和中、低压设备与管道的法兰密封。此外，纸、麻、皮革等也是常用的垫片材料，但是一般只能用于低压系统，如温度不高的水、空气或油类介质等。

非金属垫片制作容易，多数是从垫片材料上直接剪切下来。金属垫片绝大多数需要进行机械加工。对软金属垫片主要是剪切、车削和开槽；对硬金属垫片还需要研磨，特别是与密封面相配合的表面，需要达到很高的尺寸精度和很低的表面粗糙度，不允许有加工痕迹，更不允许有径向划痕。用金属棒或管弯成的圆截面垫片接头处焊后需退火、整形和锉磨。

另外还有金属与非金属配合而成的组合式垫片，主要有金属包垫片和缠绕式垫片。金属包垫片是在石棉橡胶垫外包以金属薄片（镀锌薄铁皮或不锈钢薄片等），这种组合极大地增加了非金属垫片的强度和耐热性；缠绕式垫片是用薄钢带（08、10、15或06Cr19Ni10、06Cr13）与石棉交替卷缠，并把首尾端的金属点焊牢固。这种垫片耐热性和弹性较好，金属绕带边缘有多道次密封作用，可用于高温、中压和操作条件有波动的场合。

密封垫片的断面形状如图4—48所示。

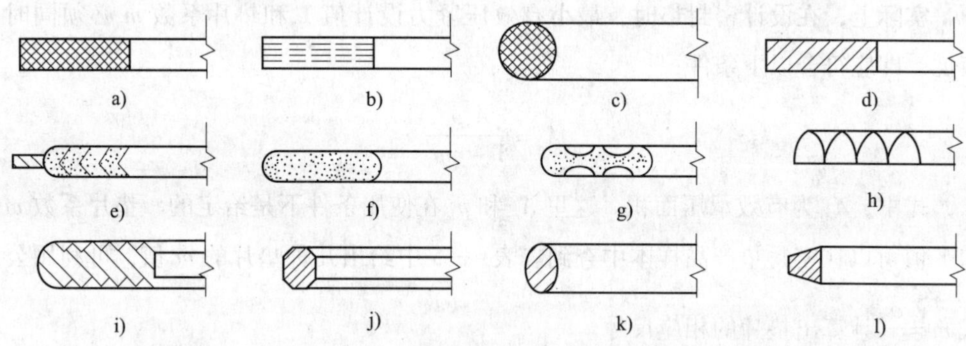

图4—48　密封垫片的断面形状

a）皮革垫片、纸质垫片、合成树脂垫片、石棉橡胶垫片、橡胶垫片
b）内有织物（棉织品、尼龙织品、玻璃布等）的增强型橡胶垫片
c）橡胶垫片　d）金属平垫片　e）缠绕式垫片（组合式）　f）、g）金属包垫片（组合式）
h）金属波形垫片　i）金属齿形垫片　j）金属八角形垫片　k）金属椭圆形垫片　l）金属透镜垫片

5. 法兰泄漏

无论采用上述何种法兰类型、法兰密封面形式及法兰垫片，在苛刻的介质操作环境下都可能发生泄漏。根据发生泄漏的形式，法兰泄漏可归纳为以下三类。

（1）界面泄漏

这是一种被密封介质通过垫片与两法兰面之间的间隙面产生的泄漏形式。

（2）渗透泄漏

这是一种被密封介质通过垫片内部的微小间隙产生的泄漏形式。

（3）破坏泄漏

破坏泄漏从本质上说也是一种界面泄漏，界面泄漏的产生原因中人为的因素占有很大的比例。

从法兰的结构类型中可以看出，法兰与管道及设备的连接形式多为焊接或螺纹连接。对于选用焊接连接形式的法兰，在连接焊缝上也可能发生泄漏，引起焊缝泄漏的原因是在焊接过程中存在的各种焊接缺陷所致，这些缺陷有未焊透、夹渣、气孔、裂纹、过热、过烧、咬边等；对于选用螺纹连接形式的法兰，也可能在螺纹处发生界面泄漏。

三、设备及管道泄漏

工艺生产设备上（容器、塔器、换热器、反应器、锅炉等）也会发生泄漏事故。如大型气柜上出现的腐蚀孔洞、裂纹，流体压力容器上出现的裂纹、渗漏现象等；工艺生产管道上，由于其输送的流体介质的不断流动，在腐蚀、冲刷、振动等因素影响下，在直管输送管段、异径管段、流体介质改变方向的弯头及三通、管道的纵焊缝及环焊缝上，也同样会出现泄漏现象。造成设备和管道泄漏的原因较多，有人为因素（选材不当、结构不合理、焊缝缺陷、防腐蚀措施不完善、安装质量欠佳等）和自然因素（温度变化、地震、地质变迁、雷雨风暴、季节变化、非人为的破坏等）。

1. 焊缝缺陷引起的泄漏

无论是大型金属容器，还是长达数百千米的流体输送管道，都是通过焊接的方法连接起来的。通过焊接可以得到力学性能优良的焊接接头。但是，在焊接过程中，由于人为因素及其他自然因素的影响，在焊缝形成过程中不可避免地存在着各种缺陷。焊缝上发生的泄漏现象，相当大一部分是由焊接过程中所遗留的焊接缺陷所引起的。

（1）未焊透

焊件的间隙或边缘未熔化而留下的间隙称为未焊透，如图 4—49 所示。由于存在未焊透，压力介质会沿着层间的微小间隙出现渗漏现象，严重时也会发生喷射状泄漏。

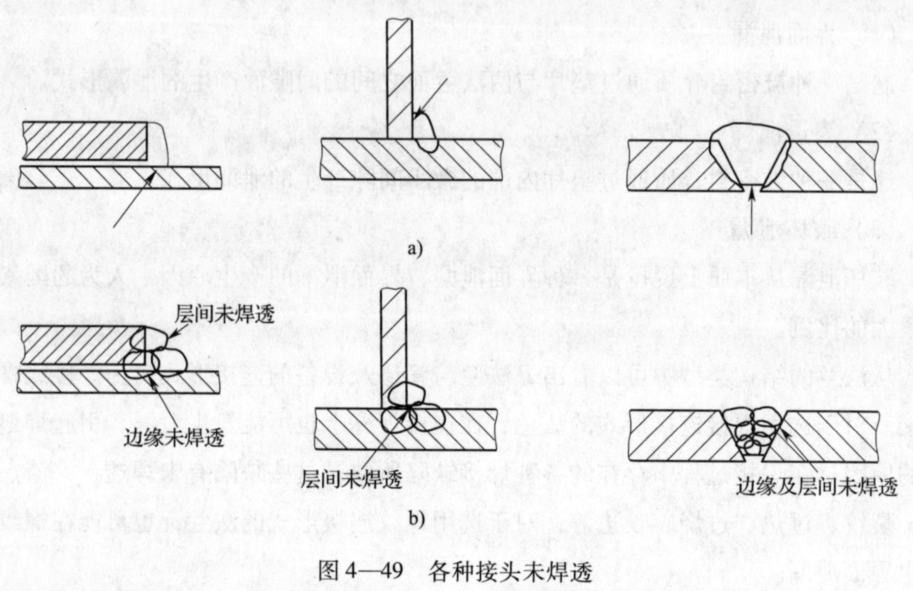

图 4—49　各种接头未焊透

a）单层　b）多层

（2）夹渣

在焊缝中存在的非金属物质称为夹渣，如图 4—50 所示。夹渣主要是由于操作技术不良，使熔池中的熔渣未浮出而存在于焊缝之中，夹渣也可能来自母材中的脏物。

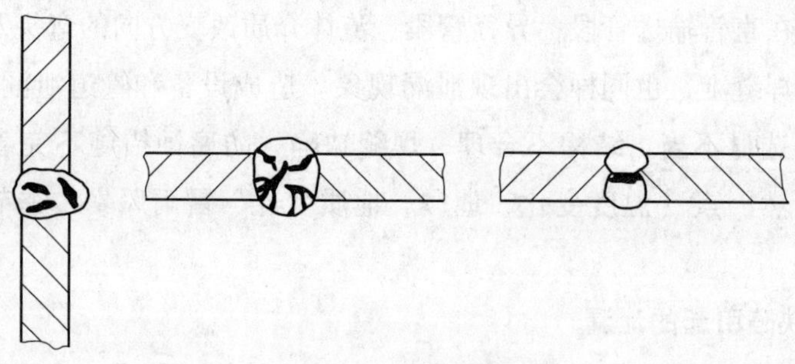

图 4—50　夹渣

夹渣有的能够用肉眼看到，称为外缺陷；有的存在于焊缝深处，肉眼无法看到，通过无损探伤可以看到，称为内缺陷。无论内缺陷还是外缺陷，对焊缝的危害都是很大的，它们的存在降低了焊缝的力学性能。而某些具有针状的显微夹杂物，其夹渣的尖角将会引起应力集中，几乎和裂纹相等。焊缝中的针状氮化物和磷化物会使金属变脆，氧化铁和硫化铁还能形成裂纹。

夹渣引起的焊缝泄漏也是比较常见的，特别是在那些焊缝质量要求不高的流体输送管路及容器上，存在夹渣的焊缝段会造成局部区域内的应力集中，使夹渣尖端处的微小裂纹扩展，当这个裂纹穿透管道壁厚时，就会发生泄漏现象。

（3）气孔

在金属焊接过程中，由于某些原因使熔池中的气体来不及逸出而留在熔池内，焊缝中的流体金属凝固后形成孔眼，称为气孔，如图 4—51 所示。气孔的形状、大小及数量与母材种类、焊条性质、焊接位置及电焊工的操作技术水平有关。形成气孔的气体有的是原来溶解于母材或焊条钢芯中的气体；有的是药皮在熔化时产生的气体；有的是母材上的油锈、污垢等在受热后分解产生的；也有的来自于大气。而低碳钢焊缝中的气孔主要是氢或一氧化碳气孔。

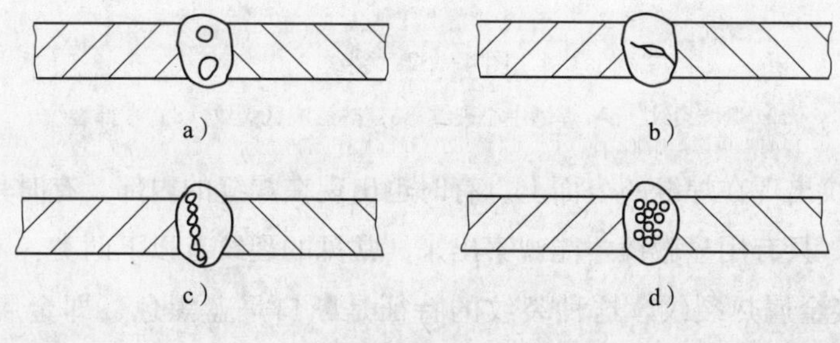

图 4—51　气孔

a）圆形　b）长形　c）链形　d）蜂窝形

根据气孔产生部位的不同，可分为表面气孔和内部气孔；根据分布情况的不同，可分为疏散气孔、密集气孔、连续气孔等。这些气孔产生的原因是多种多样的，所形成的气孔形状大小也各不相同，有圆形、长形、链形和蜂窝形等。

气孔对焊缝的强度影响极大，它能使焊缝的有效工作截面积减小，降低焊缝的力学性能，特别是对抗弯强度和冲击韧度影响最大，破坏了焊缝的致密性。连续气孔还会导致焊接结构的破坏。

单一的小气孔一般不会引起泄漏。但长形气孔的尖端在温差应力、安装应力或其他自然力的作用下，会出现应力集中的现象，致使气孔尖端处出现裂纹，并不断扩展，最后导致泄漏；连续蜂窝状气孔则会引起点状泄漏。处理这类焊缝气孔引起的泄漏，可以采用带压粘接堵漏技术中所介绍的简便易行的方法加以消除；当泄漏压力及泄漏量较大，人员难以靠近泄漏部位时，则可以采用注剂式带压堵漏技术加以消除；允许动火的部位也可考虑采用带压焊接堵漏技术中介绍的方法加以消除，其强度会更高，使用寿命会更长。

（4）裂纹

裂纹是金属中最危险的缺陷，也是各种材料焊接过程中时常遇到的问题。这种金属中的危险缺陷有不断扩展和延伸的趋势，从密封的角度考虑，裂纹的扩展最终会引起被密封流体介质的外泄。

裂纹按其所存在的部位可分为纵向裂纹、横向裂纹、弧坑裂纹、焊缝中心裂纹、热影响区裂纹、根部裂纹等，如图4—52所示。

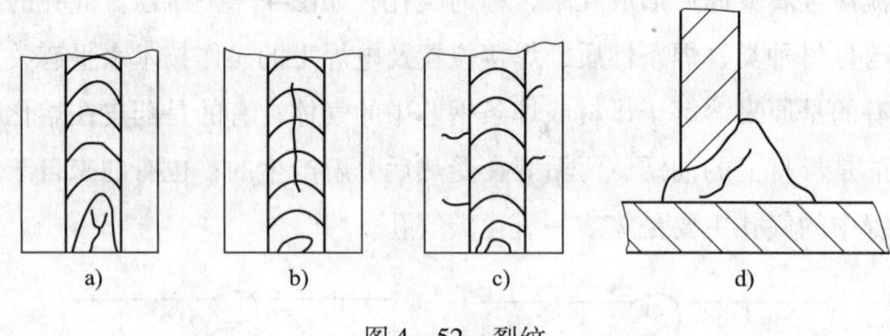

图4—52　裂纹

a）弧坑裂纹　b）焊缝中心裂纹　c）热影响区裂纹　d）根部裂纹

有时裂纹出现在焊缝的表面上，有时也出现在焊缝的内部。有时是宏观的，有时是微观的，只有用显微镜才能观察出来。常见的裂纹有以下两类：

1）焊接金属热裂纹。这种裂纹的特征是断口呈蓝黑色，即金属在高温下被氧化的颜色，裂纹总是产生在焊缝正中心或垂直于焊缝鱼鳞波纹，焊缝表面可见的热裂纹呈不明显的锯齿形，弧坑处的花纹状或稍带锯齿状的直线裂纹也属于热裂纹。

2）焊接金属冷裂纹。冷裂纹则与热裂纹有所不同，它是在焊接后的较低温度下产生的，温度一般在200～300℃。冷裂纹可以在焊缝冷却过程中立即出现，有些也可以延迟几小时、几天甚至一两个月之后才出现，故冷裂纹又称为延迟裂纹。冷裂纹大多数产生在基本金属上或基本金属与焊缝交界的熔合线上，大多数是纵向分布，少数情况下也可能是横向裂纹。其外观特征是：显露在焊接金属表面的冷裂纹断面上没有明显的氧化色彩，断口发亮。其金相特征是：冷裂纹可能发生在晶界上，也可能贯穿于晶粒体内部。

以上只介绍了几种常见焊缝缺陷及产生的原因。当然一些其他因素同样会造成焊缝缺陷。总的来讲，无论哪种焊接缺陷都会影响焊缝的质量，削弱焊缝的强度，也是造成设备、管道泄漏的重要原因。

2. 腐蚀引起的泄漏

腐蚀是自然界中最常见的一种化学现象，它会使物质发生质的变化，甚至造成物体破坏。腐蚀若发生在金属设备及管道上，同样会引发泄漏事故。

3. 振动引起的泄漏

管道振动在日常生活中稍加留意就可以观察到。例如，当打开或关闭自来水龙头时，有时管道会“嘟嘟”作响，此时注意观察或用手摸管道，可以发现它在振颤，这种现象就是管道的振动。进一步观察，还可以发现这种现象一般只发生在水龙头开启到某个特定位置的时候，对于全开或全闭的管道则无此类现象。由此可以说明振动与水龙头的开启程度有关。凡是经常发生振动的管道，发生泄漏的概率要比正常管道大得多。生产企业管道和管路系统也会发生与此完全相同的情况，但危险的程度会更大，它能使法兰的连接螺栓松动、垫片上的密封比压下降，振动还会使管道焊缝内的缺陷扩展，最终导致严重的泄漏事故。

4. 冲刷引起的泄漏

冲刷引起的泄漏主要是由于高速流体在改变方向时，对管壁产生较大的冲刷力所致。

5. 冻裂引起的泄漏

在冬季，我国北方大部分地区的气温都会降到零下十几摄氏度。在工业区和居民区，有时人们会看到一股股清澈的水从地面涌出，而很快结成新的冰面，有经验的人会知道，这是埋藏在地下的工业水管线或民用自来水管线被冻裂所引起的。水在受热时会产生体积膨胀，而逐步转变为气体；而在低于零摄氏度以下时，水同样会出现体积膨胀的现象。但这时它不是由液体转变成气体，而是由液体转变为固体。这一点违背了人们日常理解的物体热胀冷缩的规律。如果结冰过程是在某一输送管道内完成的，这个膨胀的过程就会受到管壁的制约，当水在结冰过程中所产生体积膨胀力施加给管壁而引起的环向拉伸应力大于管道金属材料的抗拉强度时，管壁就会出现裂纹或破损，而使水大量外流。这种现象对于架设于地面上的水、蒸汽管路同样会发生。通常的解决办法是立刻停水，挖出埋于地下的损坏管道进行修复。

对于地下铺设的管道，防止冻坏的方法是使其安装深度在冻土层以下，对于架设在地面上的管线可加设保温层，加蒸汽伴热或使管线内的水处于流动状态，都可以有效地防止结冻。一旦发生冻裂跑水事故，应尽快加以消除。在不允许断水的情况下，可根据泄漏部位情况，采用带压密封技术中相应的方法进行动态消除。对于冻裂同时又冻堵的管线应在进行带压密封作业后，再用加热的方法使管线畅通。

四、阀门泄漏

根据生产现场操作记录，不同类型的阀门都不同程度地发生过泄漏现象。常见的泄漏多发生在填料密封处、法兰连接处、焊接连接处、螺纹连接处及阀体的薄弱部位上。

1. 连接法兰及压盖法兰泄漏

工业上使用的阀门多采用法兰的连接形式与管道或设备形成一个完整的无泄漏的系统。阀门上的法兰一般用灰铸铁及球墨铸铁材料铸造而成，也有采用焊接形式的法兰。法兰的泄漏主要有界面泄漏、渗透泄漏和破坏泄漏。

2. 焊缝泄漏

焊缝泄漏发生在阀门自身焊缝（铸造体与法兰的焊接连接）及阀门与管路的连接焊缝上。阀门自身焊缝采用开坡口对接焊的方式，并通过必要的无损探伤检测，由制造厂家来完成，一般质量是有保证的；与管路采用焊接连接的阀门多是高压阀或用于特殊场合的阀门，焊接的方式有对接焊和承插焊，如对接焊锻钢截止阀、承插焊锻钢截止阀等，焊接过程则由用户完成。对于大口径焊接阀门多采用电焊或惰性气体保护焊，小口径焊接阀门也可以采用气焊。无论何种方法焊接成形的焊缝，都可能存在着各种焊接缺陷，如气孔、夹渣、未焊透、裂纹等，如果在阀门使用过程中这些缺陷不断地扩展，就会造成泄漏事故的发生。

3. 螺纹连接处泄漏

螺纹连接处泄漏实质上也是一种界面泄漏。

4. 阀体泄漏

阀体泄漏可以发生在除填料及法兰密封的其他任何部位。泄漏的主要原因是由于阀门生产过程中的铸造缺陷所引起的。腐蚀介质的输送、流体介质的冲刷也可造成阀门各部位的泄漏。腐蚀主要以均匀腐蚀和侵蚀或气蚀的形式存在。

（1）均匀腐蚀

均匀腐蚀是由环境引起的，凡是与介质接触的阀门表面，均产生同一种腐蚀。金属表面腐蚀的外貌相同，经历相同时间金属的减薄量也相同。表现形式是阀门外壁一层层腐蚀脱落，最后造成大面积穿孔。

（2）侵蚀或气蚀

侵蚀或气蚀是由于流体介质在阀体内的流动所引起的。高速输送的液体压力会明显下降，当压力低于所输送的介质的临界压力时，液体就会出现汽化现象，形成无数个气泡。这种气泡存在的时间有限，一旦到达高压力区，气泡又会凝结为液体。气泡凝结的过程中便会产生对阀体材料的侵蚀和冲击，冲击的能量足以造成管道的振动，同时把阀体金属表面腐蚀成蜂窝状。随着时间的推移，形成了腐蚀穿孔，导致泄漏事故的发生。

5. 填料泄漏

填料泄漏是阀门阀杆采用填料密封结构处所发生的泄漏。阀杆填料密封结构如图 4—53 所示。填料装入填料腔以后，经压盖对它施加轴向压缩，由于填料的塑性，使它产生径向力，并与阀杆紧密接触，但实际上这种压紧接触并不是非常均匀的。有些部位的接触紧一些，有些部位的接触松一些，还有些部位填料与阀杆之间根本就没有接触。这样接触部位同非接触部位交替出现形成了一个不规则的迷宫，起到阻止流体压力介质外泄的作用。因此，可以说填料密封的机理就是“迷宫效应”。

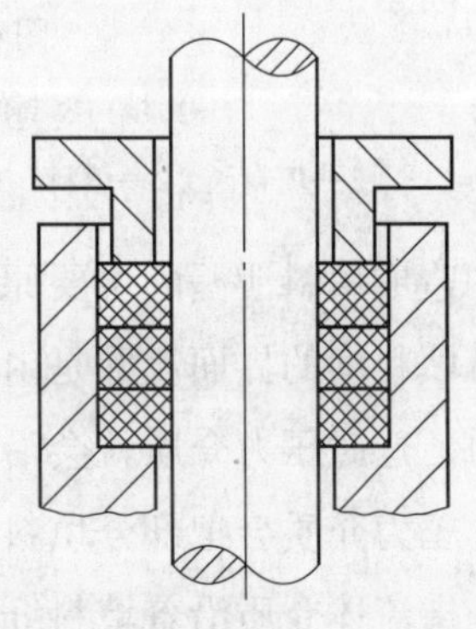

图 4—53　阀杆填料密封结构

阀杆填料密封结构如图 4—54a 所示。阀杆所受的填料压紧力是由拧紧压盖螺栓产生的。当弹性填料受到轴向压紧力作用后，产生摩擦力致使压紧力沿轴向逐渐减少，同时所产生的径向压紧力使填料紧贴于轴表面而阻止介质外漏。径向压紧力的分布如图 4—54b 所示，其由外端（压盖）向内端，先是急剧递减后趋于平缓；介质压力的分布如图 4—54c 所示，由内端逐渐向外端递减，当外端介质压力为零时，则泄漏很小或根本不泄漏，大于零时泄漏较大。从图 4—54 中可以看出，阀杆填料径向压紧力的分布与介质压力的分布恰恰相反，内端介质压力最大，应当给予较大的密封压力，而此时填料的径向压紧力最小，故压紧力没有很好地发挥作用。在实际应用中，为了获得密封性，往往要增加阀杆填料的压紧力，即在靠近压盖的 1 ~ 2 圈填料处使径向压紧力最大，可见阀杆填料密封的受力状况并不是均匀的。阀门在使用过程中，阀杆同填料之间存在着相对运动，这个运动包括径向转动和轴向移动。在使用过程中，随着阀门开启次数的增加，相对运动的次数也随之增多，还有高温、高压、渗透性强的流体介质的影响，以及填料受力情况不合理因素的客观存在，阀门填料处也是发生泄漏事故较多的部位。

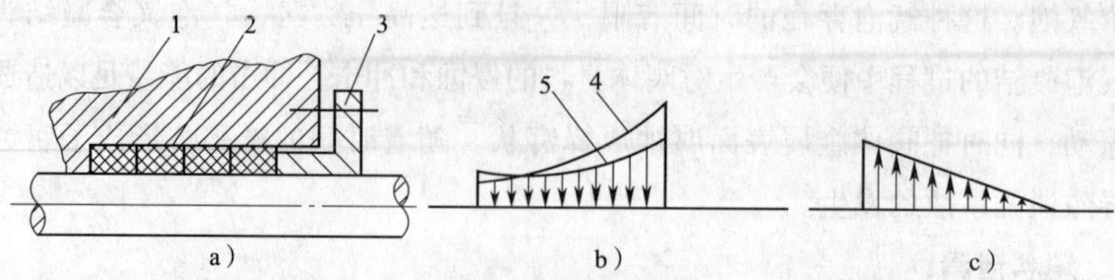

图 4—54　阀杆填料密封结构压力分布

a）填料密封结构　b）径向压紧力分布图　c）介质压力分布图

1—填料函　2—填料　3—压盖　4—开车前径向压力曲线　5—开车后径向压力曲线

造成填料泄漏的主要原因是界面泄漏，对于编结填料则还会出现渗透泄漏。阀杆与填料间的界面泄漏是由于填料接触压力的逐渐减弱、填料自身的老化等因素引起的，这时压力介质就会沿着填料与阀杆之间的接触间隙向外泄漏。随着时间的推移，压力介质会把部分填料吹走，甚至会将阀杆冲刷出沟槽；阀门填料的渗透泄漏则是指流体介质沿着填料纤维之间的微小缝隙向外泄漏。

消除阀门填料泄漏的方法主要是根据阀门的种类、结构形式及生产工艺上的特点而定。当工艺生产上允许短时间内切断流体压力介质的供给，而且阀门在关闭后，填料部位不受压力介质的影响时，可以采用更换填料的办法加以消除；上述条件难以得到满足时，可以考虑采用带压密封技术中的某种方法加以消除，如注剂式带压密封技术中就有一种专门用于处理阀门填料泄漏的密封注剂，当把它注射到阀门填料部位后，立刻就能达到止住泄漏的目的，同时又能起到与阀门填料一样的自润滑功能及长期密封的效果。

五、其他泄漏部位

如前所述，凡是存在压力差的隔离物体上，都有发生泄漏的可能。因此，很难包罗万象地概括出各种泄漏缺陷产生的原因。下面简要介绍一些其他泄漏部位。

蒸汽透平大盖的连接法兰多采用精度密封，连接时只在密封面上涂一层耐高温密封胶，而不加任何垫片，偶尔也会发生高压蒸汽沿此密封面外泄的情况。其他像机泵蜗壳的密封也有这种形式。由于这种大盖法兰及蜗壳法兰多数外边缘形状复杂，泄漏介质出来后，温度、压力均较大，处理起来难度较大。

某些设备或机器上的外接管根部焊缝或根部螺纹连接处也会出现泄漏，如图 4—55 所示。消除这类泄漏也是比较复杂的。

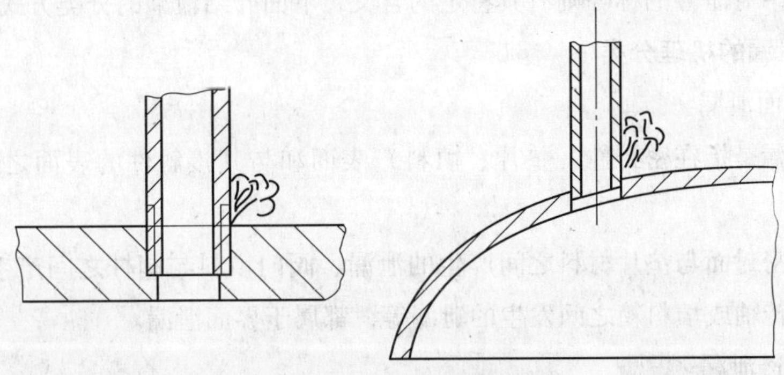

图 4—55　根部连接处泄漏

大型连续化生产企业中，高温、高压、易燃、易爆、有毒系统的仪表控制元件上出现的微小泄漏，复杂程度会更高一些，若要达到重新密封的目的，也并非容易之事。

某些压缩机的强制润滑供油系统高位储油槽上部 O 形圈密封结构出现的泄漏，要想在不间断供油的条件下，及时有效地加以消除也是很困难的。

此外，汽车油箱、水箱泄漏；飞机、坦克油箱漏油；舰艇漏油、漏水；航天飞机密封垫片失效；电冰箱氟利昂泄漏；大型油罐、气罐泄漏；变压器储油箱铁板翻边咬口处漏油；大型输油管线上突然发生的泄漏事故；民用采暖系统暖气片上微小裂纹或微小砂眼引起的漏水；各种计量仪表，如孔板流量计上出现的泄漏以及各种储存、输送流体介质的设备、机器、管道等各种部位上发生的泄漏，都需要人们想出各种行之有效的方法加以消除。

第 2 节　泄漏的分类和危害

一、泄漏的分类

泄漏所发生的部位是相当广泛的，几乎涉及所有的流体输送与储存的物体上。泄漏的形式及种类也是多种多样的，而按照人们的习惯称呼多是漏气、漏汽、漏风、漏水、漏油、漏酸、漏碱、漏盐；法兰漏、阀门漏、油箱漏、水箱漏、管道漏、弯头漏、三通漏、四通漏、变径漏、填料漏、螺纹漏、焊缝漏、丝头漏、轴封漏、反应器漏、塔器漏、换热器漏、暖气漏、船漏、车漏、管漏、坝漏、屋漏等。

但工业生产中对泄漏的称呼则有其特定的含义，下面介绍泄漏的分类方式。

1. 按泄漏的机理分类

（1）界面泄漏

界面泄漏是指在密封件（垫片、填料）表面和与其接触件的表面之间产生的一种泄漏。

如法兰密封面与垫片材料之间产生的泄漏、阀门填料与阀杆之间产生的泄漏、密封填料与转轴或填料箱之间发生的泄漏等，都属于界面泄漏。

（2）渗透泄漏

介质通过密封件（垫片、填料）本体毛细管渗透出来，称为渗透泄漏。这种泄漏发生在致密性较差的植物纤维、动物纤维和化学纤维等材料制成的密封件上。

（3）破坏泄漏

密封件由于急剧磨损、变形、变质、失效等因素，使泄漏间隙增大而造成的一种危险性泄漏，称为破坏泄漏。

2. 按泄漏量分类

（1）液体介质泄漏分为五级：

1）无泄漏。以检测不出泄漏为准。

2）渗漏。一种轻微泄漏。表面有明显的介质渗漏痕迹，像渗出的汗水一样。擦掉痕迹，几分钟后又出现渗漏痕迹。

3）滴漏。介质泄漏呈水球状，缓慢地流下或滴下，擦掉痕迹，5 min 内再现水球状滴漏。

4）重漏。介质泄漏较严重，连续呈水珠状流下或滴下，但未达到流淌程度。

5）流淌。介质泄漏严重，介质喷涌不断，呈线状流淌。

（2）气态介质泄漏分为四级：

1）无泄漏。用小纸条或纤维检查，小纸条或纤维保持静止状态；用肥皂水检查无气泡者。

2）渗漏。用小纸条检查，小纸条微微飘动；用肥皂水检查有气泡；用湿的石蕊试纸检验有变色痕迹；有色气态介质可见淡色烟气。

3）泄漏。用小纸条检查时，小纸条飞舞；用肥皂水检查时气泡成串；用湿的石蕊试纸测试马上变色；有色气体明显可见者。

4）重漏。泄漏气体产生噪声，可听见。

3. 按泄漏的时间分类

（1）经常性泄漏

经常性泄漏是从安装运行或使用开始就发生的一种泄漏。这种泄漏主要是施工质量或是安装和维修质量不佳等原因造成的。

（2）间歇性泄漏

间歇性泄漏是运转或使用一段时间后才发生的泄漏，时漏时停。这种泄漏是由于操作不稳、介质本身的变化、地下水位的高低变化、外界气温的变化等因素所致。

（3）突发性泄漏

突发性泄漏是突然产生的泄漏。这种泄漏是由于误操作、超压超温所致，也与疲劳破损、腐蚀和冲蚀等因素有关。这是一种危害性很大的泄漏。

4. 按泄漏的密封部位分类

（1）静密封泄漏

静密封泄漏是无相对运动密封副间的一种泄漏，如法兰、螺纹、箱体、卷口等结合面的泄漏。相对而言，这种泄漏比较好处理，并可采用带压密封技术进行带压处理。

（2）动密封泄漏

动密封泄漏是有相对运动密封副间的一种泄漏，如旋转轴与轴座间、往复杆与填料间、动环与静环间等动密封的泄漏。这种泄漏较难处理。有些密封泄漏可以采用带压密封技术进行处理，前提是必须存在注剂通道，且注入密封注剂后不影响原密封结构的使用。

（3）关闭件泄漏

这种泄漏是关闭件（闸板、阀瓣、球体、旋塞、节流锥、滑块、柱塞等）与关闭座（阀座、旋塞体等）间的一种泄漏。关闭件和关闭座的密封形式不同于静密封和动密封，它具有截止、换向、节流、调节、减压、安全、止回、分离等作用，它是一种特殊的密封装置。这种泄漏很难处理。

（4）本体泄漏

本体泄漏是壳体、管壁、阀体、船体、坝身等材料自身产生的一种泄漏，如砂眼、裂缝等缺陷的泄漏。

在实际中也常按泄漏所发生的部位名称分类，如法兰泄漏、阀门泄漏、油箱泄漏、水箱泄漏、管道泄漏、弯头泄漏、三通泄漏、四通泄漏、变径泄漏、填料泄漏、螺纹泄漏、焊缝泄漏、丝头泄漏、轴封泄漏、反应器泄漏、塔器泄漏、换热器泄漏、船漏、车漏、管漏、坝漏、屋漏、暖气漏、空调漏、冰箱漏等。

5. 按泄漏的危害性分类

（1）不允许泄漏

不允许泄漏是指用感觉和一般方法检查不出密封部位有泄漏现象的特殊工况。如易燃、易爆、剧毒、放射性介质以及非常重要的部位，是不允许泄漏的。

（2）允许微漏

允许微漏是指允许介质微漏而不至于产生危害的后果。

（3）允许泄漏

允许泄漏是指一定场合下的水和空气类介质存在的泄漏。

6. 按泄漏介质的流向分类

（1）向外泄漏

向外泄漏是介质从内部向外部空间传质的一种现象。

（2）向内泄漏

向内泄漏是外部空间的物质向受压体内部传质的一种现象，如空气和液体渗入真空设备容器中的现象。

（3）内部泄漏

内部泄漏是密封系统内介质产生传质的一种现象，如阀门在密封系统中关闭后的泄漏等。

7. 按泄漏介质的种类分类

按泄漏介质的种类可分为漏气、漏汽、漏水、漏油、漏酸、漏碱、漏盐等。

二、泄漏的危害

在上述部位所发生的泄漏而引起的后果是难以想象的，特别是在石油化工等连续化生产的大企业，泄漏不仅会造成能源和原料的大量流失，而且还会引起火灾、爆炸等事故的发生，造成设备损坏、环境污染和人身伤亡等重大事故。

1. 引发灾害

主要是指易燃、易爆、有毒、有害物料从设备及管道内发生外泄，易发生火灾、爆炸、中毒、人身伤亡等事故。

（1）火灾

1989 年 8 月 12 日，中国石油总公司管道局胜利输油公司黄岛油库发生特大火灾爆炸事故，19 人死亡，100 多人受伤，直接经济损失 3 540 万元，火灾事故现场如图 4—56 所示。

图 4—56　黄岛油库特大火灾事故现场

（2）爆炸

2008 年 8 月 26 日，广西宜州市广西广维化工股份有限公司有机车间发生危险化学品泄漏，随后引爆直径为 6 m、高度为 20 m 的液体库，将罐场区夷为平地，20 人死亡，60 多人受伤，爆炸事故现场如图 4—57 所示。

2004 年 4 月 16 日，重庆天原化工总厂氯氢分厂氯气泄漏，随后引发爆炸事故，造成 9 人死亡，3 人受伤，罐区 100 m 范围内部分建筑物被损坏，爆炸事故现场如图 4—58 所示。大量氯气泄漏致使周围 15 万居民疏散。

2．环境污染

外泄的物料形成“三废”，污染环境，破坏农、牧、渔业生产，损害人的身体健康。有些地下输送工业流体的管线泄漏会造成地下水污染，使地下水变色、变味，无法饮用，有害的泄漏流体侵入地面还会使地上的植物死亡。到过多家化工厂的人会知道，生产不同产品的化工厂其气味也各不相同，原因就是其生产的物料存在泄漏现象。这种泄漏的有害气体由于被外界空气稀释大大降低了其危险性，最

图 4—57　广维化工股份有限公司燃爆事故现场

图 4—58　重庆天原化工总厂氯氢分厂氯气爆炸事故现场

终人们也就习以为常，但有害气体对人体的侵害是显而易见的。东北某化工厂丙烯酸装置刺激气体发生泄漏达几十天，上班的职工及周围的群众均感到呼吸困难，并有多人引发了呼吸道疾病，后经群众举报，市环保部门对泄漏单位进行了处罚并进行了治理。

3. 经济损失

物料介质的大量外泄引起消耗增加、成本上升，企业的经济效益下降。价格贵的气体、液体泄漏所造成的经济损失是显而易见的。但像水及蒸汽这类似乎价格较便宜的物料泄漏可能不会马上引起人们的注意，而累计起来的泄漏量是惊人的。例如，一个直径 3 mm 的孔洞，在压力为 1.0 MPa 时，每天流失热水约 10 t；一个直径 4 mm 的泄漏孔，在压力为 1.6 MPa 时，每天损失饱和蒸汽 2.5 t。泄漏的存在严重威胁着安全生产，甚至使生产无法进行，装置被迫停车，企业的非计划停产事故增多。某动力厂的锅炉给水系统中的法兰连接部位及部分 ϕ28 mm 给水管的焊缝及热煨弯头处常发生泄漏，由于锅炉给水压力高达 18 MPa，泄漏 10 h 后，就会形成很大的泄漏缺陷，造成单台锅炉停产，需要频繁切换，加大了操作人员工作量及不必要的经济损失。若泄漏发生在给水总管线上则会引起系统停产，影响使用其蒸汽的数家化工厂的正常生产，经济损失会更大。

4. 噪声及腐蚀

泄漏产生的噪声影响操作人员的工作情绪，导致误操作事故增多。强腐蚀介质的外泄，加快了厂房、设备的腐蚀速度，使其使用寿命缩短。

第 3 节　设备密封原理和密封要求

一、密封机理概述

能阻止或切断介质间传质过程的有效方法统称为密封。

密封的原理是采用某种特制的机构，以彻底切断泄漏介质通道、堵塞或隔离泄漏介质通道、增加泄漏介质通道中流体流动阻力的方法建立一个有效的封闭体系，达到无泄漏的目的。

密封可分为静态密封和动态密封两大类。

1. 静态密封

静态密封是指工业领域经常使用的密封材料、密封元件与相应的密封结构形式相结合，在生产系统处于安装、检修、停产状态下（即在没有工艺介质温度、压力等参数条件下）建立起来的封闭体系。也就是说密封是在静态的条件下实现的，这个封闭体系形成之后才经受被密封介质温度、压力、振动、腐蚀等因素的作用。

工厂中常见的密封结构多是这种形式的。

2. 动态密封

动态密封是指原有的密封结构（包括静态密封技术建立起来的所有密封结构）一旦失效或设备、管道出现孔洞，流体介质正处于外泄的情况下，采用特殊手段所实现的一种密封途径，又称为带压密封。动态密封技术实现密封的过程中，生产装置及输送管道中的介质的工艺参数如温度、压力、流量等均不降低，整个密封结构建立过程中始终受到介质温度、压力、振动、腐蚀、冲刷的影响，即是在动态的条件下实现密封，达到最终阻止泄漏重新密封的目的。

二、密封原理

无论是静态密封还是动态密封，其密封止漏的基本原理是相同的，都是采用某种特制的机构，以彻底切断泄漏介质通道、堵塞或隔离泄漏介质通道、增加泄漏介质通道中流体流动的阻力等方式，达到阻止介质外泄，实现良好密封的目的。

1. 彻底切断泄漏通道

对于经常发生泄漏，而无须经常拆卸的密封部位，可以采用焊接或粘接的方法，彻底根除泄漏通道，达到牢固密封的目的。一般来说，这种做法已经基本丧失了可拆性。生产企业在不得已的情况下，可以采用这种方法来达到完全密封的目的，以确保安全生产的进行。焊接带压密封和粘接带压密封等属于这一类。

磁流体密封也是一种彻底切断泄漏通道的密封形式，它是依靠磁铁与磁流体形成的闭合回路而平衡泄漏通道两侧的压差，特别适用于各种低压流体的动密封。

2. 堵塞或隔离泄漏通道

静态密封技术中的静密封所采用的各种密封垫片，其基本原理就属于这一类，属于强制密封的范畴。将法兰与垫片接触面处的微观尺寸放大，可以看到两者的表面都是凹凸不平的，如图 4—59a 所示。把连接法兰的螺栓拧紧，螺栓力通过法兰压紧面作用到垫片上，当垫片单位面积上所受的压紧力达到某一数值时，垫片本身被压实，压紧面上由机械加工形成的微隙被填满，如图 4—59b 所示。

为阻止流体介质外泄，达到初始密封条件时，在垫片单位面积上受到的压紧力，称为预紧密封比压。当密封部位通入流体介质后，如图 4—59c 所示，螺栓被拉伸，法兰压紧面沿着彼此分离的方向移动，垫片的压缩量减小，预紧密封比压下降。如果这时垫片材料具有足够的回弹能力，使压缩变形的恢复能够补偿螺栓和压紧面的微小位移，而使得预紧密封比压值下降到不小于某一值时（这个比压值称为工作密封比压），法兰压紧面之间就能够保持良好的密封性能。反之，如果垫片的回弹能力不足，预紧密封比压下降到工作密封比压值以下，甚至压紧密封面之间重新出现缝隙，无法堵塞泄漏通道，则无法达到密封的目的。

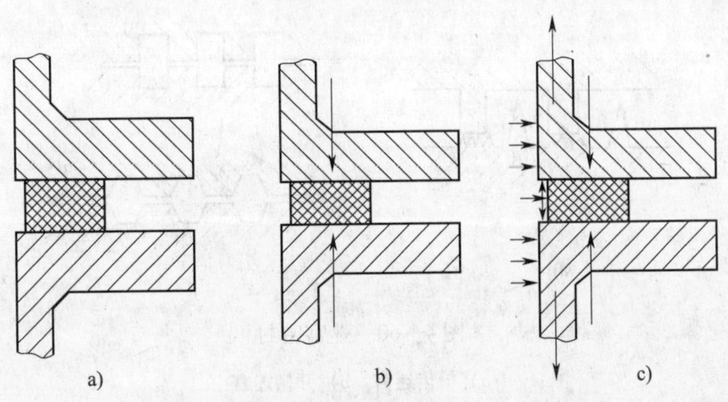

图 4—59　法兰强制密封

a）松弛状态　b）预紧状态　c）工作状态

在注剂式带压密封技术中，密封注剂的注射和固化过程与法兰垫片的密封过程有些类似，当注射到夹具与泄漏部位外表面所形成的密封空腔内的密封注剂充满后，密封比压值开始上升，在泄漏表面上达到一定数值时，泄漏就会停止，泄漏通道被完全堵塞。若达不到一定的密封比压值（夹具精度不高、间隙过大，密封注剂外溢）时，泄漏通道无法堵塞，则泄漏无法消除。密封空腔内的密封注剂经过一段时间工作，其密封比压值有可能小到某一数值（开停车的温度影响所致），就会出现二次泄漏，已经堵塞的泄漏通道又重新开通。

静态密封技术中的动密封，其高低压相连通的具有相对运动的部位是泄漏易发生的地方，因为这些部位存在着相对运动，所以必然要留有间隙，把间隙堵塞，即能达到密封的目的，压盖填料密封、成形填料密封、滑环密封都属于这一类。隔离泄漏通道就是在通道中间设置障碍，将通道切断，机械密封、油封、防尘密封等接触式密封以及泵的水封环等都属于这类密封。

3．增加泄漏通道中流体流动的阻力

根据流体力学，流体在泄漏通道中做外泄流动时，会遇到各种复杂因素所产生的阻力作用。阻力的大小与通道两端的压差、通道的长短、壁面的表面粗糙度、棱缘的圆滑程度以及通道中是否开槽（突然扩大、突然收缩损失）等有关。因此在同样的压差之下，可以人为地在泄漏通道加设许多齿，如图 4—60a 所示，这样就会有效地加长泄漏时流体流经的路程，也可同时把齿做得尖锐或开各式沟槽，如图 4—60b 所示，达到增加流体泄漏介质流动阻力的目的。如果这种阻力的数值与泄漏两侧的压力差平衡，就可达到良好的密封目的。各种形式的迷宫密封就属于这一类。

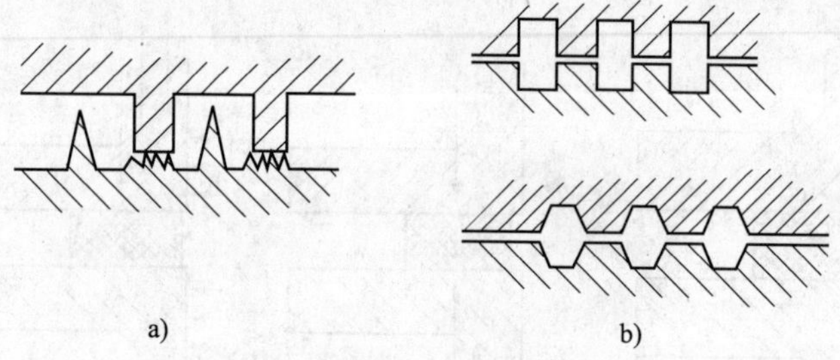

图 4—60　迷宫密封

a）梳齿迷宫　b）开槽迷宫

把两种或两种以上密封形式组合，如迷宫—填料密封组合、填料—水密封组合、波纹管机械密封等，可以进一步增强密封的可靠性。

无论哪种密封形式，其原理均基本遵循上述三项原则，只不过实现密封的结构形式有所差别而已。如法兰的密封有平面法兰、凹凸面法兰、榫槽面法兰、八角面法兰等，其密封原理就是堵塞或隔离泄漏通道，只要其密封结合部位上的密封比压值不小于其工作密封比压值，就能达到良好的密封性。

三、密封要求

密封的功能就是阻止泄漏，有效阻止泄漏是对密封装置的首要要求。密封性反映对泄漏的控制水平。对动密封而言，摩擦力是一个与运动质量有关的重要因素。而密封和摩擦总是互相制约。一般来说，提高密封性会导致摩擦力增大，摩擦力增大将直接导致运动能力与质量的降低，并且会加速密封的磨损。摩擦力还可能成为低压系统负载的主要内容。密封的耐性能力反映了可以密封的工作介质的最高压力，是液压气动密封的重要指标。对密封材料的要求如下：

1．材料致密性好，不易泄漏介质。

2．有适当的强度和硬度。

3．压缩性和回弹性好，不变形。

4．高温下不软化、不分解，低温下不硬化、不脆裂。

5．耐蚀性好，在酸、碱、油等介质中能长期工作，其体积和硬度变化小，且不黏附在金属表面上。

6．摩擦因数小，耐磨性好。

7. 具有与密封面结合的柔软性。

8. 耐老化性好，经久耐用。

9. 加工制造方便，价格便宜，取材容易。

显然，任何一种材料要完全满足上述要求是不可能的，但具有优异密封性的材料能够满足上述大部分要求。

第 4 节　带压密封技术发展简史

一、带压密封技术概述

带压密封技术是指泄漏事故发生后，在不降低压力、温度及泄漏流量的条件下，采用各种带压密封方法，在泄漏缺陷部位上重新创建密封装置的一门新兴的工程技术学科。具有工业应用价值的带压密封方法诞生于 20 世纪 50 年代末期我国的钢铁行业，期间人们利用成熟的焊接技术对具有可焊接性金属承压设备上出现的泄漏缺陷进行带压补焊，逐步形成了“带压焊接密封技术”；进入 70 年代，伴随合成胶黏剂工业的迅速发展，具有我国特色的“带压粘接密封技术”应运而生，目前已开发出了填塞粘接法、顶压粘接法、紧固粘接法、引流粘接法、磁力压固粘接法、T 形螺栓法等；80 年代初我国正处于改革开放之际，工厂的跑、冒、滴、漏是最难以处理的设备事故，因此采取了引进、消化、吸收与再创新的发展之路，成功引进了“注剂式带压密封技术”，并在国家“七五计划”期间完成了对该技术的模仿到技术创新的研发之路。随后陆续有带压气垫法、冷冻法及捆绑法等在我国研发并成功应用。目前我国在带压密封领域已获得数百项国家专利权，拥有数项国家级重点新产品，公开发表学术论文 300 余篇，出版学术专著 20 余部。据报道带压密封技术在我国已经成功地消除各类泄漏事故达 50 多万起，避免了几十万起火灾、爆炸、中毒及环境污染等恶性事故的发生，挽回各种经济损失达 1 000 多亿元，经济和社会效益巨大。

由于带压密封技术是新生事物，当时的称谓极多，如不停产堵漏技术、不停产强注式堵漏技术、不停车带压堵漏技术、不停工带压堵漏技术、线堵漏技术、弗曼奈特带压堵漏技术、不停车带温带压堵漏技术、粘接堵漏技术、神胶快速堵漏技术、第六代堵漏技术、车家宝堵漏技术、不停车封堵技术、在线带压堵漏技术及带压堵漏技术。

二、带压密封技术国际发展情况简介

广义地说，在泄漏状态下，能重新进行有效密封的方法都属于“带压密封技术”研究的范畴。有关这方面的内容，在人类古代就有记载，如酿酒行业中，木制酒桶漏酒，那时人们就已经知道，利用一个削尖的木楔钉入正在漏酒的孔洞上，即可达到止住漏酒的目的。黏土、骨胶、淀粉、松脂、棉花等天然物质，也都可找到它们用于止漏密封的应用实例。但是真正具有工业实用价值的“带压密封技术”到了20世纪初才相继问世。1922年，美国人克莱·弗曼（Clay Furman）将橡塑工业中的“热注塑造型原理”移植到工业生产的带压密封作业上来，首先在海军舰船蒸汽动力系统上使用成功，并定名为“带压密封技术”（Furmanite Online Sealing）。初期带压密封技术只能处理压力1.0 MPa、温度200℃以下、化学性质较稳定的蒸汽类介质泄漏的带压密封，所用的密封材料是一些由橡塑工业移来的现成舶来品，且操作烦琐，成功率不高，服务对象寥寥无几。因为在人们传统认识中，流体输送与储存系统发生泄漏，进行停产处理，完全是情理之中的事情。当然，那时工业生产的规模和连续化程度也没有对设备及工艺管道的维护、维修提出什么高水平的技术要求，局部停产或整个生产系统停产很难引起人们的注意。即使造成了较大的经济损失，人们的注意力也大多集中在如何改进泄漏部位的密封结构上。

随着工业规模的不断扩大，连续化生产程度的不断增强，泄漏所造成的经济损失日趋严重。原因是泄漏不仅使能源和物料不断流失，而且如果有毒、有害、腐蚀性强、易燃、易爆、高温、高压的各种液体介质不断外泄，以致造成环境污染，引起火灾、爆炸、中毒和人身伤亡事故。一个大型生产企业往往因为一处小小的泄漏而导致整个生产系统的停产，这时人们开始注意到在紧急状况下进行快速带压密封技术的实用价值。

1927年，福塞斯在美国成立了弗曼奈特密封技术作业公司，并将带压密封技术的压力由原来的1.0 MPa提高到7.0 MPa，温度由200℃提高到400℃，在原有技术的基础上，他们又研制生产了数种专用密封材料，并将它们逐步运用到碳氢化合物、盐酸、有机酸等多种化工介质的动态密封作业中，操作方法也不断改进，不过这一时期服务的对象及区域还是相当有限的，该公司只有4名工程师，知名度很低。

1928年，美国《工程导报》报道了带压密封技术的有关情况，英国人敏锐地感觉到这是一个没有得到充分认识和深入开发应用的技术宝藏。

1929 年，英国人从美国人手中买下了带压密封技术专用权，并在英国本土成立了弗曼奈特公司，使带压密封技术得到了迅速发展。

1956 年以后，适用于各种泄漏部位的处理方法及相应的密封材料相继完善和研制成功，使带压密封技术由中低温发展到了高温、高压。

至 1967 年，该公司已发展成为维修技术研究、现场服务工程公司。进入 20 世纪 70 年代，又出现了超高温和超低温带压密封方法。

1972 年，带压密封技术的服务范围由英国迅速向世界各国扩散，并在 40 多个国家和地区设立了服务网点，专门经营这项技术。进入 21 世纪，带压密封技术的应用范围迅速扩大，几乎涉及所有的流体输送和储存工业领域。

三、我国带压密封技术发展简介

我国带压密封方法的研究始于 20 世纪 50 年代末期的钢铁行业，期间人们利用成熟的焊接技术对具有可焊接性金属承压设备上出现的泄漏缺陷进行带压补焊，逐步形成了“带压焊接密封技术”；进入 70 年代，伴随合成胶黏剂工业的迅速发展，具有我国特色的“带压粘接密封技术”应运而生，并逐步形成了带压填塞粘接法、顶压粘接法、紧固粘接法、引流粘接法、磁力压固粘接法、T 形螺栓法等。但上述方法都有一定的局限性，不能完全满足工业生产的要求。

20 世纪 70 年代末期，我国开始大规模地引进国外的先进技术和装备。我国出国考察人员在德国某家公司观看了英国弗曼奈特公司采用带压密封技术为客户进行现场带压密封服务的场景，受到很大启发。当时我国石化工业中的跑、冒、滴、漏问题一直威胁着生产的安全运行，而且尚无一种行之有效的方法可在带压条件下对其加以消除。而从现场实际应用的情况看，带压密封技术在安全性、可靠性、成功率等方面，明显优于当时我国钢铁、石油、化工等行业采用的各种带压密封方法。若能对这项技术进行深入研究和应用，将会在我国的石油、化工、电力、流体储备及输送行业中产生巨大的经济效益。之后，我国工程技术人员对带压密封技术进行了深入的剖析和研究，在“设备、管道泄漏的带压密封技术”一文中阐述了带压密封技术的基本原理，提出了在带压条件下，消除泄漏的工艺途径和方法。这是我国第一篇关于在带压条件下实现再密封目的的论文，它打开了我国带压密封技术研究走向工业实用化途径的序幕。之后，中国航天工业部、中国石油化工总公司、化学工业部集中了一批有丰富经验的工程技术人员和科研人员，成立了专门的技术攻关科研组，着手大力开发带压密封技术，并制定了分阶段的研究任务。

第一阶段，理论研究和探索，即从理论上研究带压条件下重新建立密封结构的设想及可能性，完成理论论证。

第二阶段，研究带压条件下重新建立密封结构的技术途径和工艺方法。

第三阶段，硬件的研究和试制，即实现上述工艺途径所需的各种机具的研究、设计、制造。

第四阶段，在试验台上进行全套“带压密封技术”的试验，验证该项技术的可行性和可靠性，考核各种工器具的使用性能，同时考核密封材料的可注射性、耐介质性和使用寿命。

在初期的研究工作中，试验介质首先选择的是 0.6 ~ 0.8 MPa 的低压蒸汽系统泄漏情况下的动态密封，并将试验所取得的经验及成果逐步应用到生产装置上的实际泄漏点。中国石油化工总公司、中国航空工业部有关单位分别参加了这项技术的研究和开发工作，到 1983 年年底，已基本完成了低压蒸汽系统动态条件下实现再密封的研究和考核工作。1984 年 7 月，在中国设备管理协会第一次年会上，公开发表了我国第一篇有关带压密封领域内的专述性论文“不停车带压密封技术”，受到与会代表的重视。1984 年 9 月，国家经委、中国设备管理协会在天津召开了“不停车带压密封技术”交流会，会上天津和辽宁分别介绍了研究、开发、应用这项技术的有关情况，到会代表强烈要求尽快在全国范围内推广应用这一新技术成果，发挥更大的社会效益。

1984 年 10 月，中国石油化工总公司在辽阳化纤公司召开了“带压密封技术座谈会”。会议期间进行了广泛的带压密封技术的经验交流，开发和应用单位在现场进行了技术表演，研究讨论了今后开展带压密封工作的方向和途径。

1985 年，在第 13 届日内瓦国际新发明、新技术展览会上，中国航空工业部自主研制的带压密封技术荣获大会颁发的银质奖章，这是我国首次参加这样大型的博览会。我国工程技术人员经过几年来的不断努力，600 多次试验，终于研制成功了独具特点的高压注剂枪、密封注剂及其配套的各类夹具，为国内百家企业进行了技术转让和服务，并已走出国门，迈向世界。

在国内，带压密封技术领域内的科研成果不断转化为生产力。特别是在成果的推广应用工作中取得了可喜的成绩。进入 21 世纪，已有炼油厂、化工厂、化肥厂、有机合成厂、树脂厂、碱厂、电石厂、供水厂、染料厂、动力厂、造纸厂、碳素厂、铁合金厂、热电厂、水电厂、采金厂、粮油加工厂、铁路、船舶、军工、煤气公司等数千家大型企业引进和采用了这项技术，在减少能源、物料流失、保护环境，特别是在避免连续化生产企业非计划停产损失方面，起到了巨大的预防作用，相当一部分企业还建立了专业化的带压密封作业组，专门处理本单位内的各种泄漏事故，在设备管理和设备维护活动中发挥了很大的作用。

带压密封技术对连续化生产行业、流体输送及储存企业、公共安全及环境保护等具有重要的抢险、救援和消灾作用，我国在带压密封技术研究和应用方面也取得了丰硕的成果，特别是我国独立研制的具有自主知识产权的专用注剂工具已达到世界领先水平，特制密封注剂达到世界先进水平。

第 5 节　带压密封的应用原理

一、带压密封技术的机理

带压密封技术是专门研究原密封结构失效后，如何在不降低压力、温度及泄漏流量的条件下，采用各种带压密封方法，在泄漏缺陷部位上重新创建带压密封结构的一门新兴的工程技术学科。因此，能够在上述条件下，实现带压密封目的的方法都是带压密封技术研究的内容。

泄漏是高压流体介质经隔离物缺陷通道向低压区流失的负面传质现象。造成泄漏的根源是隔离物上出现的缺陷通道，也就是人们常说的泄漏缺陷；而推动介质泄漏的能量则是泄漏缺陷两侧的压力差。若要实现带压密封，则必须有一个外力，且这个外力应大于泄漏介质的压力，这样才能保证有效地切断泄漏通道。

带压密封技术的机理为：在大于泄漏介质压力的人为外力作用下，切断泄漏通道，实现再密封。

大于泄漏介质压力的外力可以是机械力、粘接力、热应力、气体压力等，传递外力至泄漏通道的机构可以是刚性体、弹性体或塑性流体等。

二、带压密封技术的种类及原理简介

根据目前国内应用带压密封技术作业中所选择的技术原理和方法不同，可分为注剂式带压密封技术、带压粘接密封技术、带压顶紧式密封技术和带压焊接密封技术四大类。

1. 注剂式带压密封技术

注剂式带压密封技术是向特定的封闭空腔注射密封注剂，以创建新的密封结构为目的的一种技术手段。其操作技术涉及密封注剂、夹具设计、注剂工具和现场操作方法。

封闭空腔的形成是该技术实现带压密封目的的基本要求。只要封闭空腔能够有效形成，且满足刚度和强度要求，注剂式带压密封技术就可以处理所有流体介质的泄漏，且再密封寿命可满足连续化生产企业的要求。

《带压密封技术规范》（HG/T 20201—2007）的支撑技术就是注剂式带压密封技术。

2. 带压粘接密封技术

带压粘接密封技术是利用胶黏剂的特殊性能进行带压密封作业的一种技术手段。该技术的核心是胶黏剂，通常的胶黏剂都有一个由流体变为固体的过程，这个过程可以由分子间的化学作用、温度作用或溶剂的挥发来完成。

带压粘接密封技术的基本原理是：采用某种特制的机构在泄漏缺陷处形成一个短暂的无泄漏介质影响的区间，利用胶黏剂适用性广、流动性好、固化速度快的特点，在泄漏处建立起一个由胶黏剂和各种密封材料构成的新的固体密封结构，达到止住泄漏的目的。

目前，带压粘接密封技术有填塞粘接法、顶压粘接法、紧固粘接法、引流粘接法、磁力压固粘接法、T形螺栓粘接法等。

（1）填塞粘接法

填塞粘接法是依靠人手产生的外力，将事先调配好的某种胶黏剂压在泄漏缺陷部位上，形成填塞效应，强行止住泄漏，并借助此种胶黏剂能与泄漏介质共存，形成平衡相的特点，完成固化过程，实现带压密封的目的。

填塞粘接法包括热熔胶填塞粘接法、堵漏胶填塞粘接法和注胶填塞粘接法，多用于处理温度小于200℃、压力小于0.2 MPa，且泄漏缺陷为可见及具备操作空间的泄漏。

（2）顶压粘接法

顶压粘接法是在大于泄漏介质压力的人为外力作用下，首先迫使泄漏止住，再利用胶黏剂的特性对泄漏部位进行粘补，待胶黏剂固化后，撤除外力，实现带压密封的目的。

该方法的核心是顶压工具，常用的有U形管道顶压工具、粘接式顶压工具、法兰根部焊道专用顶压工具、三通焊道专用顶压工具、磁铁固定式顶压工具、多功能顶压工具。可用于处理温度小于400℃、压力小于6.0 MPa，且泄漏缺陷为可见及具备操作空间的泄漏。

（3）紧固粘接法

紧固粘接法是采用某种特制的卡具所产生的大于泄漏介质压力的紧固力，迫使泄漏停止，再用胶黏剂或堵漏胶进行修补加固，实现带压密封的目的。

该方法的核心是紧固卡具，紧固卡具必须根据泄漏缺陷的部位来设计和制作，其紧固力多由拧紧螺栓来产生。可用于处理温度小于 400℃、压力小于 4.0 MPa，且泄漏缺陷为可见及具备操作空间的泄漏。

（4）引流粘接法

引流粘接法是利用胶黏剂的特性，首先将具有降压和排放泄漏介质作用的引流器粘在泄漏点上，待胶黏剂充分固化后，封堵引流孔，实现带压密封的目的。

该方法的核心是引流器，引流器的形状必须根据泄漏缺陷的部位来确定，引流通道必须保证足够的泄流尺寸。多用于处理温度小于 300℃、压力小于 1.0 MPa，且具备操作空间的泄漏。

（5）磁力压固粘接法

磁力压固粘接法是借助永磁材料产生的强大吸力，使涂有胶黏剂或堵漏胶的非磁性材料与泄漏部位粘合，实现带压密封的目的。

该方法的核心是磁铁的性能。目前我国已将钕铁硼强磁材料应用到带压密封作业中，取得了较好的效果。多用于处理温度小于 150℃、压力小于 2.0 MPa 的磁性材料上发生的泄漏。

（6）T 形螺栓粘接法

T 形螺栓粘接法是在胶黏剂的配合下，利用 T 形螺栓的独特功能，使其自身固定在泄漏孔洞的内外壁面上，并通过螺栓的紧固力实现带压密封的目的。

T 形螺栓粘接法只能用于孔洞大、压力低的水、空气、煤气等介质的管道、容器出现的泄漏。T 形螺栓粘接法的操作方法有内贴式和外贴式两种。

3. 带压顶紧式密封技术

带压顶紧式密封技术是利用顶紧材料或工具，将大于泄漏介质压力的人为外力直接作用到泄漏缺陷上，迫使泄漏停止。

（1）紧固法

紧固法的基本原理是利用某种特制的卡具所产生的大于泄漏介质压力的紧固力，配合某种特殊的密封材料，迫使泄漏停止，实现带压密封的目的。

特殊密封材料可以是橡胶、石棉橡胶板或石墨材料等。

（2）塞楔法

塞楔法的基本原理是利用韧性大的金属、木质、塑料等材料挤塞入泄漏孔、裂缝、洞内，实现带压密封的目的。

目前国外已经有规范化了多种尺寸规格的标准木楔，专门用于处理裂缝及孔洞状的泄漏事故。

（3）气垫止漏法

气垫止漏法的基本原理是利用固定在泄漏口处的气垫或气袋，通过充气后的鼓胀力，将泄漏口压住，实现带压密封的目的。

气垫止漏法多用于处理温度低于120℃、压力小于0.3 MPa，且具备操作空间的泄漏。

4．带压焊接密封技术

带压焊接密封技术利用热能使熔化的金属将裂纹连成整体焊接接头，或在可焊金属的泄漏缺陷上加焊一个封闭板，使之达到重新密封的目的。根据处理方法的不同，可分为逆向焊接法和引流焊接法。这两种方法对于熟练的电焊工只要进行一定的培训即可施工，具有简便、易行、见效快的特点。

第6节　带压密封的应用范围

带压密封目前主要应用于以下领域。

一、石油化工行业

带压密封技术在这一领域内的服务工作是从20世纪30年代开始的，到21世纪，实际工作量增加了数百倍，几乎涉及所有石油化工生产中的流体介质，以及各种复杂的部位，如压缩机出入口、塔器、换热器、压力容器出入口、管道、弯头、法兰、阀门、螺纹管接头、三通、异径管接头等，涉及最多的是中、低压蒸气系统的泄漏；其他如氢气、环乙烷、乙烯介质泄漏；腐蚀性很强的氟化氢烷基化设备中的流体介质泄漏；链酯族烃和芳香烃液体、热油泄漏；－100℃以下时乙烯设备泄漏；真空设备泄漏等。

二、热电厂与核发电厂

电厂的泄漏主要包括锅炉供水系统、饱和与过热蒸汽设备以及蒸汽管道、供水加热器、涡轮机壳、冷凝器及真空系统的泄漏，核反应堆的蒸汽系统的泄漏等。这一领域的泄漏情况特点是：压力高、温度高，一般均在10 MPa、200℃以上，作业难度较大。

20 世纪 70 年代末，弗曼奈特公司又研制成功一种专为核反应堆安全壳区和沸水反应堆系统使用的特殊密封材料，这种专用密封材料可与核反应堆中的水和二氧化碳冷却剂共存，并且专门设计了较为完善的在核反应堆安全壳区动态密封作业的程序，每次工作完成后，操作人员都要接受独特的有害辐射防护检查。

三、冶金工业

冶金工业的副产品往往是一些有腐蚀性的气体，故管道系统经常存在泄漏问题。弗曼奈特公司参与过许多钢铁厂的节能降耗工作，用带压密封技术修复低压供汽管道的泄漏缺陷，经常处理的部位是阀门压盖、填料、法兰连接处。焦油分馏塔大型法兰盘接头等的泄漏采用该技术也能达到良好的效果。

四、船舶行业

带压密封技术已经成功地在核潜艇、航空母舰及大型油轮上完成了带压密封作业。作业的方式主要有两种：一种是训练船舶工程师直接掌握在海上进行带压密封作业程序，进行自我服务；另一种是由在岸上的工程技术人员向世界各主要港口或海上枢纽提供服务。

五、海上工程

随着现代海洋石油开采的迅猛发展，海上石油、天然气平台及输油、输气管道上发生泄漏也是不可避免的。英国弗曼奈特公司的作业人员及所用设备可以乘专用的直升机或海上供应船到达海上生产平台或海上任何地点，对已发生的泄漏进行有效地快速密封。

水下作业方面，可在潜水员及潜水密封舱的帮助下，有效地消除水下流体输送管道上出现的泄漏。

六、造纸工业

在造纸工业生产中，易发生泄漏的多是低压或高压锅炉供水及蒸汽输送系统。需要带压密封作业的有阀门压盖、阀套接头、带有测流量孔的连接法兰、螺纹管接头、焊缝及有缺陷的管子等，泄漏介质压力在 3. 5 ~ 14 MPa。对于生产线上工作的搅拌机慢速转轴上动密封点上出现的泄漏，也可以采用该技术进行带压密封作业。

七、食品工业

酿酒厂、软性饮料厂、罐头厂等食品加工厂的低压蒸汽输送管道是带压密封技术的主要服务对象。泄漏部位有管道的螺纹连接处、蒸发器及管道上的法兰连接处、排水管和分节储槽的泄漏，采用带压密封技术均可获得良好的密封效果。带有密封套的慢速转轴处的流体泄漏完全可以在设备运转中进行带压密封技术作业，达到重新密封的要求。

在食品工业中应用带压密封技术的前提是所用的密封材料绝对不得污染被密封的流体介质。弗曼奈特公司研制的一种新型白色密封注剂是完全按照食品工业的特点和要求进行配制的，其配方中的基体材料、固化体系、填充材料均符合有关规定，并已得到美国食品及药物管理局的认可。这种密封注剂可以在不停产的情况下，对食油、糖类等设备上的孔洞、裂纹进行带压密封作业，密封材料与含水及油腻食品接触，无任何化学变化，不必担心污染问题。

八、流体输送管道

天然气、石油输送管道、煤气公司、供热工程公司等企业时常需要在不切断输送流体介质的条件下，对腐蚀的孔洞、裂纹、连接法兰、螺纹管接头、套筒接头、阀门密封点、焊缝缺陷等出现的泄漏进行快速有效地消除，而能满足这一要求的就是带压密封技术。重新密封的泄漏点的寿命不少于一个检修周期，目前最长寿命已达三年，仍无泄漏发生。

实际上带压密封技术已经应用在了所有流体泄漏的领域。

第7节 带压密封技术的不适用范围

1. 作业现场不符合带压密封工安全作业规定的泄漏部位。

2. 带压密封作业人员不能靠近的泄漏点。

3. 对人体有害的含有微生物的流体。

4. 极度危害介质的泄漏。

5. 泄漏缺陷当量直径大于 10 mm，无法采取有效隔离措施，不能满足带压密封作业要求的。

6．压力容器及管道上因裂纹而产生的动态缺陷泄漏。

7．容器及管道因腐蚀、冲刷减薄状况不详的泄漏缺陷。

8．由于介质泄漏，使连接螺栓受到高于原来设计使用温度的泄漏缺陷。

9．原设计法兰密封面为透镜式垫片的泄漏点。

10．带压密封有效部位材料已老化，刚度和强度不足而丧失安装夹具必备条件的泄漏部位。

思考题

1．什么是泄漏？一般分为哪几类？

2．什么是法兰密封？它属于什么密封范畴？

3．法兰的泄漏分为几类？它们的定义是什么？

4．泄漏的危害有哪些？

5．密封的原理是什么？

6．带压密封的原理是什么？

7．怎样理解带压密封的适用范围和不适用范围？

第5章 质量、成本知识

第1节 岗位的质量要求及质量保证措施

一、岗位的质量要求

岗位工作质量的基本依据是企业工作标准。

企业工作标准依据岗位的工作性质不同，又可分为以下三类：

一类是适用于管理岗位的，对管理工作事项所制定的企业工作标准；

一类是适用于操作或作业岗位的，对操作或作业事项所制定的企业作业标准或岗位操作规程；

一类是适用于交通运输、商场饭店、广播、邮电、通信、银行、旅游以及工业企业的食堂、后勤等服务岗位的，对服务事项所制定的服务标准或服务规范。

无论是哪类企业工作标准，其适用对象都是“人”，是在某个岗位上工作（作业或服务）的人。因此，工作质量一般也由两个部分组成：一部分是工作标准规定的重复性工作部分；另一部分是企业职工发挥主观能动性，进行创造性劳动的部分。只不过由于工作岗位的不同，这两部分在每个岗位的工作质量中比例有所不同而已。

这就是说，企业工作标准是衡量企业职工工作质量的基本依据，每个企业应该把每个工作岗位上一些稳定的重复性工作事项制定为企业工作标准，并以此作为企业职工岗位培训教育的重要内容，使企业职工理解、掌握自己的工作标准，并认真严格地实施，从而保证工作有序进行。在某种程度上可以说，没有工作标准，没有严格的标准化管理，就没有一流的职工队伍，也没有一流的企业。

带压密封工的岗位质量要求如下：

1. 负责泄漏部位的现场勘测工作。

2. 负责夹具计算和图样的设计工作。

3. 负责选择带压密封材料工作。

4. 负责带压密封施工方案的编制工作。

5. 负责带压密封作业工具的使用和保养。

6. 作业时按带压密封施工方案完成本岗位工作。

7. 作业时按作业的危害性选择安全防护用品。

8. 对本岗位职责范围内的质量工作负责。

二、质量保证措施

1. 带压密封材料质量保证

项目经理部负责对所用的带压密封材料进行验证，保证用于带压密封作业的材料质量符合标准，并收集整理产品合格证、检测报告。

2. 带压密封作业人员的技术素质保证

（1）成立带压密封技术攻关小组，攻克现场作业中的技术难关。

（2）对施工人员进行专业培训和上岗教育，使其对本工地的质量要求、现场情况等有全面的了解，树立正确的质量观。

（3）要求带压密封工必须通过相应的特种设备培训和职业培训，并考试合格，持证上岗。

3. 坚持全过程的质量控制

（1）制订带压密封施工方案

各带压密封作业班组必须制订关键工序的施工方案，并向项目部报批。

（2）技术支持

带压密封工程技术服务部对各带压密封作业班组的施工方案及现场施工提供技术支持。

（3）质量技术交底

现场带压密封施工人员向班组长交付工作任务前，必须编写《单位工程施工质量技术交底卡》，报工程部批准后，对班组长进行质量、技术、安全要求交底，并对其负责区域的配合情况等现场要求进行交底，同时要求施工人员对班组长进行现场交底。

（4）开展班前活动

班组长必须坚持每天组织班组人员开展班前活动，上班开工前对本组成员进行施工内容、质量要求、现场安全注意事项交底，让组员有充分的思想准备。

（5）执行质量三级检验制度

施工班组做好施工原始资料记录工作和质量自检工作，施工人员、质量检查人员负责审查复核。对于属于隐蔽工程部分，严格保证隐蔽工程质量。

（6）服从甲方、监理监督部门检查

全部工程均接受甲方及监理的监督检查；如发现在带压密封作业过程中出现质量隐患，应立即采取纠正措施，限期整改。

第 2 节　质量管理的性质与特点

一、质量管理的性质

1. 质量管理的定义

关于“质量管理”这一术语的含义有着不尽一致的表述。ISO 9000《质量管理和质量保证》标准规定：“质量管理是指全部管理职能的一个方面。该管理职能负责质量方针的制定与实施。”ISO 8402《质量管理和质量保证术语》标准中，将质量管理的含义进行了扩展，规定“质量管理是指确定质量方针、目标和职责，并通过质量体系中的质量策划、质量控制、质量保证和质量改进来使其实现的所有管理职能的全部活动”。并说明质量管理是各级管理者的职责，但必须由最高领导者来推动，实施中涉及单位的全体成员。在质量管理活动中，必须考虑经济因素。

综上所述，质量管理是指为了实现质量目标而进行的所有管理性质的活动。

2. 质量管理的性质

企业最高管理者对所生产产品的质量应承担全部的责任。因此，质量管理的运作必须由总经理直接控制。质量保证工作的主要任务属于各个单位和部门，他们的工作影响着最终产品的质量。除所有职能部门外，还应建立一个质量管理核心小组，以协调和监督企业内部质量方针的执行。

各部门人员应该认识到本部门的质量职能范围以及对产品质量的影响。各部门应有明确的组织结构，在这种组织结构中，质量活动的权限应委托给分小组。这些分小组应该清楚地认识到他们的职责、工作权限和自由度、交流的渠道以及发生意外情况的处理方法。每个员工都应具有达到质量目标的责任感。应该制定出一套管理办法，用以监督和报告所达到的质量。

虽然质量保证主要是员工的一种职责，但是，与质量保证紧密相关的其他职责，如最终检验、验证和实验室试验活动等，应该归属于质量保证部门，组织机构中应该设立一个部门，专门负责监控和审核；这个部门应向质量保证部门的领导和最高管理者提供资料，以便在问题出现时，及时采取纠正措施。

组织结构仅表示出质量职能的总体框架。质量组织机构的有效性取决于总经理的责任和热情。总经理除对质量体系实行直接控制外，还应该激励所有的员工，并且通过支持有关活动和提供实施质量方针所必要的附加条件，来明确而又连续地表现其职责。

二、质量管理的特点

1．采用科学、系统的方法满足用户需求。在全面质量管理中“用户至上”是十分重要的指导思想。“用户至上”就是树立以用户为中心，使产品质量和服务质量全面地满足用户需求。产品质量的好坏最终以用户的满意程度为考核标准。

2．以预防为主的事先控制。新时期预防性质量管理是全面质量管理区别于质量管理初级阶段的特点之一。进入20世纪90年代以后，新的生产模式，包括适时生产（JIT）、精良生产（LP）、敏捷制造（AM）等对事先控制提出了更高的要求，在产品的生产阶段，除了统计过程控制（SPC）外，新的基于计算机的预报、诊断技术及控制技术受到越来越广泛的重视，使生产过程的预防性质量管理更为有效。

3．计算机支持的质量信息管理。及时、正确的质量信息是企业制定质量政策，确定质量目标和措施的依据，质量信息的及时处理和传递也是生产过程质量控制的必要条件，信息技术、计算机集成制造的发展为企业实施全面质量管理提供了有力的支持。

4．突出人的因素。与质量检验阶段和统计质量管理阶段相比较，全面质量管理阶段格外强调调动人的积极因素的重要性。实现全面质量管理必须调动人的积极因素，加强质量意识，发挥人的主观能动性。

第3节　质量管理的基本方法

质量管理的基本方法可以概括为四句话十八个字，即“一个过程，四个阶段，八个步骤，数理统计方法”。

一、一个过程

一个过程，即质量管理是一个过程，企业在不同时间内，应完成不同的工作任务。企业的每项生产经营活动，都有一个产生、形成、实施和验证的过程。

二、四个阶段

根据管理是个过程的理论，美国戴明博士把它运用到质量管理中来，总结出“计划（Plan）—执行（Do）—检查（Check）—处理（Action）”四个阶段的循环方式，简称PDCA循环，又称“戴明循环”。

三、八个步骤

为了解决和改进质量问题，PDCA循环中的四个阶段还可以具体化为八个步骤，见表5—1。

表5—1　　PDCA循环中的四个阶段和八个步骤

阶段	步　骤
第一阶段，计划	第一步，分析现状，找出存在的质量问题
	第二步，分析原因和影响因素，针对找出的质量问题，分析产生的原因和影响因素
	第三步，找出主要的影响因素
	第四步，制定改善质量的措施，提出行动计划，并预计效果
第二阶段，执行	第五步，执行计划或措施
第三阶段，检查	第六步，检查计划的执行效果
第四阶段，处理	第七步，总结经验。对检查出来的各种问题进行处理，正确的加以肯定，总结成文，制定标准
	第八步，提出尚未解决的问题

四、数理统计方法

在应用PDCA四个阶段、八个步骤解决质量问题时，需要收集和整理大量的数据资料，并用科学的方法进行系统的分析。最常用的是7种统计方法，分别是排列图、因果图、直方图、分层法、相关图、控制图及统计分析表。这套方法是以数理统计为理论基础，不仅科学可靠，而且比较直观。

质量管理工程是在当代质量管理实践发展中逐步形成的，它是研究各种质量管理职能如何协调进行，各项质量要素如何有效控制，以达到产品、工程、服务体系最佳质量的有关理论、概念、方法、工具、技术等知识集合体。因此，它也是一项综合性管理系统工程。

第4节　成本控制的基本知识

一、成本管理概述

1. 成本管理的定义

成本管理是指企业生产经营过程中各项成本核算、成本分析、成本决策和成本控制等一系列科学管理行为的总称。成本管理一般包括成本预测、成本决策、成本计划、成本核算、成本控制、成本分析、成本考核等职能。

2. 成本管理的目的

充分动员和组织企业全体人员，在保证产品质量的前提下，对企业生产经营过程的各个环节进行科学合理的管理，力求以最少的生产耗费取得最大的生产成果。

3. 成本管理的作用

成本管理是企业管理的一个重要组成部分，它要求系统、全面、科学和合理，它对于促进增产节支、加强经济核算、改进企业管理、提高企业整体成本管理水平具有重大的意义。

4. 成本管理过程

要搞好成本管理和提高成本管理水平，首先要认真开展成本预测工作，规划一定时期的成本水平和成本目标，对比分析实现成本目标的各种方案，进行最有效的成本决策。然后应根据成本决策的具体内容，编制成本计划，并以此作为成本控制的依据，加强日常的成本审核监督，随时发现并克服生产过程中的损失浪费情况，在平时要认真组织成本核算工作，建立健全成本核算制度和各项基本工作，严格执行成本开支范围，采用适当的成本核算方法，正确计算产品成本。同时安排好成本的考核和分析工作，正确评价各部门的成本管理业绩，促进企业不断改善成本管理措施，提高企业的成本管理水平。要定期积极地开展成本分析，找出成本升降变动的原因，挖掘降低生产耗费和节约成本开支的潜力。

进行成本管理应该实行指标分解，将各项成本指标层层落实，分口、分段地进行管理和考核，使成本降低的任务能从组织上得以保证，并与企业和部门的经济责任制结合起来。

成本是体现企业生产经营管理水平高低的一个综合指标。因此，成本管理不能仅局限于生产耗费活动，应扩展到产品设计、工艺安排、设备利用、原材料采购、人力分配等产品生产、技术、销售、储备和经营等各个领域。参与成本管理的人员也不能仅仅是专职成本管理人员，应包括各部门的生产和经营管理人员，并要发动广大职工群众积极参与，调动全体员工的积极性，实行全面成本管理，只有这样，才能最大限度地挖掘企业降低成本的潜力，提高企业整体成本管理水平。

企业在生产过程中生产各种工业产品（包括成品、自制半成品、工业性劳务等）、自制材料、自制工具、自制设备以及供应非工业性劳务要发生的各种耗费，这些耗费称为生产费用。为生产一定种类和数量的产品所发生的全部生产费用称为产品成本。

成本由以下三个方面组成：

（1）产品生产中所耗用的物化劳动的价值（即已耗费的生产资料转移价值）。

（2）劳动者为自己劳动所创造的价值（即归个人支配的部分，主要是以工资形式支付给劳动者的劳动报酬）。

（3）劳动者剩余劳动所创造的价值（即归社会支配的部分，包括税金和利润）。

产品价值的前两部分是形成产品成本的基础，是成本包括内容的客观依据。所以，产品成本就其实质来说，是产品价值中的物化劳动的转移价值和劳动者为自己劳动所创造的价值。

5. 管理的五大理论

（1）作业成本管理理论

作业成本管理是将企业发生的各种费用通过成本动因更为精确地分摊到产品成本中，从而为企业决策者提供更为准确的产品成本信息。

作业成本计算是作业成本管理的基础。作业成本管理使用作业成本的信息，其目的不仅要使所销售的产品和服务合理化，更重要的是明确改变作业与过程以提高生产力。它将成本管理的重心深入供应链作业层次，尽可能消除“非增值作业”，改进“增值作业”，优化“作业链”和“价值链”，从成本优化的角度改造作业和重组作业流程；并且对供应链中的各项作业进行成本效益分析，确定关键作业点，对关键作业点进行重点控制。

（2）战略成本管理理论

战略成本管理是将企业的成本管理与该企业的战略相结合，从战略的高度对企业及其关联企业的各项成本行为、成本结构实施全面了解、分析、控制，从而为企业战略管理提供决策信息，提高企业竞争优势。与传统的成本管理模式相比，战略成本管理的特点主要体现在：成本内容不断拓展，企业更多关注的是所处环境及其环境因素对企业的影响，包括企业优劣势、竞争对手的威胁等，并依据自身所处的竞争地位及时调整竞争战略；成本范围不断延伸，从企业内部价值链延伸到企业外部价值链；成本管理手段不断丰富，已超越了传统的格式化的成本报告、成本分析模式，注重定性因素对企业的影响，并利用财务的和非财务的各种成本信息服务于企业管理，促使企业战略目标的实现。

(3) 产品生命周期成本理论

产品生命周期成本指在企业内部及其相关联方发生的全部成本，具体指产品策划、开发、设计、制造、营销与物流等过程中的产品生产方发生的成本，消费者购入产品后发生的使用成本、维护成本，以及产品的废弃处置成本。

这一概念体现了企业作为社会中的经济细胞所承担的社会责任，符合可持续发展的观念。产品生命周期理论的产生促使企业从产品开发和设计的源头上控制产品的成本，逐步形成了成本设计的方法体系。

(4) 成本规划理论

成本规划是一种用于在产品设计阶段降低成本的方法，它要求企业在新产品开发阶段，为满足整个公司的利益，规划满足顾客质量要求的产品，在一定的中长期目标利润及市场环境下，决定产品的目标成本。之后，这种方法受到人们的重视，得到不断的丰富和发展，被广泛应用在企业实践中。

(5) 全面成本管理理论

该方法认为要在一个企业中实现全面成本管理，首先要从管理过程分析的角度，全面审视企业现有的经营过程，并从中寻找存在的问题；其次要持续改善，全面地持续不断地进行改进。

二、成本控制简介

生产过程中的成本控制，就是在产品的制造过程中，对成本形成的各种因素，按照事先拟定的标准严格加以监督，发现偏差就及时采取措施加以纠正，从而使生产过程中的各项资源的消耗和费用开支限制在标准规定的范围之内。成本控制的基本工作程序如下。

1. 制定成本标准

成本标准是成本控制的准绳，成本标准首先包括成本计划中规定的各项指标。

但成本计划中的一些指标都比较综合，还不能满足具体控制的要求，这就必须规定一系列具体的标准。确定这些标准的方法，大致有以下三种：

（1）计划指标分解法

计划指标分解法即将大指标分解为小指标。分解时，可以按部门、单位分解，也可以按不同产品和各种产品的工艺阶段或零部件进行分解，若更细致一点，还可以按工序进行分解。

（2）预算法

预算法就是用制定预算的办法来制定控制标准。有的企业基本上是根据季度的生产销售计划来制订较短期的（如月份）的费用开支预算，并把它作为成本控制的标准。采用这种方法特别要注意从实际出发来制定预算。

（3）定额法

定额法就是建立起定额和费用开支限额，并将这些定额和限额作为控制标准来进行控制。在企业里，凡是能建立定额的地方，都应把定额建立起来，如材料消耗定额、工时定额等。实行定额控制的办法有利于成本控制的具体化和经常化。

在采用上述方法确定成本控制标准时，一定要进行充分的调查研究和科学计算。同时还要正确处理成本指标与其他技术经济指标的关系（如和质量、生产效率等的关系），从完成企业的总体目标出发，进行综合平衡，防止片面性。必要时还应设计多种方案择优选用。

2. 监督成本的形成

根据控制标准，对成本形成的各个项目，要经常地进行检查、评比和监督。不仅要检查指标本身的执行情况，而且要检查和监督影响指标的各项条件，如设备、工艺、工具、工人技术水平、工作环境等。所以，成本日常控制要与生产作业控制等结合起来进行。

成本日常控制主要包括以下方面：

（1）材料费用的日常控制

车间施工员和技术检查员要监督按图样、工艺、工装要求进行操作，实行首件检查，防止产品成批报废。车间设备员要按工艺规程规定的要求监督设备维修和使用情况，不合要求不能开工生产。供应部门材料员要按规定的品种、规格、材质实行限额发料，监督领料、补料、退料等制度的执行。生产调度人员要控制生产批量，合理下料、合理投料，监督期量标准的执行。车间材料费的日常控制，一般由车间材料核算员负责，要经常收集材料，分析对比，追踪原因，并会同有关部门和人员提出改进措施。

（2）工资费用的日常控制

工资费用主要是由车间劳资员对生产现场的工时定额、出勤率、工时利用率、劳动组织的调整、奖金、津贴等的监督和控制。此外，生产调度人员要监督车间内部作业计划的合理安排，要合理投产、合理派工、控制窝工、停工、加班、加点等。车间劳资员（或定额员）对上述有关指标负责控制和核算，分析偏差，寻找原因。

（3）间接费用的日常控制

车间经费、企业管理费的项目很多，发生的情况各异。有定额的按定额控制，没有定额的按各项费用预算进行控制，如采用费用开支手册、企业内费用券（又叫本票、企业内流通券）等形式来实行控制。各个部门、车间、班组分别由有关人员负责控制和监督，并提出改进意见。

上述各种生产费用的日常控制，不仅要有专人负责和监督，而且要使费用发生的执行者实行自我控制。还应当在责任制中加以规定。这样才能调动全体职工的积极性，使成本的日常控制有群众基础。

3. 及时纠正偏差

针对成本差异发生的原因，应查明责任者，分别情况，分别轻重缓急，提出改进措施，加以贯彻执行。对于重大差异项目的纠正，一般采用下列程序：

（1）提出课题

从各种成本超支的原因中提出降低成本的课题。这些课题首先应当是成本降低潜力大、各方关心、可能实行的项目。提出课题的要求，包括课题的目的、内容、理由、根据和预期达到的经济效益。

（2）讨论和决策

课题选定以后，应发动有关部门和人员进行广泛的研究和讨论。对重大课题，可能要提出多种解决方案，然后进行各种方案的对比分析，从中选出最优方案。

思　考　题

1. 带压密封工的岗位质量要求是什么？
2. 带压密封作业质量保证措施有哪些？
3. 质量管理的定义是什么？
4. 质量管理的基本方法有哪些？
5. 什么是成本管理？它的目的是什么？

第6章 安全生产和环境保护知识

第1节 安全生产操作规程

一、安全生产名词解释

1. 安全类

（1）安全

安全泛指没有危险，不出事故的状态。汉语中有“无危则安，无缺则全”；生产过程中的安全，即安全生产，指的是“不发生工伤事故、职业病、设备或财产损失”。

（2）安全第一

安全第一的含义是指安全生产是全国一切经济部门和生产企业的头等大事。各企业和主管机关的行政领导和各级工会都要十分重视安全生产，采取一切可能的措施保障职业的安全，努力防止事故的发生。当生产任务与安全发生矛盾时，应先解决安全问题，使生产在确保安全的前提下顺利进行。

（3）职业安全卫生

职业安全卫生是指以保障职工在职业活动过程中的安全与健康为目的的工作领域及在法律、技术、设备、组织制度和教育等方面所采取的相应措施。

（4）职业安全

职业安全是指以防止职工在职业活动过程中发生各种伤亡事故为目的的工作领域及在法律、技术、设备、组织制度和教育等方面所采取的相应措施。

（5）职业卫生

职业卫生是指以职工的健康在职业活动过程中免受有害因素侵害为目的的工作领域及在法律、技术、设备、组织制度和教育等方面所采取的相应措施。

（6）安全生产

《辞海》中将“安全生产”解释为：为预防生产过程中发生人身、设备事故，形成良好劳动环境和工作秩序而采取的一系列措施和活动。《中国大百科全书》中将“安全生产”解释为：旨在保护劳动者在生产过程中安全的一项方针，也是企业管理必须遵循的一项原则，要求最大限度地减少劳动者的工伤和职业病，保障劳动者在生产过程中的生命安全和身体健康。概括地说，安全生产是通过“人—机器—环境”的和谐运作，使生产活动中危及劳动者生命和健康的各种事故风险和伤害因素始终处于有效控制的状态。

（7）本质安全

本质安全是指通过设计等手段使生产设备或生产系统本身具有安全性，即使在误操作或发生故障的情况下也不会造成事故。本质安全是生产中“预防为主”方针的根本体现，也是安全生产的最高境界。具体包括以下两方面的内容：

1）失误—安全功能。指操作者即使操作失误，也不发生事故或伤害，或者说设备、设施和技术工艺本身具有自动防止人的不安全行为的功能。

2）故障—安全功能。指设备、设施或生产工艺发生故障或损坏时，还能暂时维持正常工作或自动转变为安全状态。

（8）安全生产管理

安全生产管理是管理的重要组成部分，是安全科学的一个分支。所谓安全生产管理，就是针对人们在生产过程中的安全问题，运用有效的资源，发挥人们的智慧，通过人们的努力，进行有关决策、计划、组织和控制等活动，实现生产过程中人与机器设备、物料、环境的和谐，达到安全生产的目标。安全生产管理的目标是，减少控制危害，减少和控制事故，尽量避免生产过程中由于事故所造成的人身伤害、财产损失、环境污染以及其他损失。

（9）传统安全管理

传统安全管理也称为常规安全管理，主要内容包括行政管理、安全监督检查、安全设施管理、劳动环境及卫生条件管理、事故管理等。如安全生产方针、安全生产工作体制、安全生产五大原则、全面安全管理、三负责制、安全检查制、四查工程、安全检查表技术、“0123 管理法”、“01467 安全管理法”等综合管理方法，也包括“五不动火”管理、审批火票的“五信五不信”“四查五整顿”“巡检挂牌制”、防电器误操作的“五步操作管理法”、人流和物流定置管理、三点控制、八查八提高活动、安全班组活动、安全班组安全建设等生产现场微观安全管理技术。

（10）现代安全管理

现代安全管理也称为现代安全管理科学，是目前安全管理工程中最活跃、最前沿的研究和发展领域。意义和特点是：变传统的纵向单因素安全管理为现代的横向综合安全管理；变传统的事故管理为现代的时间分析与隐患管理（变事后型为预防型）；变传统的被动的安全管理对象为现代的安全管理动力；变传统的静态安全管理为现代的安全动态管理；变过去企业只顾生产经济效益的安全辅助管理为现代的效益、环境、安全与卫生的综合效果的管理；变传统的被动、辅助、滞后的安全管理程式为现代主动、本质、超前的安全管理程式；变传统的外迫型安全指标管理为内激型的安全目标管理（变次要因素为核心事业）。主要方法有：安全行为抽样技术、安全经济技术、事故判定技术、本质安全技术、危险分析方法、风险分析方法、系统安全分析方法、PDCA 循环法、危险控制技术等。

（11）安全生产五要素

安全生产五要素是指安全文化、安全法制、安全责任、安全科技、安全投入。

1）安全文化是安全生产的根本。最基本内涵就是人的安全意识，确立不伤害别人、不被别人伤害的安全理念。

2）安全法制是保障安全生产的最有力武器。安全法制是指安全生产法律法规和安全生产执法。

3）安全责任是安全生产的灵魂。企业是安全管理的责任主体，企业“一把手”是安全生产的第一责任人。

4）安全科技是实现安全生产的手段和动力。企业要采用先进实用的生产技术，组织安全生产技术研究开发。

5）安全投入是安全生产的基本和保障。企业是安全投资主体，要制定源头治本的经济政策。

（12）安全生产管理方针

指安全第一、预防为主、综合治理。

（13）安全生产工作

安全生产工作是指为了达到安全生产目标而进行的系统性管理活动，由源头管理、过程控制、应急救援和事故查处 4 部分所构成，既包括了生产主体对事故风险和伤害因素所进行的识别、评价和控制，也包括了政府安全许可、监管监察行政执法、救灾善后以及安全生产法制建设、科学研究、宣教培训、认可认证、工伤保险等方面的活动。

（14）安全生产责任制

安全生产责任制是根据安全生产法规建立的各级领导、职能部门、工程技术人员、岗位操作人员在劳动生产过程中对安全生产层层负责的制度，这是保证安全生产的重要的组织措施。

（15）安全标准化

企业具有健全的安全生产责任制、安全生产规章制度和安全操作规程，各生产环节和生产岗位的安全工作符合法律、法规、规章、规程等规定，达到和保持规定的标准。

（16）安全操作规程

安全操作规程又称为安全技术须知，安全技术细则。安全操作规程是企业根据生产性质及技术设备的特点，结合实际给各工种工人指定的安全操作守则，它是企业实行安全生产的一种基本文件，也是对工人进行安全教育的主要依据，一般包括四部分内容：总则、工作前（即班前准备）的安全规则、工作时的安全规则、工作结束（包括交接工作）时的安全规则。规程的文字应简明，不仅要指出具体的操作要求和操作方法，而且要指出应注意或禁止的事项。

2. 事故类

（1）事故

事故是指造成死亡、疾病、伤害、损伤或其他损失的意外情况。企业生产中，发生有毒有害气体泄漏，引起作业人员急性中毒，就发生了安全生产事故。事故的分类方法有很多种，我国在工伤事故统计中，按照《企业职工伤亡事故分类》（GB 6441—1986）将企业工伤事故分为 20 类，分别为物体打击、车辆伤害、机械伤害、起重伤害、触电、淹溺、灼烫、火灾、高处坠落、坍塌、冒顶片帮、透水、放炮、瓦斯爆炸、火药爆炸、锅炉爆炸、其他爆炸、中毒和窒息及其他伤害等。

（2）职工伤亡事故

职工伤亡事故是指职业活动过程中发生的职工人身伤亡或急性中毒事件。

（3）伤亡事故经济损失

伤亡事故经济损失是指职工在劳动生产过程中发生伤亡事故所引起的一切经济损失，包括直接经济损失和间接经济损失。

（4）直接经济损失

直接经济损失是指因事故造成人身伤亡及善后处理支出的费用和损坏财产的价值。

（5）间接经济损失

间接经济损失是指因事故导致产值减少、资源破坏和受事故影响而造成其他损失的价值。

（6）物体打击

物体打击是指物体在重力或其他外力的作用下产生运动中打击人体造成的人身伤亡事故，不包括因机械设备、车辆、起重机械、坍塌等引发的物体打击。

（7）机械伤害

机械伤害是指机械伤害运动（静止）部件、工具、加工件直接与人体接触引起的夹击、碰撞、剪切、卷入、绞、碾、割、刺入等伤害。

（8）触电

触电是指电流流经人体或带电体与人体间发生放电而造成的人身伤害。

（9）灼烫

灼烫是指由于火焰烧伤、高温物体烫伤、化学灼伤（酸、碱及酸碱性物质引起的体内外灼伤）、物理灼伤（光、放射性物质引起的体内外灼伤）而引起的人身伤亡事故。

（10）火灾

火灾是指在时间或空间上失去控制的燃烧所造成的灾害。

（11）高处坠落

高处坠落是指在高处作业中发生坠落造成的伤亡事故，不包括触电坠落事故。高处作业指距地面 2.0 m 以上高度的作业。

（12）爆炸

物质由一种状态迅速地转变成另一种状态，并在瞬间以机械功的形式放出大量能量的现象称为爆炸。

（13）容器爆炸

容器爆炸指容器的物理性爆炸、化学性爆炸和容器破裂后的二次空间爆炸。

容器的物理性爆炸指容器在允许的压力下由于容器存在严重质量问题而发生的爆炸。容器的化学性爆炸指由于误操作使容器内介质发生异常化学反应导致的容器爆炸。容器破裂后的二次空间爆炸指盛装易燃介质的容器爆炸后，易燃介质与空气混合后形成爆炸性混合气体遇火花而产生的二次爆炸。

（14）中毒

有毒物质通过不同途径进入人体内引起某些生理功能或组织器官受到急性健康损害的事故称为中毒。

（15）窒息

机体由于急性缺氧发生晕倒甚至死亡的事故称为窒息。窒息分为内窒息和外窒息，生产环境中的严重缺氧可导致外窒息，吸入窒息性气体可致内窒息。

（16）事故隐患

事故隐患泛指生产系统中可导致事故发生的人的不安全行为、物的不安全状态和管理上的缺陷。事故隐患分类非常复杂，它与事故分类有密切关系，但又不同于事故分类。可将事故隐患归纳为21类，即火灾、爆炸、中毒和窒息、水害、坍塌、滑坡、泄漏、腐蚀、触电、坠落、机械伤害、煤与瓦斯逸出、公路设施伤害、公路车辆伤害、铁路设施伤害、铁路车辆伤害、水上运输伤害、港口码头伤害、空中运输伤害、航空港伤害和其他类隐患等。

（17）未遂事故

未遂事故是指由设备和人为差错等诱发产生的有可能造成事故，但由于人或其他保护装置等原因，未造成职工伤亡或财物损失的事件。

（18）轻伤事故

一次事故造成1～2人轻伤为轻伤事故。因工负伤休息满一个工作日，损失工作日在105日以下（不含105日）的伤害为轻伤。

（19）重伤事故

有重伤无死亡的事故称为重伤事故。

1）因工负伤损失工作日在105日（含105日）以上的伤害为重伤。

2）损失工作日系指GB/T 15499—1995《事故伤害损失工作日标准》中所规定的损失工作日。

3）一次事故致三人（含三人）以上轻伤，称为多人事故。多人事故按重伤事故统计处理。

（20）重大死亡事故

重大死亡事故指一次事故死亡1～2人的事故。

（21）特大伤亡事故

特大伤亡事故指一次事故死亡3人（含3人）以上的事故。

（22）不安全行为

职工在职业活动过程中，违反劳动纪律、操作程序和方法等具有危险性的做法称为不安全行为。

（23）事故责任者

事故责任者指对造成火灾、爆炸、电气、设备、生产操作、交通及人身伤亡等事故负有责任的人员。

(24) 事故责任者分类

事故责任者按事故原因构成分为直接责任操作者和间接责任操作者（领导责任者），事故责任者按在事故发生过程中所起作用分为主要责任者和次要责任者。

(25) 事故直接责任者

凡对直接导致事故发生负有责任的人员均为事故直接责任者。

(26) 事故间接责任者（领导责任者）

凡对间接导致事故发生负有责任的人员均属事故间接责任者（领导责任者）。

(27) 事故主要责任者

凡事故责任者（间接或直接）在事故发生过程中起主要作用的人员均属事故主要责任者。

(28) 事故次要责任者

凡事故责任者（间接或直接）在事故发生的全过程中所起作用属次要地位者均属事故次要责任者。

(29) 三违

三违是指违章指挥、违章作业、违反劳动纪律。

(30) 违章指挥

强迫职工违反国家法律、法规、规章制度或操作规程进行作业的行为称为违章指挥。

(31) 违章操作

职工不遵守规章制度，冒险进行操作的行为称为违章操作。

(32) 习惯性违章

习惯性违章是指固有守旧不良作业传统的工作习惯、违反安全工作规程的行为，这是一种长期传下来的违章行为，不是在一代人身上偶尔出现，而是在几代人身上反复发生、经常出现的违章行为。

(33) 班后防火“五不走”

交接班不交代清楚不走；用火设备火源不熄灭不走；用电设备不拉闸断电不走；可燃物不清理干净不走；发现险情不报告、不处理好不走。

(34) 安全事故处理“四不放过”原则

事故原因没有查清不放过、事故责任者没有受到处理不放过、群众没有受到教育不放过、没有防范措施不放过。

(35) 三个一样对待

小事故当大事故一样对待、未遂事故当已发生事故一样对待、外单位事故当本单位事故一样对待。

3. 应急与防护措施

（1）应急预案

针对可能发生的事故，为迅速、有序地开展应急行动而预先制订的行动方案称为应急预案。

（2）应急响应

事故发生后，有关组织或人员采取的应急行动称为应急响应。

（3）应急救援

在应急响应过程中，为消除、减少事故危害，防止事故扩大或恶化，最大限度地降低事故造成的损失或危害而采取的救援措施或行为称为应急救援。

（4）防护措施

为避免职工在作业时身体的某部位误入危险区域或接触有害物质而采取的隔离、屏蔽、安全距离、个人防护、通风等措施或手段称为防护措施。

（5）劳动保护

劳动保护是指依靠技术进步和科学管理，采取组织措施和技术措施消除危及人身安全健康的不良条件行为，防止事故和职业病，劳动保护者在劳动过程中的安全与健康。其内容包括：劳动安全、劳动卫生、女工保护、工作时间与休假制度。

（6）个人防护用品

个人防护用品是指为使职工在职业活动过程中免遭或减轻事故和职业危害因素的伤害而提供的个人穿戴用品。

（7）安全带

安全带是指高处作业工人预防坠落伤亡的防护用品，由带子、绳子和金属配件组成。

（8）特种劳动防护用品

特种劳动防护用品是指由国家认定的、在易发生伤害及职业危害的场合供职工穿戴或使用的劳动防护用品。

4. 测试与评估

（1）最高容许浓度

最高容许浓度是指在某工作地点，在一个工作日内的任何时间均不应超过的有毒化学物质的浓度。

（2）爆炸极限

可燃性气体、蒸气或粉尘在空气中达到爆炸的浓度称为爆炸极限。

（3）火灾三要素

可燃物、助燃物、着火源统称为火灾三要素。

5．工作条件及设备

（1）工作条件

工作条件是指工作人员在工作中的设施条件、工作环境、劳动强度和工作时间的总和。

（2）工作环境

工作环境是指在工作空间中，人周围的物理的、化学的、生物学的、社会的和文化的因素。

（3）有尘作业

有尘作业是指作业场所空气中粉尘含量超过国家卫生标准中粉尘的最高容许浓度的作业。

（4）有毒作业

有毒作业是指作业场所空气中有毒物质含量超过国家卫生标准中有毒物质的最高容许浓度的作业。

（5）有害物质

有害物质是指化学的、物理的、生物的等能危害职工健康的所有物质的总称。

（6）有毒物质

作用于生物体，能使机体发生暂时或永久性病变，导致疾病甚至死亡的物质称为有毒物质。

（7）三不伤害

不伤害自己、不伤害他人、不被他人伤害。

（8）高处作业

凡在坠落高度基准 2 m 以上（含 2 m）有可能坠落的高处进行的作业，均称为高处作业。

（9）动火作业

在禁火区进行焊接与切割作业及在易燃易爆场所使用喷灯、电钻、砂轮等进行可能产生火焰、火花和赤热表面的临时作业（易燃易爆场所指甲、乙类防火区），称为动火作业。

（10）动火作业六大禁令

动火证未经批准禁止动火；不与生产系统可靠隔绝禁止动火；不清洗置换禁止动火；不清除周围易燃物禁止动火；不按时作动火分析禁止动火；没有消防措施禁

止动火。

（11）特种设备

特种设备是指涉及生命安全、危险性较大的锅炉、压力容器（含气瓶，下同）、压力管道、电梯、起重机械、客运索道、大型游乐设施。其中锅炉、压力容器（含气瓶）、压力管道为承压类特种设备；电梯、起重机械、客运索道、大型游乐设施为机电类特种设备。

（12）锅炉

锅炉是指利用各种燃料、电或者其他能源，将所盛装的液体加热到一定的参数，并对外输出热能的设备，其范围规定为容积大于或者等于 30 L 的承压蒸汽锅炉；出口水压大于或者等于 0.1 MPa（表压），且额定功率大于或者等于 0.1 MW 的承压热水锅炉；有机热载体锅炉。

（13）压力容器

压力容器是指盛装气体或者液体，承载一定压力的密闭设备，其范围规定为工作压力大于或者等于 0.1 MPa（表压），且压力与容积的乘积大于或者等于 2.5 MPa · L的气体、液化气体和最高工作温度高于或者等于标准沸点的液体的固定式容器和移动式容器；盛装公称工作压力大于或者等于 0.2 MPa（表压），且压力与容积的乘积大于或者等于 1.0 MPa · L 的气体、液化气体和标准沸点等于或者低于 60℃液体的气瓶；氧舱等。

（14）压力管道

压力管道是指利用一定的压力，用于输送气体或者液体的管状设备，其范围规定为工作压力大于或者等于 0.1 MPa（表压）的气体、液化气体、蒸气介质或者可燃、易爆、有毒、有腐蚀性、最高工作温度高于或者等于标准沸点的液体介质，且公称直径大于 25 mm 的管道。

（15）特种作业

特种作业是指由国家认定的，对操作者本人及其周围人员和设施的安全有重大危险因素的作业。

（16）特种工种

特种工种是指从事特种作业人员岗位类别的统称。

二、安全生产的概念和意义

1. 安全生产的概念

安全生产是指在劳动过程中，要努力改善劳动条件，克服不安全因素，防止伤亡事故的发生，使劳动生产在保护劳动者的安全健康和国家财产及人民生命财产安全的前提下进行。

2. 安全生产的内容

（1）管生产必须管安全的原则

企业的生产组织领导者必须在计划、布置、检查、总结、评比生产工作的同时进行计划、布置、检查、总结、评比安全工作。它要求把安全工作落实到每一个生产组织管理环节中去。这是解决生产管理中安全与生产统一的一项重要原则。

（2）安全具有否决权原则

（3）"三同时"原则

《中华人民共和国安全生产法》第二十四条规定，生产经营单位新建、改建、扩建工程项目（以下统称建设项目）的安全设施，必须与主体工程同时设计、同时施工、同时投入生产和使用。安全设施投资应当纳入建设项目预算。

（4）"四不放过"原则

事故原因没有查清不放过；事故责任者没有严肃处理不放过；广大群众没有受到教育不放过；防范措施没有落实不放过。

3. 安全生产意义

搞好安全生产工作对于巩固社会的安定，为国家的经济建设提供重要的稳定政治环境具有现实的意义；对于保护劳动生产力，均衡发展各部门、各行业的经济劳动力资源具有重要的作用；对于增加社会财富、减少经济损失具有实际的经济意义；对于生产员工的生命安全与健康、家庭的幸福和生活的质量，有直接影响。

三、安全理论知识

1. HSE 管理体系概念

HSE 管理体系是三位一体管理体系。H（健康）是指人身体上没有疾病，在心理上保持一种完好的状态；S（安全）是指在劳动生产过程中，努力改善劳动条件、克服不安全因素，使劳动生产在保证劳动者健康、企业财产不受损失、人民生命能够安全的前提下顺利进行；E（环境）是指与人类密切相关的、影响人类生活和生产活动的各种自然因素的组合，还包括人与自然因素间相互形成的生态关系的组合。由于安全、环境与健康的管理在实际工作过程中有着密不可分的联系，因此把健康（Health）、安全（Safety）和环境（Environment）形成一个整体的管理体系，是现代石油化工企业发展的必然。

20 世纪 80 年代后期，国际上发生了几次重大事故，如 1987 年的瑞士 SANDEZ

大火，1988 年英国北海油田的帕玻尔·阿尔法平台事故等，引起了国际工业界的普遍关注。大家都深刻认识到，石油化工作业是高风险的作业，必须采取有效、完善的 HSE 管理系统才能避免重大事故的发生。1991 年，在荷兰海牙召开了第一届油气勘探、开发的健康、安全、环保国际会议，HSE 这一概念逐步为人们接受。

2．安全生产管理原理

安全生产管理原理是从生产管理的共性出发，对生产管理中安全工作的实质内容进行科学分析、综合、抽象与概括所得出的安全生产管理规律。

（1）系统原理

系统是由相互作用和相互依赖的若干部分组成的有机整体。任何管理对象都可以作为一个系统。系统可以分为若干个子系统，子系统可以分为若干个要素，即系统是由要素组成的。

（2）人本原理

在管理中必须把人的因素放在首位，体现以人为本的指导思想，这就是人本原理。以人为本有两层含义：一是一切管理活动都是以人为本展开的，人既是管理的本体，又是管理的客体，每个人都处在　定的管理层面上，离开人就无所谓管理，二是管理活动中，作为管理对象的要素和管理系统各环节，都需要人掌管、运作、推动和实施。

（3）预防原理

安全生产管理工作应该做到预防为主，通过有效的管理和技术手段，减少和防止人的不安全行为和物的不安全状态，这就是预防原理。在可能发生人身伤害、设备或设施损坏和环境破坏的场合，应事先采取措施，防止事故发生。

（4）强制原理

采取强制管理的手段控制人的意愿和行为，使个人的活动、行为等受到安全生产管理制度的约束，从而实现有效的安全生产管理，这就是强制原理。所谓强制，就是绝对服从，不必经被管理者同意便可采取控制行动。

3．安全责任理论

（1）安全责任的“弹簧理论”

众所周知，弹簧受到外力按压，就会变形收缩，外力取消，立刻就会恢复原形。安全责任心的培育也是如此，经常进行教育，就像用手按下弹簧，责任心就会增长，长时间不教育，就像弹簧压紧复松，这就是安全责任的“弹簧理论”。

（2）安全责任的“水桶理论”

众所周知，无论是铁制水桶，还是木制水桶，无论桶壁多高，桶底多厚，但是如果桶底出现一个小洞或一条裂缝，水桶里的水再多，都会流干。安全管理是一个系统工程，要防微杜渐。

（3）安全责任的“火炉理论”

一个火势熊熊的火炉，远观炉壁火红，可知定然烫人无比，不能靠近，如果靠近，未等接触，已是热气灼人；如果以手接触，必伤无疑。安全责任的贯彻落实也是如此。

实践证明，要把保障安全生产的法律、法规、制度落到实处，就要把这些法律、法规、制度变成“火炉”，谁若触犯，必受严惩，以充分落实责任，保障安全。

（4）安全责任的“责、权、利对等理论”

权利与义务是构成安全生产责任的前置基础。任何人都有搞好安全生产的权利，也有搞好安全生产的义务。领导不仅有让员工履行责任的权利，也有建立健全安全生产规章制度、保障员工生命安全健康、为他们建立工伤保险等义务。同样，处于弱势地位的员工，既有承担也有拒绝违章指挥、逃避生命威胁的权利。

四、安全教育培训

企业安全教育培训的目的和任务是使劳动者提高安全意识，掌握安全生产规律，提高安全作业技能，减少伤亡事故的发生，减少各种财产损失，保障劳动者的身心健康。它是劳动者发展的一个重要因素。安全教育是教育者根据社会、企业和个人的需要和可能，以教学为主要途径，在受教育者积极参与下对受教育者实施有目的、有计划、有组织、有系统的影响，使受教育者在安全生产领域得到发展，成为一个社会、企业所需要的人。企业是社会的细胞，社会需要人人都有合乎社会规范的安全行为，因此，安全教育的功能在企业整个安全生产领域充当着重要的角色。正如日本安全管理专家青岛贤司所说：“就整个管理来说，也必须把应用安全知识的教育卓有成效地向前推进，甚至可以说，这种安全教育就是安全管理的核心。”

1. 企业安全教育的概念

企业的生产活动是人类社会活动、经济活动、科学活动中最基本、最普遍、最活跃的领域之一。在这个领域，人类遇到的威胁和危险最普遍，安全问题最复杂，事故最具破坏性和伤害性。在这样一个广泛的领域，如果不去研究危险问题、分析事故规律、掌握安全技术、发展安全科学、进行安全教育，社会经济就无法顺利发展，人类就无法进步。

职工的安全素质，首先来自职工自身的精神文明和对于各类基础知识的把握，即职工的文化素质高低。但素质更重要的是来自有效的安全教育。安全素质既有认识性，也有实践性。认识性具有导向作用，实践性具有规范作用，两者合一，形成安全意识的整体结构。有效的安全教育，旨在提高认识性，指导实践性，从而确立职工安全素质的内涵。所谓有效的安全教育，是说有些企业的安全教育流于一般形式，口头强调多，并不那么有效。教育既不同于宣传，也有别于培训，有成套的、充实的、确定的内容，并完成规定的课时和考核程序，才能称之为教育。

企业安全教育的内容概括起来有：国家有关安全生产的方针、政策、法律、法规及有关规章制度、工伤保险、安全生产管理职责；企业职业安全健康知识及安全文化、有关事故案例及事故应急处理措施。此外还应结合企业本身的实际情况发现安全生产中的不良倾向，从理论上有针对性地解决职工的思想认识问题。

《中华人民共和国安全生产法》就安全教育和培训问题，在第二十条、第二十一条、第二十二条、第二十三条、第二十四条做出了全面而详细的规定。1995 年原劳动部代表国务院行使“国家监察”权力时，就颁布了《企业职工劳动安全卫生教育管理规定》，以法律的形式把企业安全教育纳入正轨。这个管理规定共 6 章 27 条，从总则、生产岗位职工安全教育、管理人员安全教育、组织管理、罚则、附则等方面全面系统地阐明企业安全教育的内容、要求、管理，是企业进行安全教育的法律依据，也是扼制事故高发的治本之举。应该说，这个管理规定发挥了巨大的作用和效能。《中华人民共和国安全生产法》在更高层次对企业的安全教育做出界定，更加说明安全教育在安全生产中的重要地位。

2. 时间和内容

企业广大安全教育工作者在进行安全教育过程中总结出诸多方法和内容，概括起来有：新工人入厂三级教育、日常安全生产教育、新干部任职前的教育、特种作业人员的教育、高难险检修项目施工前的教育、作业人员调转岗位教育、停工学习教育、工伤人员复工教育、事故案例教育、现场教育和各种专业性的安全教育等。安全教育有效地促进了企业的安全生产，并取得了巨大的成绩，必须加以肯定。同时，化工企业安全教育内容也做了如下规定。

（1）厂级安全教育内容

认识安全生产的重要性；了解工厂概况、生产特点、共同性的安全规定；初步掌握防毒和防火方面的基本知识；工厂安全生产的经验和教训。

（2）车间级安全教育内容

了解车间概况、车间生产历史、生产特点及其在全厂安全生产中的地位和作用；学习车间工艺流程及工艺操作方面共同性的安全要求与注意事项；学习车间生产设备和维护检修方面共同性的安全要求与注意事项；学习车间安全生产管理制度，介绍车间安全生产方面的经验和教训。

（3）班组级安全教育内容

了解岗位的任务和作用、生产特点、生产设备、安全装置；了解岗位的安全规章制度、安全操作规程；了解岗位的个人防护用品、工具、器具的具体使用方法；了解岗位发生过的事故和教训。

这些也是对新入厂工人的基本教育内容。随着安全科学技术的发展，以及企业的大型化、自动化和知识密集化，安全教育的内容也会越来越丰富。

五、带压密封工安全操作规程

1. 范围

本标准规定了带压密封安全作业的内容。

本标准适用于从事带压密封作业人员的安全作业。

2. 安全作业要点

（1）作业人员应依据业主单位签发的《安全检修任务书》的内容规定进入现场，并遵照 HG/T 20201—2007《带压密封技术规范》第 6 章（附录 1）的规定，对泄漏部位进行现场勘测。

（2）作业人员应依据泄漏现场的实际情况，佩戴防火、防爆、防毒、防静电、防烫、防坠落、防碰伤、防噪声、防低温、防打击、动火、防酸、防碱、防尘等安全防护用品。

（3）严格落实作业前技术和安全措施交底。

（4）作业所需一切票、证、书必须经过相关部门审批、签字、确认并分析合格，接到业主单位下达的作业指令后，方可作业。

（5）作业人员需要使用业主单位的现场器材时，必须征得业主单位有关人员的同意，并在业主单位有关人员的监护下使用。不得擅自动用业主单位的现场器材。

（6）依据现场情况严格执行“带压密封作业十四个不准”。

（7）依据现场情况备足注剂阀、螺孔注剂接头、换向接头的规格和数量；进行密封注剂选型、用量估算及其工器具配备。

（8）夹具及其连接螺栓的强度和刚度要按受压元件的有关规定，进行设计、计算、选材和制造。

(9) 作业人员应站在上风口，或用压缩空气，把泄漏介质吹向另一边；或用专用工具，使操作人员远离泄漏介质。

(10) 夹具注剂孔应安装好注剂阀，旋塞处于开启的位置，便于泄压。安装夹具时，夹具注剂孔没有按规定安装好注剂阀。

(11) 夹具安装过程应先调整方位，消除安装间隙，并对称紧固连接螺栓，不得采用强力冲击方法安装夹具。

(12) 带压密封易燃、易爆介质时，用水蒸气或惰性气体保护，用无火花工具施工，防止引起火灾和爆炸事故。带压密封易燃、易爆介质时，未用水蒸气或惰性气体保护。

(13) 注剂作业应匀速平稳，注意注剂速度与密封注剂固化时间协调。要严格控制注剂压力，避免不必要的超压，防止密封注剂进入泄漏介质内部系统。

(14) 为保证注入密封注剂操作安全，在连接注剂枪，取下注剂枪，装填密封注剂时，应首先关闭注剂阀，切断泄漏介质，保证作业安全。连接注剂枪或取下注剂枪及装填密封注剂时，没有关闭注剂阀。

(15) 带压消除法兰垫片泄漏时，要勘测法兰连接螺栓的受力及操作情况，以便采取相应的措施。杜绝在注剂过程中引发法兰连接螺栓断裂事故。

(16) 带压消除设备、管道、阀等器壁上的泄漏时，应查清泄漏部位周围器壁的减薄程度，必要时用高温测厚仪测量其厚度，以便从夹具的设计上、注入密封注剂操作等方面采取相应措施，防止把器壁压坏造成泄漏加重的事故。

(17) 在法兰和填料盒上钻孔，先不要钻透，攻螺纹拧入注剂阀以后，再用小钻头钻透。钻孔时要加水（或油）冷却，防止钻孔时出现火花。

(18) 在法兰连接螺栓上装螺孔注入接头，只适用于小于 4 MPa 压力的泄漏系统。松开螺母前，应先在其附近安装 G 形卡具，严禁同时拆卸相邻的两个以上（含两个）螺栓。

(19) 单点泄漏应选择距离泄漏点最远端的注剂孔开始注入密封注剂；泄漏缺陷尺寸较大或多点泄漏时，应从泄漏点两侧开始注入密封注剂；从第二注入点开始，要在泄漏点两侧交叉注入，最终直对主泄漏点直至消除泄漏。

(20) 作业结束后，应做到工完料净场地清。

六、安全票证的种类与分工管理

1. 动火许可证，由安全部门、保卫部门或消防部门负责。

2. 动土许可证，由机动部门负责。

3. 设备检修许可证，由机动部门负责。

4. 高处安全作业票，由安全部门负责。

5. 抽堵盲板安全许可证，由安全部门负责。

6. 吊装安全作业票，由机动部门负责。

7. 断路联络票，由机动或保卫部门负责。

8. 电气类安全作业票，由机动部门负责。

9. 罐内安全作业票，由安全部门负责。

第 2 节　劳动保护和安全防护用品使用知识

个人防护用品是指为防止一种或多种有害因素对自身的直接危害所穿用或佩戴的器具的总称。

一、呼吸器官防护用品

在尘毒污染、事故处理、抢救、检修、有毒有害介质动态密封作业、剧毒操作以及在狭小舱室内作业，都必须选用可靠的呼吸器官保护用具。

1. 过滤式呼吸器

过滤式呼吸器可滤除人体吸入空气中的有害气体、工业粉尘，使之符合国家有关标准。它的使用条件是：作业环境空气中含氧的体积分数不低于 18%；温度 -30 ~ 45℃；空气中尘、毒浓度不能超过规定的参数。一般不能在罐、槽等狭小、密闭的容器中使用。过滤式呼吸器分为防尘、防毒两大类。

（1）防尘呼吸器

防尘呼吸器有自吸式和送风式两种。

（2）防毒呼吸器

防毒呼吸器一般由面罩、滤毒罐、导气管、可调拉带等部件构成。

2. 隔绝式呼吸器

这类呼吸器的功能是使戴用者呼吸系统与劳动环境隔离，由呼吸器自身供气或从清洁环境中引入纯净空气维持人体正常呼吸。适用于缺氧、严重污染等有生命危险的工作场所戴用。隔绝式呼吸器有三种形式。

（1）氧气呼吸器

定量给人体补充氧气，一般是1～1.5 L/min，同时周而复始地将呼出的二氧化碳脱除。使用时间根据呼吸器的储氧量确定。

（2）空气呼吸器

压缩空气经减压后供人体吸入，呼出气经面罩呼吸阀排到空气中。

（3）化学氧呼吸器

生氧罐内装有含氧化学物质，能在适宜的条件下反应放出氧气，供人呼吸。

3. 长管呼吸器

长管呼吸器有送风式和自吸式两类。它是通过机械动力或人的肺力从清洁环境中引入空气供人呼吸，也可以用高压瓶空气作为气源经软管送入面罩供人呼吸。

二、防护服

防护服分特殊作业防护服和一般作业防护服。动态密封作业一般都要穿特殊作业防护服，常见的有以下几种。

1. 防尘服

防尘服主要在粉尘污染的劳动场所中穿用，可防止各类粉尘接触危害体肤。

2. 防毒服

防毒服用于酸、碱、矿植物油类等化学物质等作业人员的防护，分为密闭型和透气型两类。密闭型防毒服用抗浸透性材料如涂刷特殊橡胶、树脂的织物或橡胶、塑料膜等制作，一般在污染危害较严重的场所中穿用；透气型防毒服用透气性材料如特殊处理的纤维织物等制作，一般在轻、中度污染场所中穿用。

3. 高温工作服

高温工作服用于高温、高热或辐射场所作业的个人防护。材料必须具备隔挡辐射热效率高、导热系数小、防熔融物飞溅、不沾粘、不易燃和离火自灭以及外表反射率高的性能。

4. 阻燃防护服

阻燃防护服适于从事有明火或散发火花、熔融金属附近处的操作场合，以及易燃物质有着火危险的地方工作穿用。

5. 防静电工作服

防静电服用于产生静电聚积、易燃易爆的操作场所，可以消除服装本身及人体带电。

带压密封作业操作常用的服装有防尘服（用于粉尘作业场所）、防毒服（用于有毒有害介质作业场所）、阻燃防热工作服（用于高温作业场所）、防静电服（用于易燃、易爆介质作业场所）。

三、头部防护用品

1. 安全帽

安全帽的功能是保护作业人员的头部，以消除或减缓坠落物、硬质物件的撞击、挤压伤害，是生产中广泛使用的个人安全用品。

2. 头盔

头盔可对人体的头部及面部进行较好的保护。

3. 防护手套

防护手套是指劳动者根据作业环境中的有害因素戴用的特制手套。

（1）耐酸碱手套

常用的有橡胶耐酸碱手套、乳胶耐酸碱手套和塑料耐酸碱手套。

（2）防寒手套

（3）防水隔热手套

（4）动态密封作业专用手套

四、防护鞋

我国的防护鞋主要有防静电鞋、导电鞋、绝缘鞋、防砸鞋、炼钢鞋、防酸碱鞋、防油鞋、防滑鞋、防刺穿鞋、防寒鞋、防水鞋。

现在已有动态密封作业穿用的隔热、阻燃、防水专用鞋。

五、防噪声用品

耳塞是一种结构简单、体积小、质量轻、携带使用方便的护耳器。使用时直接插入耳道。只要正确使用便可以获得较好的声衰效果，声衰减值一般为 15 ~ 25 dB（A）。按几何形状耳塞可分为球形、圆柱形、蘑菇形、伞形、凸缘形 5 种。

六、安全带

安全带是高处作业人员用以防止坠落的护具。

目前，我国已研制出专供“带压密封作业”用的成套劳动保护用品，为带压密封作业人员提供了更为可靠的安全保证。

带压密封工程施工作业劳动防护用品选用见表 6—1。

表 6—1　　　　带压密封工程施工作业劳动防护用品选用一览表

作业类别名称	不可使用的护品	必须使用的护品	可考虑使用的护品
A01 易燃易爆场所作业（如化工材料、易挥发、易燃液体及化学品、可燃性气体）	的确良、尼龙等着火焦结的衣物，聚氯乙烯塑料鞋、底面钉铁件的鞋等	棉布防护服、防静电服、防静电鞋	
A02 可燃性粉尘场所作业（如铝镁粉、煤粉、可燃性化学物粉尘等）	的确良、尼龙等着火焦结的衣物、底面钉铁件的鞋等	棉布防护服，防毒口罩	防静电服、防静电鞋
A03 高温作业（如锅炉装置、汽机装置、加热炉装置内的泄漏等）	的确良、尼龙等着火焦结的衣物、聚氯乙烯塑料鞋	白帆布类隔热、耐高温鞋，防强光、紫外线、红外线护目镜或面罩、安全帽等	防寒帽、防滑鞋
A04 低温作业（如压缩乙烯、丙烯的泄漏）	底面钉铁件的鞋	防寒服、防寒手套、防寒鞋	防寒帽、防滑鞋

七、安全色

安全色是表达安全信息的颜色，表示禁止、警告、指令、提示等意义。应用安全色使人们能够对威胁安全和健康的物体和环境做出尽快的反应，以减少事故的发生。安全色用途广泛，如用于安全标志牌、交通标志牌、防护栏杆及机器上不准乱动的部位等。安全色的应用必须是以表示安全为目的和有规定的颜色范围。安全色应用红、蓝、黄、绿 4 种，其含义和用途分别如下：

红色表示禁止、停止、消防和危险的意思。禁止、停止和有危险的器件设备或环境涂以红色的标记，如禁止标志、交通禁令标志、消防设备、停止按钮、停车和刹车装置的操纵把手、仪表刻度盘上的极限位置刻度、机器转动部件的裸露部分、液化石油气槽车的条带及文字、危险信号旗等。

黄色表示注意、警告的意思。需警告人们注意的器件、设备或环境涂以黄色标记，如警告标志、交通警告标志、道路交通路面标志、带轮及其防护罩的内壁、砂轮机罩的内壁、楼梯的第一级和最后一级的踏步前沿、防护栏杆及警告信号旗等。

蓝色表示指令、必须遵守的规定，如指令标志、交通指示标志等。

绿色表示通行、安全和提供信息的意思。可以通行或安全情况涂以绿色标记，如表示通行、机器启动按钮、安全信号旗等。

根据GB 2893—2008《安全色》，国家规定了4种传递安全信息的安全色：

红色表示禁止、危险；

黄色表示警告、注意；

蓝色表示指令、遵守；

绿色表示通行、安全。

正确使用安全色，可以使人员能够迅速发现或分辨安全标志，及时得到提醒，以防止事故、危害发生。

八、安全标志

安全标志是由安全色、几何图形和形象的图形符号构成，用以表达特定的安全信息，供生产检修人员迅速、准确地判断自己所处的工作环境，达到安全生产目的的有效措施。到目前为止，我国共制定了禁止类、警告类、指令类、提示类等86类安全标志。表6—2列举了部分安全标志的标志样式和说明。

表6—2　　安全标志的标志样式和说明

标志样式	说　明
一、禁止标志	
 禁止吸烟	禁止吸烟：有丙类火灾危险物质的场所，如油漆、沥青车间、库房、车场等
 禁止烟火	禁止烟火：有乙类火灾危险物质的场所，如施工工地等
 禁止带火种	禁止带火种：有甲类火灾危险物质及其他禁止带火种的各种危险场所，如炼油厂、液化石油气站、乙炔站、油气井场等
 禁止用水灭火	禁止用水灭火：生产、储运、使用中不准用水灭火的物质场所，如变压器室、乙炔室、化工药品库、各种油库等

续表

标志样式	说明
禁止放易燃物	禁止放易燃物：具有明火设备或高温作业的场所，如动火区及各种焊接、切割、锻造、铸造车间等场所
禁止启动	禁止启动：暂停使用的设备附近，如设备检修、更换零件等
禁止触摸	禁止触摸：禁止触摸的设备或物体附近，如裸露的带电体、炽热物体及带有毒性、腐蚀性的物体等处
禁止戴手套	禁止戴手套：戴手套易造成手部伤害的作业地点，如旋转的机械加工设备附件
禁止攀登	禁止攀登：不允许攀登的危险地点，如有坍塌危险的建筑物、构筑物、设备旁
禁止堆放	禁止堆放：消防器材存放处、消防通道及车间主通道
禁止穿化纤服装	禁止穿化纤服装：有静电火花会导致灾害或有炽热物质的作业场所，如冶炼、焊接及有易燃易爆物质的场所等

续表

标志样式	说　明
禁止穿带钉鞋	禁止穿带钉鞋：有静电火花灾害或有触电危险的作业场所，如有易燃易爆气体或粉尘的车间及带电的作业场所
二、警告标志	
当心火灾	当心火灾：易发生火灾的危险场所，如可燃性物质的生产、储运、使用地点
当心爆炸	当心爆炸：易发生爆炸危险的场所，如易燃易爆物质的生产、储运、使用或受压容器等地点
当心腐蚀	当心腐蚀：腐蚀性物品的生产、储运、使用场所
当心中毒	当心中毒：有可能发生人员中毒的场所，如生产、储运、使用有毒物品及毒害气体积聚的地方
当心触电	当心触电：有可能发生触电危险的电器设备和线路，如配电室、开关等
当心机械伤人	当心机械伤人：易发生机械卷入、轧压、碾压、剪切等机械伤害的作业地点，如起吊、切割、加工等机械附近

续表

标志样式	说　明
三、指令标志	
必须戴防毒面具	必须戴防毒面具：具有对人体有害的气体、气溶胶、烟尘等作业场所，如有毒散发地点或处理有毒物造成的事故现场
必须戴安全帽	必须戴安全帽：头部易受外力伤害的作业场所，如建筑工地、起重吊装处等
必须戴防护手套	必须戴防护手套：易伤害手部的作业场所，如具有腐蚀、污染、灼伤、冰冻及触电危险的作业地点
必须系安全带	必须系安全带：易发生坠落危险的作业场所，如高处建筑、修理、安装拆除等地点
必须加锁	必须加锁：剧毒品、危险品库房等地点
四、提示标志	
紧急出口 Emergency Exit	紧急出口：便于安全疏散的紧急出口，与方向箭头结合设在通向紧急出口的通道、楼梯
停用	停用：悬挂在停用设备处

第3节　高处作业和施工平台搭设安全知识

一、高处作业的概念

1. 高处作业的定义

凡距坠落高度基准面2 m及其以上，有可能坠落的高处进行的作业，称为高处作业。

2. 坠落高度基准面

从作业位置到最低坠落着落点的水平面，称为坠落高度基准面。

3. 高处作业分级

高处作业分为一级、二级、三级和特级高处作业。

（1）作业高度在2～5 m时，称为一级高处作业。

（2）作业高度在5～15 m时，称为二级高处作业。

（3）作业高度在15～30 m时，称为三级高处作业。

（4）作业高度在30 m以上时，称为特级高处作业。

4. 高处作业的分类

高处作业分为特殊高处作业、化工工况高处作业和一般高处作业3类。

（1）特殊高处作业

1）在阵风风力为6级（风速10.8 m/s）及以上情况下进行的强风高处作业。

2）在高温或低温环境下进行的异温高处作业。

3）在降雪时进行的雪天高处作业。

4）在降雨时进行的雨天高处作业。

5）在室外完全采用人工照明进行的夜间高处作业。

6）在接近或接触带电体条件下进行的带电高处作业。

7）在无立足点或无牢靠立足点的条件下进行的悬空高处作业。

（2）化工工况高处作业

1）在坡度大于45°的斜坡上面进行的高处作业。

2）在升降（吊装）口、坑、井、池、沟、洞等上面或附近进行的高处作业。

3）在易燃、易爆、易中毒、易灼伤的区域或转动设备附近进行的高处作业。

4）在无平台、无护栏的塔、釜、炉、罐等化工容器、设备及架空管道上进行的高处作业。

5）在塔、釜、炉、罐等设备内进行的高处作业。

(3) 一般高处作业

除特殊高处作业和化工工况高处作业以外的高处作业。

二、高处作业安全要求

1. 从事高处作业的单位必须办理《高处安全作业证》，落实安全防护措施后方可施工。

2.《高处安全作业证》审批人员应赴高处作业现场检查确认安全措施后，方可批准高处作业。

3. 高处作业人员必须经安全教育，熟悉现场环境和施工安全要求。对患有职业禁忌证和年老体弱、疲劳过度、视力不佳及酒后人员等，不准进行高处作业。

4. 在进行高处作业前，作业人员应查验《高处安全作业证》，检查确认安全措施落实后方可施工，否则有权拒绝施工作业。

5. 高处作业人员应按照规定穿戴劳动保护用品，作业前要检查，作业中应正确使用防坠落用品与登高器具、设备。

6. 高处作业应设监护人对高处作业人员进行监护，监护人应坚守岗位。

三、高处作业安全防护

1. 高处作业前，施工单位应制定安全措施并填入《高处安全作业证》内。

2. 不符合高处作业安全要求的材料、器具、设备不得使用。

3. 高处作业所使用的工具、材料、零件等必须装入工具袋，上下时手中不得持物。不准投掷工具、材料及其他物品。易滑动、易滚动的工具、材料堆放在脚手架上时，应采取措施防止坠落。

4. 在化学危险物品生产、储存场所或附近放有空管线的位置作业时，应事先与车间负责人或工长（值班主任）取得联系，建立联系信号，并将联系信号填入《高处安全作业证》备注栏内。

5. 登石棉瓦、瓦棱板等轻型材料作业时，必须铺设牢固的脚手板，并加以固定，脚手板上要有防滑措施。

6. 高处作业与其他作业交叉进行时，必须按指定的路线上下，禁止上下垂直作业，若必须垂直进行作业时，应采取可靠的隔离措施。

7. 高处作业时应与地面保持联系，根据现场情况配备必要的联络工具，并指定专人负责联系。

8. 在采取地（零）电位或等（同）电位作业方式进行带电高处作业时，必须使用绝缘工具或穿均压服。

四、《高处安全作业证》的管理

一级高处作业由车间负责审批。二级、三级高处作业由车间审核后，报厂安全管理部门审批。特级、特殊高处作业由厂安全部门审核后，报主管厂长或总工程师审批。

施工负责人必须根据高处作业的分级和类别向审批单位提出申请，办理《高处安全作业证》。《高处安全作业证》一式三份，一份交作业人员，一份交施工负责人，一份交安全管理部门留存。

对施工期较长的项目，施工负责人应经常深入现场检查，发现隐患及时整改，并做好记录。若施工条件发生重大变化，应重新办理《高处安全作业证》。

五、高处作业施工平台搭设

高处带压密封作业时应遵守下列规则：

（1）搭建带有安全护栏的防滑操作平台，并应设有作业人员能迅速撤离的通道、逃生梯或缓降器。

（2）在专设带有防护栏的作业平台上从事带压密封操作时，不宜系安全带。

第 4 节　化学介质中毒机理及人员急救知识

一、化学介质中毒机理

由于泄漏介质的毒性、刺激性、致癌性、致畸性、致突变性、腐蚀性、麻醉性、窒息性等特性，易导致带压密封工中毒事故的发生。

1. 刺激

（1）皮肤

当某些危险泄漏介质和皮肤接触时，危险化学品可使皮肤保护层脱落，而引起皮肤干燥、粗糙、疼痛，这种情况称做皮炎，许多危险化学品能引起皮炎。

（2）眼睛

危险泄漏介质和眼部接触导致的伤害轻至轻微的、暂时性的不适，重至永久性的伤害，伤害严重程度取决于中毒的剂量，采取急救措施的快慢。

（3）呼吸系统

雾状、气态、蒸气化学刺激物和上呼吸系统（鼻和咽喉）接触时，会导致火辣辣的感觉，这一般是由可溶物引起的，如氨水、甲醛、二氧化硫、酸、碱，它们易被鼻咽部湿润的表面吸收。

一些刺激物对气管的刺激可引起气管炎，甚至严重损害气管和肺组织，如二氧化硫、氯气、煤尘等。一些化学物质将会渗透到肺泡区，引起强烈的刺激或导致肺水肿，表现有咳嗽、呼吸困难（气短）、缺氧以及痰多，如二氧化氮、臭氧以及光气等。

2. 过敏

（1）皮肤过敏

皮肤过敏是指接触某些物质后在身体接触部位或其他部位产生的皮炎（皮疹或水疮），如环氧树脂、胺类硬化剂、偶氮染料、煤焦油衍生物和铬酸等。

（2）呼吸系统过敏

呼吸系统对泄漏介质的过敏引起职业性哮喘，这种症状的反应常包括咳嗽、呼吸困难（如气喘和呼吸短促）等，引起这种反应的危险化学品有甲苯、聚氨酯、福尔马林等。

3. 窒息（缺氧）

窒息又称为缺氧，涉及对身体组织氧化作用的干扰。窒息分为 3 种：单纯窒息、血液窒息和细胞内窒息。

（1）单纯窒息

这种情况是由于周围大气中氧气被惰性气体所代替，如氮气、二氧化碳、乙烷、氢气或氦气，而使氧气量不足以维持生命的继续。一般情况下，空气中含氧的体积分数为 21%。如果空气中氧的体积分数降到 17% 以下，机体组织供氧不足，就会引起头晕、恶心、调节功能紊乱等症状。这种情况一般发生在空间有限的工作场所，缺氧严重时导致昏迷，甚至死亡。

（2）血液窒息

这种情况是由于化学物质直接影响机体传送氧的能力，典型的血液窒息性物质就是一氧化碳。空气中一氧化碳的体积分数达到 0.05% 时就会导致血液携氧能力严重下降。

（3）细胞内窒息

这种情况是由于泄漏介质直接影响机体和氧结合的能力，如氰化氢、硫化氢等。这些物质影响细胞和氧的结合能力，即使血液中含氧量充足也会造成影响。

4. 昏迷和麻醉

接触高浓度的某些危险泄漏介质，如乙醇、丙醇、丙酮、丁酮、乙炔、烃类、乙醚、异丙醚会导致中枢神经抑制。这些危险化学品有类似醉酒的作用，一次大量接触可导致昏迷甚至死亡，也会导致一些人沉醉于这种麻醉品。

5. 全身中毒

全身中毒是指泄漏介质引起的对一个或多个系统产生有害影响并扩展到全身的现象，这种作用不局限于身体的某一点或某一区域。

6. 致癌

长期接触一定的泄漏介质可能引起人体细胞的无节制生长，形成恶性肿瘤。这些肿瘤可能在第一次接触这些物质以后许多年才表现出来，这一时期被称为潜伏期，一般为 4～40 年。造成职业肿瘤的部位是变化多样的，未必局限于接触区域，如砷、石棉、铬、镍等物质可能导致肺癌；鼻腔癌和鼻窦癌是由铬、镍、木材、皮革粉尘等引起的；膀胱癌与接触联苯胺、萘胺、皮革粉尘等有关；皮肤癌与接触砷、煤焦油和石油产品等有关；接触氯乙烯单体可引起肝癌；接触苯可引起再生障碍性贫血。

7. 致突变

某些危险泄漏介质对人体遗传基因的影响可能导致后代发生异常，试验结果表明 80%～85% 的致癌化学物质对后代有影响。

8. 致尘肺病

尘肺病是由于在肺的换气区域发生了微小尘粒的沉积以及肺组织对这些沉积物的反应，很难在早期发现肺的变化，当 X 射线检查发现这些变化的时候病情已经较重了。尘肺病患者肺的换气功能下降，在紧张活动时将发生呼吸短促症状，这种作用是不可逆的，能引起尘肺病的物质有石英晶体、石棉、滑石粉、煤粉等。

二、泄漏现场人员急救知识

1. 化学介质泄漏事故现场急救的目的与意义

（1）挽救生命

通过及时有效的抢救措施，如对心跳呼吸停止的病人进行心肺复苏，以达到挽救生命的目的。

（2）减少伤残

当发生化学介质泄漏事故特别是重大或灾害性事故时，不仅可能出现群体性化学中毒、化学性烧伤，往往还可能发生各类外伤及复合伤，诱发潜在的疾病或使原来的某些疾病恶化，现场急救时正确地对伤病员进行冲洗、包扎、复位、固定、搬运及其他相应处理可以大大地降低伤残率。

（3）稳定病情

在现场对伤病员进行对症、支持及相应的特殊治疗与处置，以使病情稳定，为进一步的抢救治疗打好基础。

（4）减轻痛苦

通过一般及特殊的急救和护理达到稳定伤病员情绪、减轻病人痛苦的目的。因此，化学介质泄漏事故现场抢救关键是“抢”与“救”。“抢”是抢时间，时间就是生命。在救援行动中要充分体现出快速集结，快速反应，并必须采用可行、有效的措施来保证能以最快速度、最短时间让伤病员得到医学救护。因为现场抢救成败的关键除了高超的医疗技术、完善的医疗设备外，最重要的是抓住抢救的有利时机。“救”是指对伤病员的救援措施和手段要正确有效，表现出精良的技术水准和随机应变的工作能力。实践证明，化学介质泄漏事故应急救援成功的关键往往在于现场抢救，而现场抢救能否成功很大程度上又取决于现场抢救的组织与实施。

2. 化学介质泄漏事故现场急救基本原则

化学介质泄漏事故现场急救必须遵循“先救人后救物，先救命后疗伤”的原则，同时还应注意以下几点。

（1）救护者应做好个人防护

化学介质泄漏事故发生后，化学介质会经呼吸系统和皮肤侵入人体。因此，救护者必须摸清化学品的种类、性质和毒性，在进入毒区抢救之前，首先要做好个体防护，选择并正确佩戴好合适的防毒面具和防护服。

（2）切断毒物来源

救护人员在进入事故现场后，应迅速采取果断措施切断毒物的来源，防止毒物继续外逸。对已经逸散出来的有毒气体或蒸气，应立即采取措施降低其在空气中的浓度，为进一步开展抢救工作创造有利条件。

(3) 迅速将中毒者（伤员）移离危险区

迅速将中毒者（伤员）转移至空气清新的安全地带。在搬运过程中要沉着、冷静，不要强抢硬拉，防止造成骨折。如已有骨折或外伤，则要注意包扎和固定。

(4) 采取正确的方法，对患者进行紧急救护

把患者从现场中抢救出来后，不要慌里慌张地急于打电话叫救护车，应先松解患者的衣扣和腰带，维护呼吸道畅通，注意保暖；去除患者身上的毒物，防止毒物继续侵入人体。对患者的病情进行初步检查，重点检查患者是否有意识障碍，呼吸和心跳是否停止，然后检查有无出血、骨折等。根据患者的具体情况，选用适当的方法，尽快开展现场急救。

(5) 选择合适的医疗部门

尽快将患者送就近医疗部门治疗，就医时一定要注意选择就近医疗部门以争取抢救时间。但对于一氧化碳中毒者，应选择有高压氧舱的医院。

3. 常用现场急救基本方法

人中毒后能否存活，关键在于其进入濒死后的 4 min 内是否得到及时的抢救。也就是说，如果能在濒死的 4 min 内给予其及时、正确的处理，就可能起死回生。因此，掌握必要的现场急救方法，对开展现场自救、互救十分重要。下面介绍几种现场急救常用的基本方法。

(1) 人工呼吸法

无论心跳存在与否，若长期呼吸中止，可造成机体缺氧而致死，特别是脑组织缺氧时间稍长，便可产生不可逆转的损害。因此，当发现患者呼吸停止时，必须争分夺秒、不失时机地进行人工呼吸保持继续、不间断供氧。

(2) 胸外心脏挤压法

患者出现突然深度昏迷、颈动脉或股动脉缺血、瞳孔散大、脸色土灰或发绀、呼吸停止等症状时，可认为心跳骤停，应立即进行胸外心脏挤压急救。

(3) 中毒急救方法

急性中毒往往发生急骤，病情严重。因此，必须全力以赴，分秒必争，及时抢救。抢救方法如下：

1）迅速将患者救离现场。这是现场急救的一项重要措施，它关系到下一步的急救处理和控制病情的发展，有时还是抢救成败的关键。

2）采取适当方法进行紧急救护。迅速将患者移至空气新鲜处，松开衣领、紧身衣物、腰带及其他可能妨碍呼吸的一切物品，取出口中的假牙和异物，保持呼吸道畅通，有条件时给氧。

3）迅速将患者送往就近医疗部门做进一步的检查和治疗。在护送途中，应密切观察患者的呼吸、心跳、脉搏等生命体征，某些急救措施如输氧、人工心肺复苏术等也不能中断。

（4）烧烫伤紧急救护

1）化学性皮肤烧伤。发生化学性皮肤烧伤时，应立即将患者移离现场，迅速脱去被化学物沾污的衣裤、鞋袜等，用足量流动清水冲洗创面 15 min 以上。

2）火焰烧伤。发生火焰烧伤时，应立即脱去着火的衣服，并迅速卧倒，慢慢滚动而压灭火焰，切忌用双手扑打，以免双手重度烧伤；切忌奔跑，以免发生呼吸道烧伤。

对中小面积的四肢创面可用清洁的冷水（一般温度在 10 ~ 20℃，夏季 3 ~ 5℃）冲洗 30 min 以上，然后简单包扎，去医院进一步处理。

3）烫伤。对明显红肿的轻度烫伤，要立即用冷水冲洗几分钟，用干净的纱布包好即可。如果局部皮肤起水泡、疼痛难忍、发热，要立即冷却 30 min 以上，若患处起了水泡，不要自己碰破，应就医处理，以免感染。

4）化学性眼烧伤。发生化学性眼烧伤时，应立即用流动的清水冲洗，以免造成失明。冲洗被烧伤的眼睛时，要让被烧伤的眼睛处在下方，防止冲洗过的水流进另一只眼睛。无法冲洗时，也可把脸部埋入清洁水中。清洗过程中一定要把眼皮掰开，眼球来回转动洗涤 20 min 以上，充分冲洗后还要立即到医院眼科治疗。

（5）外伤紧急救护

身体的某部位被切割或擦伤时，最重要的是止血，如果是小的割伤，出血不多，可用卫生纸稍加挤压，挤出少许被污染的血，再用创可贴或纱布包扎即可。如果切割伤口很深，流出的血是鲜红色且流得很急，甚至往外喷，可判断为动脉出血，必须把血管压住（压迫止血点），即压住比伤口距离心脏更近部位的动脉（止血点），才能止住血。如果切割的器具不洁，简单进行创面处理后，要去医院注射破伤风疫苗，同时注射抗生素，以防伤口感染。

三、泄漏现场人员的自救方法

化学介质泄漏事故现场自救是指发生事故后，事故单位实施的救援行动以及在事故现场受到事故危害的人员自身采取的保护防御行为。

自救是化学介质泄漏事故现场急救工作最基本、最广泛的救援形式。

1. 化学介质泄漏事故现场自救的基本原则

非抢险人员应当遵循安全第一，主动、迅速、镇定、向外、离开事故现场的基本原则。

自救是为了保全生命，所以应当选择比较安全的方法，尽快离开事故现场。在选择相应的逃生方法时，哪一种安全系数大就选哪一种。在自救过程中，主动比被动好，要采取积极的态度，不要错失良机。如果选择安全逃生，必须要速度快，迅速比迟缓好，事故的发展速度是相当快的，所以一定要行动敏捷。向外逃生要比向里逃生好，这样的安全系数要高一些。

自救的过程中还要镇定，不慌不乱，树立坚定的求生欲望。

2. 化学介质泄漏事故现场自救的基本方法

（1）要保持良好的心态

在化学介质泄漏事故火灾突然发生的异常情况下，由于烟气及火的出现，多数人会恐慌，此时保持冷静的头脑对防止惨剧的发生是至关重要的。以往的火灾中，有些人盲目逃生，如跳楼、找不到疏散通道和安全出口等，失去逃生时机而死亡。在发生火灾时，保持心理稳定是逃生的重要前提，要临危不乱，先观察火势，再决定逃生方式，运用学到的避难常识和人类的聪明才智就会化险为夷，把灾难损失降到最低限度。

（2）利用疏散通道和安全出口自救逃生

发生化学介质泄漏事故火灾时，不要惊慌失措，应及时向疏散通道和安全出口方向逃生；疏散时要服从工作人员的疏导和指挥，分流疏散，避免争先恐后，朝一个出口拥挤，堵塞出口。盲目逃生，往往欲速则不达。

（3）自制器材逃生

泄漏介质着火时，要学会利用现场一切可以利用的条件逃生，要学会随机应变，如将毛巾、口罩用水浇湿当成防烟工具捂住口、鼻；把被褥、窗帘用水浇湿后，堵住门口阻止火势蔓延；利用绳索或将布匹、床单、地毯、窗帘结绳自救。

（4）寻找避难处所逃生

在无路可逃的情况下，应积极寻找避难处所。如到阳台、楼层平顶等待救援；选择火势、烟雾难以蔓延的房间，如厕所、保安室等，关好门窗，堵塞间隙，房间如有水源要立即将门窗和各种可燃物浇湿，以阻止或减缓火势和烟雾的蔓延。无论白天或者夜晚，被困者都应大声呼救，不断发出各种呼救信号以引起救援人员的注意，帮助自己脱离险境。

（5）在逃生过程中要防止中毒

泄漏介质着火时会产生大量有毒气体。在逃生过程中应用水浇湿毛巾或用衣服捂住口鼻，采用低姿行走，以减小烟气的伤害。事实证明匍匐爬行是避免毒气伤害的最科学的逃生方法。

3. 泄漏介质火灾自救方法

（1）将着火的衣服脱下

如果身上的衣物由于静电的作用或吸烟不慎而引起火灾时，应迅速将衣服脱下或撕下，或就地翻滚将火压灭，但注意不要滚动太快。一定不要身穿着火衣服跑动。如果有水可迅速用水浇灭，但人体被火烧伤时一定不能用水浇，以防感染。

（2）用毛巾、手帕捂鼻护嘴

因火场烟气具有温度高、毒性大、氧气少、一氧化碳多的特点，人吸入后容易引起呼吸系统烫伤或神经中枢中毒，因此在疏散过程中应采用湿毛巾或手帕捂住嘴和鼻（但毛巾与手帕不要超过6层厚）。注意：不要顺风疏散，应迅速逃到上风处躲避烟火的侵害。由于着火时烟气大多聚集在上部空间，具有向上蔓延快、横向蔓延慢的特点，因此在逃生时不要直立行走，应弯腰或匍匐前进，但发生石油液化气或煤气火灾时不应采用匍匐前进方式。

（3）遮盖护身

将浸湿的棉大衣、棉被、门帘、毛毯、麻袋等遮盖在身上，确定逃生路线后，以最快的速度直接冲出火场，到达安全地点，但注意捂鼻护口，防止一氧化碳中毒。

（4）寻找避难处所

如果走廊或对门、隔壁的火势较大，无法疏散，可退入一个房间内（如卫生间），将门缝用毛巾、毛毯、棉被、褥子或其他织物封死（为防止受热，可不断往上浇水进行冷却），防止外部火焰及烟气侵入，从而达到抑制火势蔓延速度、延长时间的目的。无路可逃的情况下应积极寻找避难处所，如到室外阳台、楼房平顶等待救援。

（5）多层楼着火逃生

如果多层楼着火，因楼梯的烟气火势特别猛烈时，可利用房屋的阳台、雨水管、雨篷逃生，也可采用绳索、消防水带，也可用床单撕成条连接代替，但一端应紧拴在牢固的采暖系统管道或散热气片的钩子（暖气片的钩子）、门窗或其他重物上，再顺着绳索滑下。

（6）被迫跳楼逃生

如无条件采取上述自救办法，而时间又十分紧迫，烟火威胁严重，低层楼可采用被迫跳楼的方法逃生。首先应向地面上抛下一些厚棉被、沙发垫子，以增加缓冲，然后手扶窗台往下滑，以缩小跳楼高度，并保证双脚首先落地。

（7）火场求救方法

当发生火灾时，可在窗口、阳台、阴台、房顶、屋顶或避难层处向外大声呼叫，敲打金属物件、投掷细软物品，夜间可通过手电筒、打火机等物品的声响、光亮发出求救信号，引起救援人员的注意，为逃生争得时间。

（8）利用疏散通道逃生

商场等公共建筑都按规定设有室内楼梯、室外楼梯，有的还设有自动扶梯、消防电梯等，发生火灾后，尤其是在初起火灾阶段，这都是逃生的良好通道。在下楼梯时应抓住扶手，以免被人群撞倒。不要乘坐普通电梯逃生，因为发生火灾时停电也时有发生，无法保证电梯的正常运行。

第 5 节　污染和环境保护知识

泄漏介质可导致如下环境污染。

一、泄漏介质导致的大气的污染

1. 破坏臭氧层

研究结果表明，含氯化学物质，特别是氯氟烃泄漏到大气会破坏臭氧层，另外，N_2O、CH_4 等对臭氧也有破坏作用。

臭氧可以减少太阳紫外线对地表的辐射，臭氧减少导致地面接收的紫外线辐射量增加，从而导致皮肤癌和白内障的发病率大大增加。

2. 导致温室效应

大气层中的某些微量组分能使太阳的短波辐射透过加热地面，而地面增温后所放出的热辐射，都被这些组分吸收，使大气增温，这种现象称为温室效应。这些能使地球大气增温的微量组分，称为温室气体。主要的温室气体有 CO_2、CH_4、N_2O、氟氯烷烃等，其中 CO_2 是造成全球变暖的主要因素。

温室效应产生的影响主要有使全球变暖和海平面的上升。如全球海平面，在过去的百年里平均上升了 14.4 cm，我国沿海的海平面也平均上升了 11.5 cm，海平面的升高将严重威胁低地势岛屿和沿海地区人民的生产和生活。

3. 引起酸雨

由于硫氧化物（主要为 SO_2）和氮氧化物的泄漏，在空气中遇水蒸气形成酸雨，对动物、植物、人类等均会造成严重影响。

4. 形成光化学烟雾

二、泄漏介质导致的土壤污染

据统计，我国每年向陆地排放有害化学废物 2 242 万吨，由于大量化学废物进入土壤，可导致土壤酸化、土壤碱化和土壤板结。

三、泄漏介质导致的水体的污染

水体中的污染物概括地说可分为四大类：无机无毒物、无机有毒物、有机无毒物和有机有毒物。无机无毒物包括一般无机盐和氮、磷等植物营养物等；无机有毒物包括各类重金属（汞、镉、铅、铬）和氧化物、氟化物等；有机无毒物主要是指在水体中的比较容易分解的有机化合物，如碳水化合物、脂肪、蛋白质等；有机有毒物主要为苯酚、多环芳烃和多种人工合成的具有积累性的稳定有机化合物，如多氯醛苯和有机农药等。有机物的污染特征是耗氧，有毒物的污染特性是生物毒性。

1. 植物营养物污染的危害

含氮、磷及其他有机物的生活污水、工业废水排入水体，使水中养分过多，藻类大量繁殖，海水变红，称为“赤潮”，由于造成水中溶解氧的急剧减少，严重影响鱼类生存。

2. 重金属、农药、挥发酚类、氧化物、砷化合物等污染物可在水中生物体内富集，造成其损害、死亡、破坏生态环境。

3. 石油类泄漏污染可导致鱼类、水生生物死亡，还可引起水上火灾。

4. 对人体的危害

一般来说，未经污染的环境对人体功能是适合的，在这种环境中人能够正常地吸收环境中的物质而进行新陈代谢。但当坏境受到污染后，污染物通过各种途径侵入人体，将会毒害人体的各种器官组织使其功能失调或者发生障碍，同时可能会引起各种疾病，严重时将危及生命。

（1）急性中毒

在短时间内（或者是一次性的），有害物大量进入人体所引起的中毒为急性中毒。急性中毒对人体影响最明显，较为典型的是1952年12月发生在英国伦敦的烟雾事件，死亡者达4 000余人。

（2）慢性中毒

小量的有害物质经过长时期的侵入人体所引起的中毒，称为慢性中毒。慢性中毒一般要经过长时间之后才逐渐显露出来，对人的危害是慢性的，如由镉污染引起的骨痛病便是环境污染慢性中毒的典型例子。

（3）远期危害

化学物质往往会通过遗传影响到子孙后代，引起胎儿致畸、致突变等。

第6节　防爆工具的使用维护知识

一、防爆工具概述

防爆工具能够有效地防止工具与工作物之间相互摩擦或撞击时产生火花。

由钢铁材料制成的工具和设备在其激烈动作或失手跌落时发生的摩擦、撞击火花是隐蔽的引爆火源，所以这些工具不能在爆炸危险场所使用。在爆炸危险场所使用的工具（设备）必须由不发生摩擦、撞击火花，甚至不能产生炽热高温表面的特种材料制成，这样的工具称为防爆工具。钢铁材料具有较高的强度和硬度，适合于制造工具，而且材料的强度和硬度随着含碳量的增加而提高。然而对钢铁材料摩擦火花产生机理的研究结果表明，恰恰是钢材中所含的碳是产生摩擦火花的根源。

为了消灭工具的摩擦、撞击火花，可以选择铜材。铜材不含碳，不会出现氧—铁—碳反应，所以不出现火花。此外，铜材的强度和硬度都比较低，而热导率比钢材高，发生摩擦或撞击时，局部摩擦点会发生塑性变形而摩擦能量集中在个别接触点上，加上材料的高热导率，摩擦产生的热量迅速分散到基体而减少摩擦撞击点出现炽热高温的危险。然而，纯铜的强度和硬度太低，不能直接用做工具，需要添加适当的元素，如铍、铝、钛、镍、镁等熔炼成铜合金提高其强度和硬度。但当强度和硬度提高后，形成炽热高温的危险性会增强。为消除这一隐患，要求所配制的铜及其合金在室温下具有高的强度和硬度的同时，一旦受到摩擦、撞击，温度上升到一定程度，铜及其合金的金相组织就发生相变而转化为低强度并出现塑性变形甚至磨损剥离。这时局部摩擦面上的金属摩擦抗力下降，摩擦、撞击的最高温度就被限制在合金相变温度之下，成为不能点燃爆炸性混合物的防爆合金。

因此，在易燃、易爆场所，特别是在处置易燃、易爆介质泄漏时，带压密封施工单位必须选用防爆工具，并符合有关国家标准的规定。

二、防爆工具正确使用及维护

1. 各种工具在使用前要清除表面油污，使用后要擦净表面油污和沉积物，放置在干燥处保存，与腐蚀性物质隔离存放，长时间不用时应涂抹适量润滑油存放。

2. 敲击类工具不可连续敲击，超过 10 次应有适当间歇，同时要及时清除工具敲击部位附着的碎屑后再继续使用。敲击类工具实际操作中要及时清除现场杂物和工作面腐蚀的氧化物，防止第三者撞击产生爆炸。

3. 扳手类工具不可超力使用，更不能用套管或绑缚其他金属棒料加长力臂，以及用锤敲击（敲击扳手除外），以免因超载引起断裂和变形，影响正常使用。在使用工具时应根据需要合理选择其品种规格，不得以小代大，更不能把它当做钢制工具一样进行使用。应指出的是在使用活扳手、管钳、呆扳手时，要注意受力方向要求，不得任意旋扭，在使用带刃的工具时，首先应测定工件本身的硬度，当工件硬度低于工具硬度时可以进行操作，当工件硬度高于工具硬度时则禁止使用。当工件为机动旋紧、半永久性固定或已被腐蚀时，若使用手动工具前未采取其他措施，应禁止使用手动工具，以免损坏工具。

4. 刃口类工具应放在水槽内轻轻接触砂轮进行刃磨，不可用力过猛和接触砂轮时间过长。

5. 敲击类工具在岩石作业中，要将所接触的工作场所用水浸浮，方可进行作业。各种防爆工具使用时要认真操作，轻拿轻放，不能在岩石或水泥地板上随意放置。

6. 铜合金防爆工具在大多数易燃气体中是高强度、耐腐蚀的。但也不是在所有情况下都耐腐蚀，如在潮湿的氨、乙炔，某些铵盐、氟、氯、铬、铵及某些重铬酸盐介质中，受腐蚀程度是相当大的。有些介质与铜合金接触后会发生化学反应，生成危险性很高的爆炸物质，如乙炔与铜化合生成乙炔铜。因此，防爆工具应尽可能在干燥环境中使用，如不能避免在潮湿环境中使用时，应尽量加快操作速度，减少工作时间，防止造成较大腐蚀而发生危险。

7．防爆工具是一种特殊的安全专用工具，在材质上采用以铜为基体的多元素有色金属制成，也有的产品是专门设计的，所以对于使用方法、保养维护、储存运输都有一定的要求。只有充分了解，合理选用、正确使用和保管，才能充分发挥防爆工具的各种性能优势。

第 7 节　用电安全知识

一、常规安全用电知识

1．认识了解电源总开关，学会在紧急情况下关断总电源。

2．不用手或导电物（如铁丝、钉子、别针等金属制品）去接触、探试电源插座内部。

3．不用湿手触摸电器，不用湿布擦拭电器。

4．电器使用完毕后应拔掉电源插头；插拔电源插头时不要用力拉拽电线，以防止电线的绝缘层受损造成触电；电线的绝缘皮剥落，要及时更换新线或者用绝缘胶布包好。

5．发现有人触电要设法及时关断电源；或者用干燥的木棍等物将触电者与带电的电器分开，不要用手去直接救人；学生遇到这种情况，应呼喊成年人相助，不要自己处理，以防触电。

6．不随意拆卸、安装电源线路、插座、插头等，即使安装灯泡等也要先关断电源。

二、厂内安全用电知识

1．工厂内的移动式用电器具有落地式风扇、手提砂轮机、手电钻、冲击钻、电焊机等移动电动工具和机械。在使用前必须检查电线有没有破损老化，插头是否完好。严禁赤脚赤膊操作移动式用电器具。使用电焊机要戴防护手套，严禁赤手接触焊接电缆和焊条。

2. 千万不要用铜线、铝线、铁线代替熔丝。熔丝熔断应查明原因后更换标准的熔丝，空气开关损坏后应立即更换，空气开关跳闸后，不能强行合闸。否则容易造成触电或电器火灾。

3. 电缆或电线的接头或破损处要用电工胶布包好，不能用医用胶布、封口胶代替，更不能用尼龙纸包扎。

4. 不要用电线直接插入插座内用电。不要在一个多口插座上同时使用多个电器。使用插座的地方要保持干燥，并且不要将插座电线缠绕在金属管道上。

5. 不要用湿手触摸灯头、开关、插头插座、按钮和用电器具，更不准用湿手操作电器设备。开关、插座、按钮等电器具损坏或外壳破损时应及时通知电工修理或更换，未经修复不能使用。

6. 厂房内的电线不准乱拉乱接，禁止使用多接口和残旧的老化电线，以防触电。

7. 不要在电线上晾晒衣服和吊挂任何物品，不要将金属丝（如铁丝、铝丝、铜丝等）缠绕在带电的电线上，以防磨破绝缘层而漏电。

8. 电炉、电烙铁等发热电器不得直接搁在木板上或靠近易燃物品，对无自动控制的电热器具用后要随手关电源，以免引起火灾。

9. 电器箱里要保持干燥、无尘、无油、无杂物。严禁在电器箱内放置杂物和工具。电器箱前方 70 cm 不准堆放任何物品。要确保电器箱上方没有漏水、漏油。随时都要关好电器箱门。

10. 在搬移电器设备前。要确定电源断开。不要随意拆卸、安装电源线路、插座、插头等电器具和电器设备。

11. 凡发现连接点不实，螺钉松动、绝缘保护层破损、绝缘支点脱落、电器设备在使用时有异常气味或冒烟等现象，应当立即停止使用，关机并告知维修人员检修。

12. 电器着火时，应立即切断电源，电器火灾切不可用水或泡沫灭火器灭火，应用 1211、二氧化碳、四氯化碳等灭火器。

13. 发现有人触电，千万不要用手去拉触电者，要尽快切断电源或用干燥的木棍、竹竿挑开电线，立即用正确的人工呼吸法进行现场抢救。

14. 在对设备进行保养和进行电器操作时，必须遵守操作规定。在遇到电器设备故障时，要及时通知电器检修人员。

15. 为了确保电器设备安全运行，非本设备的操作人员，不得随便操作设备。

16. 电器设备的安装、维修应由持证电工负责。

三、现场带压焊接用电安全知识

1. 作业前必须配戴好劳动保护用品，如皮手套、面罩、安全帽、绝缘鞋等，检查好焊接设备、工作地点、防护措施是否符合安全要求。

2. 电焊机必须有良好的接地装置，不允许用管道或其他金属物代用接地线。把线必须绝缘良好，要经常检查防止漏电，其转动部分要有保护罩。

3. 电焊机安装电源、接线开关，要由电工进行。电焊机要安放在通风凉爽处，严防潮湿，要有防雨及绝缘措施。

4. 焊接前要严格遵守“动火管理制度”，具备动火条件后方可动火，否则有权拒绝动火作业。

5. 焊接前要准备好防火用品，如泡沫灭火器、砂子、四氯化碳灭火器等。

6. 高空作业时，必须执行《高空作业安全规定》。焊接时安全带要挂在焊接处的侧上方通道处，必须注意地下和周围的可燃物，避免火星掉落引起燃烧。

7. 在易燃、易爆、高温、有毒容器内部电焊，要通风良好，必要时，安设通风机或戴长管式防护面具，要执行《设备内部作业安全规定》，安全带要挂在设备外面。工作完毕或中间休息，必须将焊炬拿出容器外。

8. 焊炬不得与地线放在同一个导体上。严禁把一次线拴挂在电源上以防止短路引起火灾或触电事故。

9. 拉导线时，要注意周围，不要挂倒或挂掉东西，以免伤人。

10. 送电时，必须戴手套，一定要用左手而且要将头、身躲开正面，防止电弧伤人，要做好随时断电的准备。以免启动后机械发生故障，烧坏或碰坏设备。

11. 一定要戴干手套换焊条，以免触电。

12. 暂停焊接时，焊炬必须与焊件分开放置，避免短路。

13. 经常检查导线，有绝缘不好处要包好，接头松动处要处理好。

14. 焊完的零件或焊条头应妥善放置，不允许随便放在易燃、易爆物上，以免引起火灾。

15. 检查、修理电焊机或导线时，要切断电源。

16. 电焊工要具有救护触电人员常识，如人工呼吸、急救处理等。

17. 在铸铁件或高碳钢上不允许焊起重吊耳。

18. 电焊工工作时，如突然发生停电，应立即关闭电源开关。

19. 工作完毕或离开现场时，要切断电源。

20. 电焊机要有专人负责管理，电焊工必须经安全考试合格后方可操作，非电焊工禁止动用。

四、现场动火作业安全知识

1. 动火作业的概念

（1）动火作业是指在禁火区进行焊接与切割作业及在易燃、易爆场所使用喷灯、电钻、砂轮等进行可能产生火焰、火花和赤热表面的临时性作业。

（2）动火作业分为特殊危险动火作业、一级动火作业和二级动火作业 3 类。

（3）特殊危险动火作业是指在生产运行状态下的易燃易爆物品生产装置、输送管道、储罐、容器等部位上及其他特殊危险场所的动火作业。

（4）一级动火作业是指在易燃易爆场所进行的动火作业。

（5）二级动火作业是指除特殊危险动火作业和一级动火作业以外的动火作业。

（6）凡厂、车间或单独厂房全部停车，装置经清洗置换、取样分析合格并采取安全隔离措施后，可根据其火灾、爆炸危险性大小，经厂安全防火部门批准，动火作业可按二级动火作业管理。

（7）遇节日、假日或其他特殊情况时，动火作业应升级管理。

2. 一级和二级动火作业安全防火要求

（1）动火作业必须办理《动火安全作业证》。

（2）厂区管廊上的动火作业按一级动火作业管理。带压不置换动火作业按特殊危险动火作业管理。

（3）凡盛有或盛过化学危险物品的容器、设备、管道等生产、储存装置，必须在动火作业前进行清洗置换，经分析合格后方可进行动火作业。

（4）高空进行动火作业，其下部地面如有可燃物、空洞、阴井、地沟、水封等，应检查分析，并采取措施，以防火花溅落引起火灾、爆炸事故。

（5）拆除管线的动火作业，必须先查明其内部介质及其走向，并制定相应的安全防火措施；在地面进行动火作业，周围有可燃物，应采取防火措施。动火点附近如有阴井、地沟、水封等应进行检查、分析，并根据现场的具体情况采取相应的安全防火措施。

（6）在生产、使用、储存氧气的设备上进行动火作业，其含氧的体积分数不得超过 20%。

（7）五级风以上（含五级风）天气，禁止露天动火作业。因生产需要确需动火作业时，动火作业应升级管理。

（8）动火作业应有专人监护。动火作业前应清除动火现场及周围的易燃物品，或采取其他有效的安全防火措施，配备足够适用的消防器材。

（9）动火作业前，应检查电、气焊工具，保证安全可靠，不准带故障使用。

（10）使用气焊焊割动火作业时，氧气瓶与乙炔气瓶间距应不小于 5 m，两者与动火作业地点均应不小于 10 m，并不准在烈日下暴晒。

（11）在铁路沿线（25 m 以内）的动火作业，如遇装有化学危险物品的火车通过或停留时，必须立即停止作业。

（12）动火作业完毕应清理现场，确认无残留火种后方可离开。

3. 动火分析

（1）动火分析应由动火分析人进行。凡是在易燃易爆装置、管道、储罐、阴井等部位及其他认为应进行分析的部位动火时，动火作业前必须进行动火分析。

（2）动火分析的取样点均应由动火所在单位的专（兼）职安全员或当班班长负责提出。

（3）动火分析的取样点要有代表性，特殊动火的分析样品应保留到动火结束。

（4）取样与动火间隔不得超过 30 min，如超过此间隔或动火作业中断时间超过 30 min 时，必须重新取样分析。

（5）使用测爆仪或其他类似手段进行分析时，检测设备必须经被测对象的标准气体样品标定合格。

4. 动火分析合格判定

（1）如使用测爆仪或其他类似手段时，被测的气体或蒸气浓度应小于或等于爆炸下限的 20%。

（2）使用其他分析手段时，被测的气体或蒸气的爆炸下限大于等于 4% 时，其被测浓度小于等于 0.5%；当被测的气体或蒸气的爆炸下限小于 4% 时，其被测浓度小于等于 0.2%。

5.《动火安全作业证》

（1）《动火安全作业证》由两联组成，特殊危险动火、一级动火、二级动火《动火安全作业证》分别以三道、二道、一道斜红杠加以区分。

（2）《动火安全作业证》由申请动火单位指定动火项目负责人办理。办证人应按《动火安全作业证》的项目逐项填写，不得空项，然后根据动火等级办理审批手续，最后将办理好的《动火安全作业证》交动火项目负责人。

第 8 节　消 防 知 识

一、火灾控制

燃爆泄漏事故容易引发火灾、爆炸灾害。但不同的危险泄漏介质以及在不同情况下发生火灾时，其扑救方法差异很大，若处置不当，不仅不能有效扑灭火灾，反而会使灾情进一步扩大。此外，由于危险泄漏介质本身及其燃烧产物大多具有较强的毒性和腐蚀性，极易造成人员中毒、灼伤。因此，扑救危险泄漏介质火灾是一项极其重要而又非常危险的工作。从事危险泄漏介质生产、使用、储存、运输的人员和抢险救援人员平时应熟悉和掌握泄漏介质的主要危险特性及其相应的灭火措施，并定期进行防火演习，加强紧急事态时的应变能力。

一旦发生火灾，每个岗位的人员都应清楚地知道他们的作用和职责，掌握有关消防设施、人员的疏散程序和危险泄漏介质灭火的特殊要求等内容。

1. 灭火对策

（1）扑救初期火灾。在火灾尚未扩大到不可控制之前，应使用适当的移动式灭火器来控制火灾。迅速关闭火灾部位的上下游阀门，切断进入火灾事故地点的一切物料，然后立即启用现有各种消防设备、器材扑灭初期火灾和控制火源。

（2）对周围设施采取保护措施。为防止火灾危及相邻设施，必须及时采取冷却保护措施，并迅速疏散受火势威胁的物资。有的火灾可能造成易燃液体外流，这时可用沙袋或其他材料筑堤拦截流淌的液体或挖沟导流，将物料导向安全地点。必要时用毛毡、海草帘堵住下水井、阴井口等处，防止火焰蔓延。

（3）火灾扑救。扑救危险化学品火灾绝不可盲目行动，应针对每一类化学品，选择正确的灭火剂和灭火方法。必要时采取带压密封或隔离措施，预防次生灾害扩大。当火势被控制以后，仍然要派人监护，清理现场，消灭余火。

2. 几种特殊危险化学品的火灾扑救注意事项

（1）扑救液化气体类火灾时，切忌盲目扑灭火势，在没有采取带压密封措施的情况下，必须保持稳定燃烧。否则，大量可燃气体泄漏出来与空气混合，遇火源就会发生爆炸，后果将不堪设想。

（2）对于爆炸物品火灾，切忌用沙土盖压，以免增强爆炸物品爆炸时的威力；

扑救爆炸物品堆垛火灾时，水流应采用吊射，避免强力水流直接冲击堆垛，以免堆垛倒塌引起再次爆炸。

（3）对于遇湿易燃物品的火灾，绝对禁止用水、泡沫、酸碱等湿性灭火剂扑救。

（4）氧化剂和有机过氧化物的灭火比较复杂，应针对具体物质进行具体分析。

（5）扑救毒害品和腐蚀品的火灾时，应尽量使用低压水流或雾状水，避免腐蚀品、毒害品溅出；遇酸类或碱类腐蚀品，最好调制相应的中和剂稀释对其进行中和。

（6）易燃固体、自燃物品一般都可用水和泡沫扑救，只要控制住燃烧范围，逐步扑灭即可。但有少数易燃固体、自燃物品的扑救方法比较特殊。如2，4－硝基苯甲醚、二硝基萘、萘等是易升华的易燃固体，受热放出易燃蒸气，能与空气形成爆炸性混合物，尤其在室内，易发生爆燃，在扑救过程中应不时地向燃烧区域及周围喷射雾状水，并消除周围的一切火源。

注意：发生危险化学品火灾时，灭火人员不应单独灭火，出口应始终保持清洁畅通，要选择正确的灭火剂，灭火时还应考虑人员的安全。

危险泄漏介质火灾的扑救应由专业消防人员进行，其他人员不可盲目行动，待消防人员到达后，说明泄漏介质特性，配合扑救。

危险泄漏介质事故的特点是发生突然，扩散迅速，持续时间长，涉及面广。一旦发生危险泄漏介质事故，往往会引起人们的慌乱，若处理不当，会引起二次灾害。因此，各企业应制订和完善危险泄漏介质事故应急救援计划。让每一个职工都知道应急救援方案，并定期进行培训，提高广大职工对付突发性灾害的应变能力，做到遇灾不慌，临阵不乱，正确判断、正确处理，增强人员自我保护意识，减少伤亡。

二、泄漏现场洗消

泄漏事故发生后，事故现场及附近的道路、水源都有可能受到严重污染，若不及时进行洗消，污染会迅速蔓延，造成更大危害。洗消是消除现场残留有毒物质的有效方法。它是利用大量的、清洁的、加温的水，对人员和事故发生地域进行清洗。当发生的灾害事故特别严重，仅使用普通清水无法达到洗消效果时，要使用特殊的洗消剂进行洗消。

1. 泄漏事故现场洗消的作用

（1）洗消能降低事故现场的毒性，减少事故现场的人员伤亡。

(2) 洗消能降低染毒人员的染毒程度，为染毒人员的医疗救治提供宝贵的时间。

(3) 洗消能提高事故现场的能见度，提高危险化学品事故的处置能力。

(4) 洗消能降低事故现场的污染程度，降低处置人员的防护水平，简化危险化学品事故的处置程序。

(5) 洗消能缩小染毒区域，精减警戒人员，便于居民的防护和撤离。

(6) 洗消能消除或降低毒物对环境的污染，最大限度地降低事故损失。

(7) 洗消能使具有火灾爆炸危险的有毒物质失去燃爆性，消除事故现场发生燃烧或爆炸的威胁。

2. 泄漏事故现场洗消的对象

泄漏事故发生后，最有效的消除灾害影响的方法是洗消。其洗消对象包括以下方面：

(1) 带压密封抢险作业人员的洗消。

(2) 染毒群众的洗消。

(3) 染毒地面的洗消。

(4) 染毒空气的洗消。

(5) 染毒水源的洗消。

(6) 染毒衣物的洗消。

(7) 染毒植物的洗消。

(8) 染毒动物的洗消。

(9) 染毒器材装备的洗消和染毒建筑物、构筑物的洗消。

3. 泄漏事故现场洗消的原则

泄漏事故现场洗消必须坚持“因地制宜，积极兼容，快速高效，专业洗消与指导群众自消相结合”的积极洗消原则。

4. 泄漏事故现场洗消的基本方法

泄漏事故现场洗消技术按原理不同可分为物理方法和化学方法两类。

(1) 物理洗消方法

物理洗消方法的实质是毒物的转移或稀释，毒物的化学性质和数量在消毒处理前后并没有发生变化。目前常用的方法有通风、稀释、溶解、收集输转、掩埋隔离等，目的是将染毒体的浓度降低、将泄漏物隔离封闭或清离现场，消除毒物危害。

1) 吸附消毒法。吸附消毒法是利用具有较强吸附能力的物质来吸附化学毒物，如吸附垫、活性白土、活性炭等。吸附消毒法的优点是操作简单、操作方便、适用范围广、吸附剂无刺激性和腐蚀性；其缺点是只适于液体毒物的局部消毒，消毒效率较低。

2）溶洗消毒法。溶洗消毒法是指用棉花、纱布等浸以汽油、酒精、煤油等溶剂，将染毒物表面的毒物溶解擦洗掉。此种消毒方法消耗溶剂较多，消毒不彻底，多用于精密仪器和电器设备的消毒。

3）通风消毒法。通风消毒法适用于局部空间区域或者小范围的消毒，如装置区、库房、车间、下水道、污水井等。根据局部空间区域内蒸气或有毒气体的浓度，可采用强制机械通风或自然通风的消毒方法。采用强制机械通风消毒时，局部空间区域内排出的蒸气或有毒气体不得重新进入局部空间区域；排毒通风口应根据有毒蒸气与空气的密度大小，合理确定排毒口的方位；若排出的毒物具有燃爆性，通风设备必须防爆。

4）机械转移消毒法。机械转移消毒法是采用除去或覆盖染毒层的方法，同时可采用将染毒物密封掩埋或密封移走，使事故现场的毒物浓度得到降低的方法。例如，用推土机铲除并移走染毒的土层，用炉渣、水泥粉、沙土等对染毒地面实施覆盖等。这种方法虽然不能破坏毒物的毒性，但在泄漏事故处置现场至少可在一段时间内，隔离和控制住毒物的扩散，使抢险人员的防护水平得以降低。

5）冲洗消毒法。在采用冲洗消毒法实施消毒时，若在水中加入某些洗涤剂，如肥皂、洗衣粉、洗涤液等，冲洗效果较好。冲洗消毒法的优点是操作简单、使用经济；其缺点是耗水量大，处理不当会使毒剂渗透和扩散，从而扩大染毒区域的范围。

物理洗消方法的实质是通过将毒物的浓度稀释至其最高容许浓度以下，或防止人体接触来减弱或控制毒物的危害，并未使毒物的分子得以破坏。因此，它多用于临时性解决现场的毒物危害问题。染毒现场经物理方法处理后，仍存在毒物再次危害的可能性，如毒物随冲洗的水流流入下水道、河流，或深埋的毒物随雨水渗入地下水源等，会再次造成危害。

（2）化学洗消方法

化学洗消方法是利用化学消毒剂与毒物发生化学反应，改变毒物的分子结构和组成，使毒物转变成无毒或低毒物质，从而达到消毒的目的。常用的化学洗消方法有如下几种：

1）中和消毒法。中和法是利用酸碱中和反应生成水的原理，处理现场泄漏的强酸、强碱或具有酸（碱）性毒物的方法。

酸和碱都可强烈地腐蚀皮肤、设备，且具有较强的刺激性气味，吸入体内能引起呼吸道和肺部的伤害。当有大量强酸泄漏时，可用碱液来中和。如氢氧化钠水溶液、碳酸钠水溶液、氨水、石灰水等实施洗消。如果大量碱性物质发生泄漏时，如氨的泄漏，可用酸性物质中和消毒，如醋酸的水溶液、稀硫酸、稀硝酸、稀盐酸等。氨水本身是一种刺激性物质，用做消毒剂时其浓度不宜超过10%，以免造成氨的伤害。无论是消毒酸还是消毒碱，使用时必须配制成稀的水溶液使用，以免引起新的酸碱伤害，中和消毒完毕，还要用大量的水进行冲洗。

2）氧化还原消毒法。氧化还原消毒法是利用氧化还原反应，将某些具有低化合价元素的有毒物质，氧化成高价态的低毒或无毒物，或将某些具有高化合价元素的有毒物质，还原成低化合价的低毒或无毒物的方法。

例如，磷化氢、硫化氢、硫磷农药、硫醇、含硫磷的某些军事毒剂等低价硫磷化合物，可用氧化剂，如三合二、漂白粉等强氧化剂，迅速将其氧化成高价态的无毒化合物。

3）催化消毒法。催化消毒法是利用催化剂的催化作用，使有毒化学物质加速生成无毒物的化学消毒方法。例如，毒性较大的含磷农药能与水发生水解反应，生成无毒的水解产物，但反应速度很慢，达不到现场洗消的要求。若使用催化剂如碱，可加速此水解反应。因此，洗消某些农药染毒时，可用碱水或碱醇溶液，进行现场的洗消。

4）燃烧消毒法。燃烧消毒法是将具有可燃性的毒物与空气反应使其失去毒性。因此，在对价值不高的物品消毒时可采用燃烧消毒法。但燃烧消毒法是一种不彻底的消毒方法，燃烧时可能会有部分毒物挥发，造成邻近或下风方向空气污染，因此处置危险化学品泄漏事故时必须做好防护前期的准备工作，同时要求洗消人员应采取严格的防护措施。

5）络合消毒法。络合消毒法是利用络合剂与有毒化学物质快速络合，生成无毒的络合物，使原有的毒物失去毒性。此法常用于氯化氢、氨、氢氰酸根的消毒。

5. 泄漏事故现场洗消的方式

（1）固定洗消

固定洗消是一种接受被污染对象前来进行消毒去污的洗消方式。它适宜于消毒对象数量大、消毒任务繁重时采用。采取此方式需要设置洗消站，洗消站一般由人员洗消场和器材装备洗消场两大部分组成，并根据地形条件及洗消站可占用的面积，划定污染区和洁净区，污染区应位于下风方向。

固定洗消站的位置一般应设在便于污染对象到达的非污染地点，并尽可能靠近水源，洗消场地可在应急准备阶段构筑完成。洗消站可按照任务量及洗消对象的情况，全面启动或部分启动。洗消站应在被污染对象进入处设置检查点，确定前来的对象有无洗消的必要或指出洗消的重点部位。

(2) 移动洗消

移动洗消是针对需要紧急处理的人员而采取的消毒方式。一般对泄漏事故现场周围的染毒地面、染毒道路、染毒水源、染毒建筑物、染毒构筑物、染毒空气实施消毒都采用移动洗消。

6. 常用消毒剂简介

(1) 氧化氯化型消毒剂

这类消毒剂适用于低价有毒而高价无毒的化合物的消毒，主要有三合二、氯胺、二氯胺等消毒剂。

1) 三合二消毒剂。三合二消毒剂是指由3摩尔氯酸钙 Ca（ClO）$_2$ 与2摩尔氢氧化钙 Ca（OH）$_2$ 组成的消毒剂，其中 Ca（ClO）$_2$ 为漂白粉。它可配成水乳浊液，或粉状使用。

将其与水调制成1∶1或1∶2的水浆，可用于混凝土表面、木质以及粗糙金属表面的消毒。按1∶5调制的悬浊液，可用于道路、工厂、仓库地面的消毒。

2) 氯胺。氯胺主要有一氯胺和二氯胺。

一氯胺稍溶于酒精和水，其溶液呈混浊状。主要可用于对低价硫毒物进行消毒。用18%～25%的一氯胺水溶液，可对皮肤消毒；用5%～10%的一氯胺酒精溶液，可对器材消毒；用0.1%～0.5%的一氯胺水溶液，可对眼、耳、鼻、口腔消毒。

二氯胺溶于二氯乙烷、酒精，但不溶于水，难溶于汽油、煤油。用10%二氯胺的二氯乙烷溶液，可对金属、木质表面消毒，10～15 min后，再用氨水、水清洗；用5%二氯胺酒精溶液，可对皮肤和服装消毒，10 min后，再用清水冲洗。

(2) 酸碱中和型消毒剂

1) 氢氧化钠。5%～10%的氢氧化钠水溶液，可用于对强酸，如硫酸、硝酸、盐酸泄漏流淌的地面、物体的表面进行消毒。

2) 氨水。市售的10%～25%的氨水，可用于对具有酸性的毒物进行消毒。

3) 碳酸钠或碳酸氢钠。碳酸钠俗称苏打或纯碱，碳酸氢钠俗称小苏打。其水溶液都可用于对皮肤、服装上染有的各种酸进行中和。

(3) 溶剂型消毒剂

1) 水。利用水浸泡、煮沸使有毒物水解而消毒，或利用水的稀释作用而减弱其毒害作用。

2）酒精。可用于溶解某些有毒、有害物，以提高洗消的效果。

3）煤油或汽油。作为溶剂使用，主要用于某些高黏性有毒、有害物的溶解，以便于进一步的消毒处理，提高洗消的效果。

7. 泄漏事故现场洗消工作的实施

（1）对染毒人员的洗消

对染毒人员进行洗消，一般可用大量的、清洁的或加温后的热水进行；如果泄漏毒物的毒性大，仅使用普通清水无法达到洗消效果时，应该使用加入相应消毒剂的水进行洗消。

对皮肤的洗消，可按吸、消、洗的顺序实施。首先用纱布、棉花或纸片等将明显的毒剂液滴轻轻吸掉，然后用细纱布浸渍皮肤消毒液，对染毒部位由外向里进行擦拭，重复消毒2~3次。数分钟后，用纱布或毛巾等浸上干净的温水，将皮肤消毒部位擦净。

对眼睛和面部消毒时，要深呼吸，憋住气，脱掉面具，用水冲洗眼睛。冲洗时应闭嘴，防止液体流入嘴内。对面部和面罩，可将皮肤消毒液浸在纱布上，进行擦拭消毒，然后用干净的温水冲洗干净。

伤口染毒时，必须立即用纱布将伤口内的毒剂液滴吸掉。肢体部位负伤，应在其上端扎上止血带或其他代用品，用皮肤消毒液加数倍水或用大量清水反复冲洗伤口，然后包扎。

人员的洗消需要大量的洁净热水，有条件的单位可通过洗消装置或喷洗装置对人员进行喷淋冲洗。对人员洗消的场所必须密闭，同时要保障大量的热水供应。染毒人员洗消后经检测合格，方可离开洗消站。否则，染毒人员需要重新洗消、检测，直到检测合格。

对人员实施洗消时，应依照伤员、妇幼、老年、青壮年的顺序安排洗消。参战人员在脱去防护服之前，必须进行彻底洗消，经检测合格后方可脱去防护服装。

（2）染毒器材装备洗消

由于不同的器材装备使用的材质不同，因此其染毒程度和洗消方法也有差异。对金属、玻璃等坚硬的材料，毒物不易渗入，只需表面洗消即可；对木质、橡胶、皮革等松软的材料，毒剂容易渗透，需要多次进行洗消。在洗消时，应根据不同的材料，确定消毒液的用量和消毒次数。

对器材装备的局部，若进行擦拭消毒，应按自上而下、从前至后、自外向里，分段逐步的顺序，先吸去明显毒剂液滴，然后用消毒液擦拭2~3次，对人员经常接触的部位及缝隙、沟槽和油垢较多的部位，应用铁丝或细木棍等缠上棉花或布，蘸消毒液擦拭。消毒 10 ~ 15 min 后，用清水冲洗干净，并擦干上油保养。

对染毒器材若采用喷洗或高压冲洗的办法实施洗消，其洗消顺序一般如下：

1）对染毒器材集中实施洗消液的外部喷淋或高压冲洗。

2）用洗消液对染毒器材的内部冲洗。

3）将染毒器材可拆卸的部件拆开，并集中用洗消液喷淋或冲洗。

4）用洁净水冲洗后，检测合格。

5）擦拭干净上油保养，离开洗消场。经检测不合格的器材，应重新洗消。

对忌水性的精密仪器，可用药棉蘸取洗消剂反复擦拭，经检测合格，方可离开洗消场。

8. 泄漏事故现场洗消应用举例

(1) 氯气的洗消

氯气能部分溶于水，与水作用能发生自氧化还原反应而减弱其毒害性。因此，在大量氯气泄漏后，除用通风法驱散现场染毒空气使其浓度降低外，对于较高浓度的泄漏氯气云团，可采取喷雾水直接喷射，使其溶于水中。在水中氯气发生的自氧化还原反应如下：

$$Cl_2 + H_2O \rightleftharpoons HCl + HClO$$

$$HCl \rightarrow H^+ + Cl^-$$

$$HClO \rightleftharpoons H^+ + ClO^-$$

因此，喷雾的水中存在氯气、次氯酸、次氯酸根、氢离子和氯离子。次氯酸和稀盐酸因浓度不高，可视为无害。但是，氯在水中的自氧化还原反应是可逆的，即水中存在次氯酸和稀盐酸会阻止氯气的进一步反应，甚至当溶液的酸性增高到一定程度，还会导致从溶液中产生氯气。由此可见，用喷雾水洗消泄漏的氯气必须大量用水。

为了提高用水洗消的效果，可以采取一定的方法把喷雾水中的酸度减低，以促使氯气的进一步溶解。常用的方法是在喷雾水中加入少量的氨（溶液 pH >9.5），即用稀氨水洗消氯气效果比较好，但是在消毒时，洗消人员应戴防毒面具和穿防护服。

稀氨水既能与盐酸、次氯酸反应，又能直接与氯气反应。这些反应如下：

$$2NH_4OH + 2Cl_2 \rightarrow 2NH_4Cl + 2HClO$$

$$2HClO + 2NH_4OH \rightarrow 2NH_4Cl + 2H_2O + O_2 \uparrow$$

总反应式：

$$4NH_4OH + 2Cl_2 = 4NH_4Cl + 2H_2O + O_2 \uparrow$$

因此，通过上述反应氯气可完全溶于氨水中，并转化为氯化铵、水和氧气。

（2）光气（碳酰氯）的洗消

光气微溶于水，并逐步发生水解，但水解缓慢。根据光气的这种性质，可选用水、碱水如氨水、氨气作为消毒剂。其中氨气或氨水消毒剂能与光气发生迅速的反应，生成无毒的产物，反应如下：

$$4NH_3 + COCl_2 \longrightarrow CO(NH_2)_2 + 2NH_4Cl$$

反应的主要产物是脲和氯化铵。因此，可用浓氨水喷成雾状对光气等酰卤化合物消毒。但是在消毒时，洗消人员应戴防毒面具和穿防护服。

泄漏事故一旦发生，企业和抢险救援人员及消防人员必须立即投入事故的抢险救援中，由于危险化学品泄漏事故具有一定的毒害性，对人员、器材装备和环境均能造成污染，只能通过洗消来消除这种危害，因此，泄漏事故抢险工作中须牢固树立洗消是抢险救援工作中一个必不可少的环节的意识，在处置事故后，必须因地制宜地对染毒体进行洗消，使救援工作做到既消除了灾情，又彻底消除了污染。

三、泄漏物的收集与处理

泄漏事故泄漏物的收集与处理的目的是降低或消除泄漏物对人员及环境的毒害与污染，是泄漏事故抢险工作的重要内容。

参加泄漏事故泄漏物处置的人员佩戴的安全保护用品应符合相关法规和标准的要求，车辆应停于上风方向，消防车、洗消车、洒水车应在保障供水的前提下，从上风方向喷出水花或喷雾水流对泄漏出的有毒、有害气体进行稀释、驱散；对泄漏的液体有毒物质可用沙袋或泥土筑堤拦截，或开挖沟坑导流、蓄积，还可向沟坑内投入中和（消毒）剂，使其与有毒物直接起氧化、氯化作用，从而使有毒物改变性质，成为低毒或无毒的物质。对某些毒性很大的物质还可以在消防车、洗消车、洒水车水罐中加入中和剂水溶液，则驱散、稀释、中和的效果更好。目前常用的泄漏事故泄漏物的收集与处理的方法有围堤与掘槽堵截、稀释与覆盖、收容（集）及废弃。

1．围堤与掘槽堵截

修筑围堤是控制陆地上的液体泄漏物最常用的收容方法。泄漏事故泄漏物为液体时，泄漏到地面上会四处蔓延扩散，难以收集处理。为此需要筑堤堵截或者引流到安全地点。对于储罐区发生液体泄漏时，要及时关闭雨水阀，防止物料沿明沟外流。

（1）围堤结构设计

常用的围堤有环形、直线形、V 形等。通常根据泄漏物流动情况修筑围堤拦截泄漏物。如果泄漏发生在平地上，则在泄漏点的周围修筑环形堤。如果泄漏发生在斜坡上，则在泄漏物流动的下方修筑 V 形堤。

（2）围堤地点选择

利用围堤拦截泄漏物的关键除了泄漏物本身的特性外，就是确定修筑围堤的地点，这个点既要离泄漏点足够远，保证有足够的时间在泄漏物到达前修好围堤，又要避免离泄漏点太远，使污染区域扩大，带来更大的损失。如果泄漏物是易燃物，操作时要特别注意，避免发生火灾。

（3）掘槽收集泄漏物

挖掘沟槽是控制陆地上的液体泄漏物最常用的收容方法。

通常根据泄漏物的流动情况挖掘沟槽收容泄漏物。如果泄漏物沿一个方向流动，则在其流动的下方挖掘沟槽。如果泄漏物是四散而流，则在泄漏点周围挖掘环形沟槽。

挖掘沟槽收容泄漏物的关键除了泄漏物本身的特性外，就是确定挖掘沟槽的地点。这个点既要离泄漏点足够远，保证有足够的时间在泄漏物到达前挖好沟槽，又要避免离泄漏点太远，使污染区域扩大，带来更大的损失。如果泄漏物是易燃物，操作时要特别小心，避免发生火灾。

（4）修筑水坝拦截泄漏物

修筑水坝是控制小河流上的水体泄漏物最常用的拦截方法。通常在泄漏点下游的某一点横穿河床修筑水坝拦截泄漏物，拦截点的水深不能超过 10 m。坝的高度因泄漏物的性质不同而不同。对于溶于水的泄漏物，修筑的水坝必须能收容整个水体；对于在水中下沉而又不溶于水的泄漏物，只要能把泄漏物限制在坝底就可以，未被污染的水则从坝顶溢流通过；对于不溶于水的漂浮性泄漏物，以一边河床为基点修筑大半截坝，坝上横穿河床放置管子将出液端提升至与进液端相当的高度，这样泄漏物被拦截，未被污染的水则从河床底部流过。修筑水坝受许多因素的影响，如河流宽度、水深、水的流速、材料等，特别是客观地理条件，有时限制了水坝的使用。

（5）使用土壤密封剂避免泥土和地下水污染

使用土壤密封剂的目的是避免液体泄漏物渗入土壤中污染泥土和地下水。一般泄漏发生后，迅速在泄漏物要经过的地方使用土壤密封剂，防止泄漏物渗入土壤中。土壤密封剂既可单独使用，也可以和围堤或沟槽配合使用，既可直接撒在地面上，也可带压注入地面下。

2. 稀释与覆盖

稀释与覆盖是向有害物泄漏物蒸气云喷射雾状水，加速气体向高空扩散。对于可燃物泄漏，也可以在现场施放大量水蒸气或氮气，破坏燃烧条件。对于液体泄漏，为降低泄漏物料在大气中的蒸发速度，可用泡沫或其他覆盖物覆盖外泄的物料，在其表面形成覆盖层，抑制其蒸发，或者采用低温冷却来降低泄漏物的蒸发。

（1）稀释

最常用的稀释方法是采用消防水。稀释作业时，应采用喷雾水枪，并在泄漏点附近形成封闭水幕，使其在安全地带扩散，起到稀释泄漏介质、驱散泄漏介质和降低泄漏介质毒性的目的，同时还可避免明火进入泄漏点爆炸极限区域。

喷水雾可有效地降低大气中的水溶性有害气体和蒸气的浓度，是控制有害气体和蒸气最有效的方法。对于不溶于水的有害气体和蒸气，也可以喷水雾驱赶，保护泄漏区内人员和泄漏区域附近的居民免受有害蒸气的致命伤害。喷水雾还可用于冷却破裂的容器和冲洗泄漏污染区内的泄漏物。使用此法时，将产生大量的被污染水。为了避免污染水流入附近的河流、下水道，喷水雾的同时必须修筑围堤或挖掘沟槽收容产生的大量污水，污水必须予以处理或作适当处置。

目前我国的公共泄漏事故应急稀释工作主要由公安消防部队来完成。

（2）泡沫覆盖

使用泡沫覆盖可以阻止泄漏物的挥发，降低泄漏物对大气的危害和泄漏物的燃烧性。泡沫覆盖必须和其他的收容措施如围堤、沟槽等配合使用。通常泡沫覆盖只适用于陆地泄漏物。

（3）低温冷却

低温冷却是将冷冻剂散布于整个化学泄漏物的表面上，减少有害泄漏物的挥发。在许多情况下，冷冻剂不仅能降低有害泄漏物的蒸气压，而且能通过冷冻将泄漏物固定住。

影响低温冷却效果的因素有冷冻剂的供应、泄漏物的物理特性及环境因素。

冷冻剂的供应将直接影响冷却效果。喷洒出的冷冻剂不可避免地要向可能的扩散区域分散，并且速度很快。整体挥发速率的降低与冷却效果成正比。

泄漏物的物理特性（如当时温度下泄漏物的黏度、蒸气压及挥发率）对冷却效果的影响与其他影响因素相比很小，通常可以忽略不计。

3. 收容（集）

对于重大危险化学品泄漏事故的泄漏，可选择用隔膜泵将泄漏出的物料抽入容器内或槽车内；当泄漏量小时，可用沙子、吸附材料、中和材料等吸收中和。或者用固化法处理泄漏物。

（1）固化法处理泄漏物

通过加入能与泄漏物发生化学反应的固化剂或稳定剂使泄漏物转化成稳定形式，以便于处理、运输和处置。有的泄漏物变成稳定形式后，由原来的有害变成了无害，可原地堆放不需进一步处理；有的泄漏物变成稳定形式后仍然有害，必须运至废物处理场所进一步处理或在专用废弃场所掩埋。常用的固化剂有水泥、凝胶、石灰等。

（2）吸附法处理泄漏物

所有的陆地泄漏和某些有机物的水中泄漏都可用吸附法处理。吸附法处理泄漏物的关键是选择合适的吸附剂。常用的吸附剂有活性炭、天然有机吸附剂、天然无机吸附剂、合成吸附剂。

1）活性炭。活性炭是从水中除去不溶性漂浮物（有机物、某些无机物）最有效的吸附剂。

活性炭是由各种含碳物质如木头、煤、渣油、石油焦等碳化后，再经活化制得的，有颗粒状和粉状两种形状。清除水中泄漏物用的是颗粒状活性炭。被吸附的泄漏物可以通过解吸再生回收使用，解吸后的活性炭可以重复使用。

影响吸附效率的关键因素是被吸附物分子的大小和极性。吸附速率随着温度的上升和污染物浓度的下降而降低。所以必须通过试验来确定吸附某一物质所需的含碳量。试验应模拟泄漏发生时的条件进行。

活性炭是无毒物质，除非大量使用，一般不会对人或水中的生物产生危害。由于活性炭易得而且实用，所以它是目前处理水中低浓度泄漏物最常用的吸附剂。

2）天然有机吸附剂。天然有机吸附剂由天然产品如木纤维、玉米秆、稻草、木屑、树皮、花生皮等纤维素和橡胶组成，可以从水中除去油类和与油相似的有机物。

天然有机吸附剂具有价廉、无毒、易得等优点，但再生困难又成为一大缺陷。

天然有机吸附剂的使用受环境条件如刮风、降雨、降雪、水流流速、波浪等的影响。在此条件下，不能使用粒状吸附剂。粒状吸附剂只能用来处理陆上泄漏和相对无干扰的水中不溶性漂浮物。

3）天然无机吸附剂。天然无机吸附剂是由天然无机材料制成的，常用的天然无机材料有黏土、珍珠岩、蛭石、膨胀页岩和天然沸石。根据制作材料分为矿物吸附剂（如珍珠岩）和黏土类吸附剂（如沸石）。

矿物吸附剂可用来吸附各种类型的烃、酸及其衍生物、醇、醛、酮、酯和硝基化合物；黏土类吸附剂能吸附分子或离子，并且能有选择地吸附不同大小的分子或不同极性的离子。黏土类吸附剂只适用于陆地泄漏物，对于水体泄漏物，只能清除酚。由天然无机材料制成的吸附剂主要是粒状的，其使用受刮风、降雨、降雪等自然条件的影响。

4）合成吸附剂。合成吸附剂是专门为纯的有机液体研制的，能有效地清除陆地泄漏物和水体的不溶性漂浮物。对于有极性且在水中能溶解或能与水互溶的物质，不能使用合成吸附剂清除。能再生是合成吸附剂的一大优点。常用的合成吸附剂有聚氨酯、聚丙烯和有大量网眼的树脂。

（4）用抽取法清除泄漏物

用抽取法可清除陆地上的液体泄漏物、水中的固体和液体泄漏物。如果泵能快速布置好，则任何溶性、不溶性漂浮物都可用抽取法清除。对于水中的不溶性漂浮物，抽取是最常用的方法。抽取法使用的设备是泵。当使用真空泵时，要清除的有害物液位垂直高度（即压头）不能超过 11 m。多级离心泵或变容泵在任何液位下都能使用。抽取设备与有害物必须相容。

（5）设置表面水栅收容泄漏物

表面水栅可用来收容水体的不溶性漂浮物。通常充满吸附材料的表面水栅设置在水体的下游或下风向处，当泄漏物流至或被风吹至时将其捕获。当泄漏区域较大时，可以用小船拖拽多个首尾相接的水栅或用钩子钩在一起组成一个大栅栏拦截泄漏物。为了提高收容效率，一般设置多层水栅。使用表面水栅收容泄漏物的效率取决于污染液流、风及波浪。如果液流流速大于 1 海里/小时、浪高大于 1 m，使用表面水栅无效。使用表面水栅的关键是栅栏材质必须与泄漏物相容。

（6）设置密封水栅收容泄漏物

密封水栅可用来收容水体的溶性、沉降性泄漏物，也可以用来控制因挖掘作业而引起的混浊。密封水栅结构与表面水栅相同，但能将整个水体限制在栅栏区域。密封水栅只适用于底部为平面、液流流速不大于 2 海里/小时、水深不超过 8 m 的场合。密封栅栏的材质必须与泄漏物相容。

（7）中和泄漏物

中和即酸和碱的相互反应，反应产物是水和盐，有时是二氧化碳气体。现场应用中和法要求最终 pH 值控制在 6 ~ 9，反应期间必须监测 pH 值变化。

只有酸性有害物和碱性有害物才能用中和法处理。对于泄入水体的酸、碱或泄入水体后能生成酸、碱的物质，也可考虑用中和法处埋。对十陆地泄漏物，如果反应能控制，常用强酸、强碱中和，这样比较经济；对于水体泄漏物，建议使用弱酸、弱碱中和。

常用的弱酸有醋酸、磷酸二氢钠，有时可用气态二氧化碳。磷酸二氢钠几乎能用于所有的碱泄漏，当氨泄入水中时，可以用气态二氧化碳处理。

常用的强碱有碳酸氢钠水溶液、碳酸钠水溶液、氢氧化钠水溶液。这些物质也可用来中和泄漏的氯。有时也用石灰、固体碳酸钠、苏打灰中和酸性泄漏物。常用的弱碱有碳酸氢钠、碳酸钠和碳酸钙。碳酸氢钠是缓冲盐，即使过量，反应后的pH值只是8.3。碳酸钠溶于水后，碱性和氢氧化钠一样强，若过量，pH值可达11.4。碳酸钙与酸的反应速度虽然比钠盐慢，但因其不向环境加入任何毒性元素，反应后的最终pH值总是低于9.4而被广泛采用。

4. 废弃

将收集的泄漏物运至废物处理场所处置。用消防水冲洗剩余的少量物料，冲洗水排入污水系统进行处理。

采用废弃法处置泄漏事故泄漏物时，严禁将没有达到现行国家水污染物（浓度）排放标准和工业废水毒性排放标准的泄漏物向江、河、湖、海等直接排放。

5. 泄漏物处置举例

(1) 爆炸品泄漏物的处置

由于爆炸品分子结构含有爆炸性基团，受摩擦、撞击、振动、高温等外界因素诱发，极容易发生爆炸，遇明火则更危险。因此，发生爆炸品泄漏时，抢险处理人员戴自给式呼吸器，穿消防防护服，切断火源。不要直接接触泄漏物，避免振动、撞击和摩擦。小量泄漏时，使用无火花工具收集于干燥、洁净、有盖的容器中，在专家的指导下，运至空旷处引爆。大量泄漏时，必须与有关技术部门联系，确定清除方法。

(2) 压缩气体和液化气体泄漏物的处置

压缩气体和液化气体与空气混合能形成爆炸性混合物，遇火星、高温有燃烧爆炸危险。根据压缩气体和液化气体的理化性质，当压缩气体和液化气体泄漏时，应采取以下措施：

1）易燃气体泄漏时，灭火人员穿消防防护服，切断火源和泄漏气源。并向易燃气体喷射雾状水，加速气体向高空扩散。构筑围堤或挖坑收容产生的废水，并排入污水处理系统。

2）不燃气体泄漏时，抢险人员戴正压自给式呼吸器，穿一般工作服，切断泄漏气源，合理通风，加速扩散。

3）有毒气体泄漏时，抢险人员戴隔离式防毒面具，穿完全隔离的化学防护服，切断泄漏气源。用工业覆盖层（石棉布等）盖住泄漏点附近的下水道等地方，设法封闭下水道，防止有毒气体进入。向有毒气体喷射雾状水，稀释、溶解泄漏气体，构筑围堤或挖坑收容产生的废水，用防爆泵转移至专用收集器内，请环保部门进行无害化处置。

（3）易燃液体泄漏物的处置

易燃液体的主要特性是具有高度易燃性，因此当易燃液体泄漏时，抢险处理人员戴正压自给式呼吸器，穿消防防护服，切断火源和泄漏源。小量泄漏时，用沙土或其他材料吸附或吸收，收集于干燥、洁净、有盖的容器中回收运至废物处理场处置。污染地面用肥皂或洗涤剂刷洗，洗液经稀释后排入废水处理系统。大量泄漏时，用泡沫覆盖泄漏物，抑制其蒸发，用沙土构筑围堤或挖坑收容泄漏物，用防爆泵转移至槽车或专用容器内，请环保部门进行无害化处置。

（4）易燃固体、自燃物品和遇湿易燃物品泄漏物的处置

1）易燃固体和自燃物品燃点低，对热、撞击、摩擦敏感，易被外部火源点燃，燃烧迅速。因此，当易燃固体和自燃物品泄漏时，灭火处理人员戴自给式呼吸器，穿一般消防防护服，切断火源。小量泄漏时，用沙土或泥土覆盖泄漏物，用无火花工具收集于洁净、有盖的塑料桶中，运至废物处理场所处置。大量泄漏时，用塑料布、帆布覆盖泄漏物，减少飞散。也可以在泄漏现场施放大量水蒸气或氮气，破坏燃烧条件，使用无火花工具回收泄漏物，请环保部门进行无害化处置。

2）遇湿易燃物品遇水或潮湿时，发生剧烈化学反应，产生可燃气体和热量，有时即使没有明火也能自动着火或爆炸。因此，这类物品发生泄漏时，严禁受潮或遇水。灭火处理人员戴正压自给式呼吸器，穿消防防护服，切断火源。用水泥、干沙和蛭石等覆盖泄漏物，使用无火花工具收集于干燥、洁净、有盖的容器中，请环保部门进行无害化处置。当泄漏的遇湿易燃物品发生着火、燃烧时，禁止用水、泡沫、酸碱灭火器等湿性灭火剂扑救。

（5）氧化剂和有机过氧化物泄漏物的处置

氧化剂和有机过氧化物极易分解，对热、振动或摩擦极为敏感，遇易燃物品、可燃物品、有机物、还原剂等会发生剧烈化学反应而引起爆炸。这类物品泄漏时，勿使泄漏物与有机物、还原剂、易燃物接触。抢险处理人员戴正压自给式呼吸器，穿化学防护服。当泄漏物为固体时，用塑料布、帆布覆盖，减少飞散，使用无火花工具回收运至废物处理场所处置。泄漏物为液体时，小量泄漏，用沙土、蛭石或其他惰性材料吸收，也可以用大量水冲洗，洗水经稀释后排入废水处理系统。大量泄漏时，向泄漏物喷射雾状水，构筑围堤或挖坑收容产生的废水，用泵转移至槽车运

至废物处理场所处置。

（6）有毒品泄漏的处置

有毒品的主要危险特性是具有毒性。少量进入人、畜体内即能引起中毒，不但口服会中毒，吸入其蒸气也会中毒，有的还能通过皮肤吸收引起中毒。因此，有毒品泄漏时，抢险人员应戴隔离式防毒面具，穿完全隔离的化学防护服，要做到合理通风，不要直接接触泄漏物。如金属氰化物毒害品泄漏时，防止露置在空气中，用塑料布、帆布覆盖泄漏物，减少飞散，使用洁净的铲子收集于干燥、洁净、有盖的容器中回收运至废物处理场所处置。如非金属卤化物有毒品泄漏时，防止遇水和阳光直射，避免振动、撞击和摩擦。少量泄漏时，用沙土或其他不燃材料吸收。大量泄漏时，构筑围堤或挖坑收容泄漏物，运至废物处理场所处置。

（7）放射性物品泄漏物的处置

放射性物品能放射出人类肉眼看不见但却能严重损害人类生命和健康的α、β、γ射线和中子流的特殊物品。这类物品泄漏时，应迅速隔离泄漏区，并采取特殊的能防护射线照射的措施。检测人员携带放射性测试仪器进行不间断巡回测试辐射（剂）量和范围。在辐射量大于0.038 7 C/kg的区域应设“危及生命、禁止进入”的文字说明的警告标志，在辐射量小于0.038 7 C/kg的区域应设“辐射危险、请勿接近”的警告标志。

对包装没有破坏的放射性物品，抢险人员要佩戴防护装备，在水枪的掩护下，设法转移。无法转移的应就地冷却保护，防止造成新的破坏和增加辐射（剂）量。

（8）腐蚀品泄漏物的处置

1）酸性腐蚀品泄漏时，灭火处理人员戴好防毒面具，穿化学防护服。不要直接接触泄漏物，禁止向泄漏物直接喷水，更不要让水进入包装容器内。如泄漏物为无机酸，小量泄漏时，用沙土、干燥石灰或苏打灰混合，然后收集运至废物处理场所处置。也可以用大量水冲洗，洗水经稀释后排入废水处理系统。大量泄漏时，利用围堤收容，然后收集、转移、回收或无害化处理。如泄漏物为有机酸时，应切断火源，其他处置方法与无机酸类似。

2）碱性腐蚀品泄漏时，抢险处理人员应戴好防毒面具，穿化学防护服。如泄漏物为固体状无机碱：用清洁的铲子收集于干燥洁净有盖的容器内回收或由环保部门进行无害化处置。如泄漏物为液状脂肪胺时，切断火源，用泡沫覆盖泄漏物，降低蒸气灾害，构筑围堤收容，回收或运至废物处理场所处置。

3）其他腐蚀品泄漏时，抢险人员应戴防毒面具和正压自给式呼吸器，穿化学防护服。如泄漏物为液体时，小量泄漏时，用大量水冲洗，洗水经稀释后排入废水处理系统。大量泄漏时，喷射雾状水会减少蒸发，构筑围堤或挖坑收容产生的废水，由环保部门进行无害化处置。如泄漏物为固体时，不要直接接触泄漏物，应使用洁净的铲子收集于干燥、洁净、有盖的容器中回收运至废物处理场所处置。

（9）粗苯槽车泄漏物处置案例

2006 年 1 月 21 日，一辆装有 8 t 粗苯的运输车辆行驶到事故地点时，车辆左后轮减振钢板断裂，致使车辆发生侧翻。经对现场初步勘察，车内 8 t 粗苯尚存 5 t，泄漏约 3 t。苯泄漏后，最先赶到的消防人员，未采取任何措施直接用水冲洗路面，导致苯污染范围扩大。流出的粗苯随消防冲洗水造成的污染区域有以下方面：

1）路基护坡及周围土壤（范围约为东西 15 m，南北 30 m，面积为 450 m^2）。

2）距事故地点以南 30 m 处道桥涵洞（跨径 4 m、净高 3 m）内有农民浇地用井一眼，1 月 22 日现场监测结果显示，涵洞内井水表面苯浓度 37 mg/L，土壤污染对比分析，明显高于深层和污染地点 1 000 m 外土壤。事故现场周围约 1 000 m 内无村庄、河流及饮用水源；事故未造成人员伤亡。此次事故被定为四级突发环境污染事件。

1 月 22 日起在限定区域内对污染土壤（受污染区表层 30 cm 的上地）进行翻动焚烧，焚烧后送西山水泥厂在回转窑内进行处理，并对大气、井水及土壤进行采样分析；从 1 月 23 日起，抽取涵洞内受污染井水（0#井）运往污水处理厂处理，当井水中苯含量降到 4. 9 mg/L 时，开始焚烧涵洞内剩余污物，并开始投放活性炭。处理期间，共拉运井水 139 t，清运污土 180 t，投放活性炭 125 kg。监测部门对污染地区空气经多日连续监测均未超标，表明污染事故未对大气环境造成影响。

6. 泄漏事故消防抢险中应注意事项

（1）消防人员的安全防护注意事项

1）进入现场人员必须配备必要的个人防护器具，如呼吸器、工作服、工作帽、手套、工作鞋、安全绳等。

2）进入警戒区的抢险人员要精干，消防人员要在自我防护的情况下进入警戒区。

3）进入污染区必须穿着隔绝式防化服，佩戴空气呼吸器。防化服内手套、面罩等部位，着装前要先涂上滑石粉，以保证皮肤干燥。

4）抢险人员在救援行动中，随时注意现场风向的变化，要从上风或侧上风方向开始，并用喷雾水枪进行掩护。

5）抢险现场使用的外佩戴空气呼吸器不能交叉使用，以免发生交叉感染。

（2）消防人员进入污染区的注意事项

1）消防人员进入污染区前，必须戴好防毒面罩和穿好防护服。

2）执行救援任务时，应以2~3人为一组，集体行动，互相照应。

3）带好通信联系工具，随时保持通信联系。

（3）消防抢险救援中的注意事项

1）泄漏事故抢险作业中，要坚持“救人第一”的原则，对受害者要采取正确的营救措施。同时，也要对现场营救进行客观评估，避免不必要的伤亡。

2）坚持统一指挥，严格按照泄漏事故抢险程序展开。抢险和消防车辆应停靠在上风或侧上风方向，从上风和侧上风方向展开抢险。

3）进行带压密封抢险时，尽可能地和事故单位的自救队或技术人员协同作战，以便熟悉现场情况和生产工艺，有利于带压密封工作的实施。

4）消防抢险救援所用的工具应选用防爆器具。

5）抢险救援过程的后勤保障必须健全，要有足够的氧气（空气）供应。药剂、器材、保暖、饮食等方面供应要充足。

（4）泄漏处理注意事项

1）化学泄漏物是易燃易爆介质时，应严禁明火，抢险人员要穿着防静电防护服，应扑灭任何明火及任何其他形式的热源和火源，以降低发生火灾爆炸危险性。

2）化学泄漏事故发生时，除受过特别训练的人员外，其他任何人不得试图清除泄漏物。

3）对不明化学泄漏介质，必须取样进行化验，不能凭经验想当然地来确定。

4）发生化学泄漏污染时，消防人员到场要视情况通知化学专家到场参与处置。

5）对泄漏进行处置时，要采取措施防止其流入下水道及江河之中。

第9节　环境与职业健康相关知识

一、作业环境与职业健康概述

1. 基本概念

（1）作业环境

作业环境是指员工从事生产劳动的场所，包括生产工艺、设备、材料、工位器具、操作空间、操作体位、操作程序、劳动组织、气象条件等。作业环境管理最基本的任务是使作业环境保持整洁有序，消除职业危害因素，防止职业病发生，因此，其管理的核心内容是如何改善作业环境条件，如何预防职业病。

（2）职业健康

职业健康又称职业卫生。职业健康工作是保护职工在生产劳动过程中免受职业危害为目的的工作领域，首要任务是识别和控制不良的作业环境、强化对员工的职业健康检查和保护措施，从而保护劳动者的健康与安全。

2. 职业危害因素

职业危害因素也称职业病危害因素，是指生产作业环境中存在的、可能使作业人员某些器官和系统发生异常改变、形成急性或慢性病变的因素。不同作业环境所存在的职业危害因素的类型不完全相同，但可归纳为以下三大类：

（1）化学性因素

1）生产性粉尘。包括矽尘、煤尘、有机粉尘等。作业人员长期在超过国家规定的最高容许浓度条件下作业，加上其他因素的影响，就有可能发生尘肺病。粉尘中的主要危害化学因素为游离二氧化硅、硅酸盐等。

2）生产性毒物。生产性化学毒物可引起急、慢性职业中毒。作业人员可能接触到的生产性毒物类型很多，取决于实际生产条件。常见的生产性毒物有氮氧化物、硫化氢、一氧化碳等窒息性气体；氟、氯、溴、二氧化硫等刺激性气体；正己烷、苯、三氯乙烯、二氯乙烷等有机溶剂；铅、汞、砷等金属毒物和类金属毒物。

（2）物理性因素

1）不良的气象条件。生产场所的气温、气湿、气流及热辐射构成了生产环境的气象条件。在强烈热辐射、高气温、气湿等不良气象条件下作业，可能引起中暑。而在寒冷气候条件下工作，不仅会引起冻伤，还会增加感冒、气管炎和心血管病等的发病率。

2）电离辐射与非电离辐射。电磁辐射按其生物学作用的不同可分为电离辐射与非电离辐射。电离辐射是指引起物质原子电离的射线或微粒子，如α、β、γ射线和中子等，可引起生物分子结构的破坏。而非电离辐射引起的伤害是灼效应，如紫外线、红外线、高频电磁场、无线电波电磁场等。高频和无线电波电磁场对人体的作用主要由电磁场能量所转化的热量对人体器官造成伤害。高频电磁场和短波电磁场主要是引起中枢神经失调，表现为神经衰弱的症候群。强烈的红外线、可见光和紫外线可引起职业性眼病。

3）噪声和振动。在生产过程中，噪声和振动通常同时存在。噪声对人体的危害是多方面的，主要是损害听觉，可引起职业性耳聋。振动也影响人体健康，可以引起振动病，振动的频率和振幅大小是决定振动对人身健康危害大小的主要因素。噪声和振动还可引起中枢和植物神经系统机能紊乱，主要表现为头痛、头晕、失眠、注意力分散、反应迟钝等神经衰弱症状，常影响人们的工作能力和工作效率。

4）高气压与低气压。当人体从正常大气压状态进入气压降低或升高的状态时，由于人体内部压力与周围气压的压差变化或由于周围气压降低导致氧气含量降低，将引起人体生理系统功能的一系列变化，严重时可引起病变，如高山病、潜水病等。

二、常见的有害作业工种

1. 矽尘作业

如铸造生产中的配砂（包括筛砂、送砂、混砂、旧砂再生等）、造型、浇注、修炉、清砂（包括落砂、拆箱、清理、喷丸、喷砂、滚筒清理）、浇口打磨、吹扫；电瓷生产中的原料制作（包括破碎、精碎、球磨、切割、研磨）；磨具磨料生产中的粉碎、筛分、成型。

2. 非矽粉尘作业

如铸件高速粗车、粗铣、砂轮切割钢材、砂轮打磨、工具磨、平面干磨、板材磨锈、焊缝打磨、粉末冶金制粉；焊接、木加工、煤输送、玻璃纤维编制、石棉制品加工、焊条制作、橡胶混炼、塑料加工等。

3. 有毒作业

如油漆涂覆（调漆、喷漆、刷漆、浸漆、漆包线涂覆、硅钢片涂覆、粉末喷涂、电泳涂漆、电机电器绝缘制作）中的苯作业；温度计、气压计等仪器、仪表的汞作业；压力容器焊接中的锰作业；蓄电池制作中的铅作业；以煤为燃料的工业炉窑、煤气发生炉、煤气加热炉的一氧化碳作业；冲天炉、燃煤炉的二氧化硫作业；电镀及热处理的氰化物作业；电器制作的三氯联苯作业、聚塑及塑缆制作的氯乙烯作业；表面处理及电缆挤塑的氯化氢作业、电碳及电缆制作的沥青作业，此外还有强酸、强碱及汽油等有机物作业。

4. 物理因素作业

如工业炉窑的高温作业；压缩机（空压、氨压、透平）、鼓风机（罗茨风机、离心及透平高压风机）、柴油机、风动工具、吹扫喷嘴等空气动力噪声源作业，电磁辐射、高频作业等。

三、厂区环境

厂区环境与安全生产、职业健康关系十分密切。厂区环境中的道路、照明、消防等因素直接影响到事故的发生和事故损失的降低，而厂区环境中的厂容和厂貌等因素直接影响到职业健康和职业病的发生。

四、作业环境与职业健康管理

1. 职业危害作业人员定期体检

（1）职业健康检查应当根据所接触的职业危害因素类别，按《职业健康检查项目及周期》的规定确定检查项目和检查周期。需复查时可根据复查要求相应增加检查项目。

（2）职业健康检查应当填写《职业健康检查表》，从事放射性作业劳动者的健康检查应当填写《放射工作人员健康检查表》。未作规定的，按所在省、自治区、直辖市政府卫生行政部门确定的职业性健康检查的项目和检查的周期执行。需复查时可根据复查要求相应增加检查项目。

（3）对遭受或可能遭受急性职业病危害的人员均得到及时健康检查和医学观察。

2. 健康监护档案

（1）职业危害作业员工健康档案齐全，并妥善保管。

（2）定期对职业危害作业员工健康档案进行分析，包含职业危害作业员工的分布情况、重点部位、发展趋势等内容，从而有针对性地制定措施和对策。

（3）禁忌证范围原则上按照下列的病症清单掌握，职业禁忌证诊断由体检机构决定。主要职业危害作业的禁忌证如下：

1）粉尘职业禁忌证（12种尘肺范围）：活动性肺结核、慢性肺部疾病、严重的慢性上呼吸道或支气管疾病、显著影响肺功能的胸膜（胸廓）疾病、严重的心血管系统疾病。

2）苯职业禁忌证：就业前体检时血象指数低于或接近正常值下限者、各种血液病、严重的全身皮肤病、月经过多或功能性子宫出血。

3）铅职业禁忌证：明显贫血，神经系统器质性疾病，明显的肝、肾疾病，妊娠和哺乳期妇女。

4）锰职业禁忌证：神经系统器质性疾病、明显的神经官能症、各种精神病、明显的内分泌疾病。

5）铬酸（酐、盐）职业禁忌证：严重的慢性鼻炎、副鼻窦炎、萎缩性鼻炎和明显的鼻中隔弯曲、严重的湿症和皮炎。

6）氟职业禁忌证：地方性氟病，骨关节疾病（如类风湿性关节炎、强直性脊柱炎、骨关节病、骨关节畸形等），明显的心血管、肝、肾疾病，明显的呼吸疾病。

7）高温作业禁忌证：高血压、心脏疾病、心率增快（有心动过速史并有3次以上心率≥120次/min的病史）、糖尿病、甲状腺功能亢进、严重的大面积皮肤病。

8）噪声职业禁忌证：耳部疾病、高血压、心脏疾患、严重的神经衰弱、神经精神疾患、内分泌疾患。

思考题

1. 什么是个人防护用品？
2. 高处作业的定义是什么？高处作业分为几级？
3. 什么是过敏？过敏分为几种？
4. 化学介质泄漏事故现场急救基本原则是什么？
5. 化学介质泄漏事故现场自救的定义是什么？自救的基本方法有哪些？
6. 防爆工具的定义是什么？为什么要用铜合金来做防爆工具？
7. 什么叫动火？动火分为几级？
8. 作业环境和职业健康的定义是什么？

第7章

相关法律、法规和标准知识

第1节 《中华人民共和国劳动法》相关知识

、制定《中华人民共和国劳动法》的目的

为了保护劳动者的合法权益，调整劳动关系，建立和维护适应社会主义市场经济的劳动制度，促进经济发展和社会进步，根据宪法，制定《中华人民共和国劳动法》，在中华人民共和国境内的企业、个体经济组织（以下统称用人单位）和与之形成劳动关系的劳动者，适用《中华人民共和国劳动法》。

劳动者享有平等就业和选择职业的权利、取得劳动报酬的权利、休息休假的权利、获得劳动安全卫生保护的权利、接受职业技能培训的权利、享受社会保险和福利的权利、提请劳动争议处理的权利以及法律规定的其他劳动权利。

劳动者应当完成劳动任务，提高职业技能，执行劳动安全卫生规程，遵守劳动纪律和职业道德。

用人单位应当依法建立和完善规章制度，保障劳动者享有劳动权利和履行劳动义务。

二、《中华人民共和国劳动法》简介

《中华人民共和国劳动法》是在1994年7月5日第八届全国人民代表大会常务委员会第八次会议通过并由中华人民共和国主席令发布的关于劳动的法律条文。《中华人民共和国劳动法》自1995年1月1日起施行。新劳动法共13章107条，

包括：总则、促进就业、劳动合同和集体合同、工作时间和休息休假、工资、劳动安全卫生、女职工和未成年工特殊保护、职业培训、社会保险和福利、劳动争议、监督检查、法律责任、附则。

1. 劳动法的定义

指调整劳动关系以及与劳动关系有密切联系的其他社会关系的法律。

2. 劳动法的核心内容

调整劳动关系。

3. 劳动法所调整的劳动关系的特点

（1）劳动关系发生的原因是实现劳动的过程，即劳动者要直接参加某种生产物品或提供服务的过程。

（2）劳动关系是在用人单位录用了劳动者，使劳动者与劳动过程有了联系之后才发生的。

（3）劳动关系是由职业的、有偿的劳动而发生的关系，非职业的劳动、无偿的劳动、义务的劳动所发生的关系都不由劳动法调整。

第 2 节 《中华人民共和国劳动合同法》相关知识

一、制定《中华人民共和国劳动合同法》的目的

为了完善劳动合同制度，明确劳动合同双方当事人的权利和义务，保护劳动者的合法权益，构建和发展和谐稳定的劳动关系，制定《中华人民共和国劳动合同法》，中华人民共和国境内的企业、个体经济组织、民办非企业单位等组织（以下称用人单位）与劳动者建立劳动关系，订立、履行、变更、解除或者终止劳动合同，适用《中华人民共和国劳动合同法》。国家机关、事业单位、社会团体和与其建立劳动关系的劳动者，订立、履行、变更、解除或者终止劳动合同，依照《中华人民共和国劳动合同法》执行。

二、《中华人民共和国劳动合同法》简介

《中华人民共和国劳动合同法》是在 2007 年 6 月 29 日第十届全国人民代表大

会常务委员会第二十八次会议通过并由中华人民共和国主席令发布的关于劳动合同的法律条文。《中华人民共和国劳动合同法》自 2008 年 1 月 1 日起施行。新劳动法共 8 章 98 条，包括：总则、劳动合同的订立、劳动合同的履行和变更、劳动合同的解除和终止、特别规定、监督检查、法律责任和附则。

劳动合同法是规范劳动关系的一部重要法律，在中国特色社会主义法律体系中属于社会法。劳动合同在明确劳动合同双方当事人的权利和义务的前提下，重在对劳动者合法权益的保护，为构建与发展和谐稳定的劳动关系提供法律保障。劳动合同法的颁布实施有着深远的意义。

这部法律在制定过程中经过广泛听取、认真吸收社会各方面的意见，合理地规范了劳动关系，是民主立法、科学立法的又一典范，为构建与发展和谐稳定的劳动关系提供了法律保障，必将对我国经济社会生活产生深远影响。

1. 关于立法宗旨

完善劳动合同制度，明确劳动合同双方当事人的权利和义务，保护劳动者的合法权益，构建和发展和谐稳定的劳动关系。

2. 关于调整范围

中华人民共和国境内的企业、个体经济组织、民办非企业单位等组织（以下称用人单位）与劳动者建立劳动关系，订立、履行、变更、解除或者终止劳动合同，适用本法。

国家机关、事业单位、社会团体和与其建立劳动关系的劳动者，订立、履行、变更、解除或者终止劳动合同，依照本法执行。

同时，在附则中规定：事业单位与实行聘用制的工作人员订立、履行、变更、解除或者终止劳动合同，法律、行政法规或者国务院另有规定的，依照其规定；未作规定的，依照本法有关规定执行。

第 3 节　《中华人民共和国安全生产法》相关知识

一、制定《中华人民共和国安全生产法》的目的

为了加强安全生产监督管理，防止和减少生产安全事故，保障人民群众生命和

财产安全，促进经济发展，制定《中华人民共和国安全生产法》，在中华人民共和国领域内从事生产经营活动的单位（以下统称生产经营单位）的安全生产，适用《中华人民共和国安全生产法》。

安全生产管理，坚持安全第一、预防为主的方针。生产经营单位的主要负责人对本单位的安全生产工作全面负责，生产经营单位的从业人员有依法获得安全生产保障的权利，并应当依法履行安全生产方面的义务。

二、《中华人民共和国安全生产法》简介

《中华人民共和国安全生产法》是在2002年6月29日第九届全国人民代表大会常务委员会第二十八次会议上通过并由中华人民共和国主席令发布的关于安全生产的法律条文。《中华人民共和国安全生产法》自2002年11月1日起施行。安全生产法共7章97条，包括：总则、生产经营单位的安全生产保障、从业人员的权利和义务、安全生产的监督管理、生产安全事故的应急救援与调查处理、法律责任、附则。

1.《安全生产法》的三种性质

《安全生产法》关系到如下三个基本性质的问题：

一是关系人权（人民生命财产）性质的问题。

二是关系经济可持续发展战略性质的问题。

三是关系社会稳定的政治问题。

2.《安全生产法》的三个体现

《安全生产法》的颁布实施体现了“三个代表”的重要思想；体现了宪法中关于改善劳动条件、加强劳动保护的基本要求和我国的社会主义本质；体现了依法治国的基本方略。

3.《安全生产法》的四个标志

《安全生产法》的立法成功，既标志着我国安全生产法制建设的成果，也是社会进步和历史发展的必然产物；既标志着广大人民群众的呼声和企盼得以实现，又体现了党和政府对人民生命安全和健康的关怀；既是我国安全生产工作者长期总结事故预防和经验教训的结果，又借鉴了国外科学预防事故的做法；既是我国社会主义市场经济条件下依法监管安全生产的进步，也是加入 WTO 后对国际新经济的现代安全管理的需要。

4.《安全生产法》的七个有利于

《安全生产法》的颁布和实施有利于加强我国安全生产法律法规建设；有利于改变我国人权状况；有利于各级政府加强安全生产工作的领导；有利于安全监管部

门依法行政、加强监管；有利于提高经营管理者和从业人员的安全素质；有利于增强公民的安全法律意识；有利于制裁各种不利于安全的违法行为。

三、《中华人民共和国特种设备安全法（草案)》简介

根据特种设备安全的特点，以及全国人大代表及有关专家学者的建议和要求，十届全国人大财经委员会会同国务院有关部门组成起草组，着手起草《中华人民共和国特种设备安全法》，经过广泛调研和反复讨论，形成起草大纲。十一届全国人大财经委员会成立后，继续开展起草工作。在广泛开展国内外调研，多次召开研讨座谈会的基础上形成初稿，先后征求了国务院有关部门和各省、自治区、直辖市的意见，根据反馈意见，起草组经反复修改，形成了目前的《中华人民共和国特种设备安全法(草案)》。草案共 8 章 66 条。内容包括总则，安全技术规范，生产、经营、使用，强制性检验，事故应急救援与调查处理，监督管理，法律责任，附则。

1. 立法宗旨

为了加强特种设备安全管理，预防特种设备事故，保障人民群众生命财产安全，促进经济社会发展，制定本法。

2. 适用范围

本法所称的特种设备是指锅炉、压力容器、压力管道、电梯、起重机械、客运索道、大型游乐设施、场（厂）内专用机动车辆、防爆电器以及其他对人民群众生命财产安全具有较大危险性和潜在危害性的设备、设施。

特种设备的生产（包括设计、制造、安装、改造、修理)、经营、使用、检验、检测适用本法。

国家对特种设备实行目录管理。特种设备目录由国务院特种设备安全监督管理部门会同有关部门制定，报国务院批准实施。

3. 管理原则

特种设备安全工作应当坚持“安全第一、预防为主、综合治理”的原则。

4. 监管体制

国务院和地方人民政府的特种设备安全监督管理部门依照本法，对特种设备安全实施综合监督管理。

国务院和地方人民政府的有关部门依照法律、行政法规规定的职责，对特种设备安全实施管理。

5. 监管制度

国家对特种设备的生产、经营、使用，实施全过程的安全监督管理和强制性检

验制度。

中华人民共和国特种设备安全法（草案）分别对安全技术规范、生产经营使用、强制性检验、事故应急救援与调查处理、监督管理、法律责任等作了规定。

第4节 《中华人民共和国产品质量法》相关知识

一、制定《中华人民共和国产品质量法》的目的

为了加强对产品质量的监督管理，提高产品质量水平，明确产品质量责任，保护消费者的合法权益，维护社会经济秩序，制定《中华人民共和国产品质量法》，在中华人民共和国境内从事产品生产、销售活动，必须遵守《中华人民共和国产品质量法》。

生产者、销售者依照《中华人民共和国产品质量法》的规定承担产品质量责任。国家鼓励推行科学的质量管理方法，采用先进的科学技术，鼓励企业产品质量达到并且超过行业标准、国家标准和国际标准。

二、《中华人民共和国产品质量法》简介

《中华人民共和国产品质量法》是在2000年7月8日第九届全国人民代表大会常务委员会第十六次会议通过并由中华人民共和国主席令发布的关于产品质量的法律条文。《中华人民共和国产品质量法》自2000年9月1日起施行。产品质量法共6章97条，包括：总则；产品质量的监督；生产者、销售者的产品质量责任和义务；生产者的产品质量责任和义务；销售者的产品质量责任和义务；损害赔偿；罚则。

1. 产品的概念

产品是指经过加工、制作，用于销售的动产。产品不包括不动产。建筑工程不属于产品。产品是否包括初级产品，未作规定。

2. 产品质量的概念

产品质量是指国家的有关法律、法规、质量标准以及合同规定的对产品适用、安全及其他特性的要求。

3. 产品质量法的概念

产品质量法是为了调整产品生产与销售以及产品质量进行监督管理过程中所形

成的社会关系由国家制定的法律规范的总称。

第 5 节　压力管道与压力容器相关知识

一、特种设备概述

1. 特种设备的定义

特种设备是指国家认定的，因设备本身和外在因素影响容易发生事故，且一旦发生事故会造成人身伤亡及重大财产损失的危险性设备。

国家指定的特种设备范围是指涉及生命安全、危险性较大的锅炉、压力容器（含气瓶）、压力管道、电梯、起重机械、客运索道、大型游乐设施、厂内机动车辆。

（1）锅炉

锅炉是指利用各种燃料、电或者其他能源，将所盛装的液体加热到一定的参数，并承载一定压力的密闭设备，其范围规定为容积大于或等于 30 L 的承压蒸汽锅炉；出口水压大于或等于 0.1 MPa（表压），且额定功率大于或等于 0.1 MW 的承压热水锅炉；有机热载体锅炉。

（2）压力容器

压力容器是指盛装气体或者液体，承载一定压力的密闭设备，其范围规定为工作压力大于或等于 0.1 MPa（表压），且压力与容积的乘积大于或等于2.5 MPa · L 的气体、液化气体和最高工作温度高于或等于标准沸点的液体的固定式容积和移动式容器；盛装公称工作压力大于或等于 0.2 MPa（表压），且压力与容积的乘积大于或等于 1.0 MPa · L 的气体、液化气体和标准沸点等于或低于 60℃ 的气瓶；氧舱等。

（3）压力管道

压力管道是指利用一定的压力，用于输送气体或者液体的管状设备，其范围规定为工作压力大于或等于 0.1 MPa（表压）的气体、液化气体、蒸汽介质或者可燃、易爆、有毒、有腐蚀性、最高工作温度高于或等于标准沸点的液体介质，且公称直径大于 25 mm 的管道。

（4）电梯

电梯是指动力驱动，利用沿刚性导轨运行的箱体或者沿固定线路运行的梯级

（踏步），进行升降或者平行运送人、货物的机电设备，包括载人（货）电梯、自动扶梯、自动人行道等。

（5）起重机械

起重机械是指用于垂直升降或者垂直升降并水平移动重物的机电设备，其范围规定为额定起重量大于或等于 0.5 t 的升降机；额定起重量大于或等于 1 t，且提升高度大于或等于 2 m 的起重机和承重形式固定的电动葫芦等。

（6）客运索道

客运索道是指动力驱动，利用柔性绳索牵引箱体等运载工具运送人员的机电设备，包括客运架空索道、客运缆车、客运拖牵索道等。

（7）大型游乐设施

大型游乐设施是指用于经营目的，承载乘客游乐的设施，其范围规定为设计最大运行线速度大于或等于 2 m/s，或者运行高度距地面高于或等于 2 m 的载人大型游乐设施。

（8）厂内机动车辆

特种设备包括其附属的安全附件、安全保护装置和与安全保护装置相关的设施。

2. 我国特种设备安全技术规范简介

特种设备安全技术规范是依据 2003 年第 373 号国务院令——《特种设备安全监察条例》，由国家质量监督检验检疫总局批准颁布，对特种设备的安全性能和相应的设计、制造、安装、改造、维修、使用和检验检测等做出一系列规定，属必须强制执行的文件。安全技术规范是特种设备技术法规的重要组成部分，其作用是把法律、法规和行政规章的原则规定具体化。在特种设备安全监察与管理领域，所依据的就是安全技术规范。为此，2004 年中华人民共和国国家质量监督检验检疫总局颁布了《特种设备安全技术规范制定程序导则》，中国特种设备检测研究中心受中华人民共和国国家质量监督检验检疫总局特种设备局委托，具体承担安全技术规范的组织起草、出版发行和宣贯工作。

（1）特种设备安全技术规范代号

特种设备安全技术规范的代号为“TSG”。“TSG”是用特种设备中的特（Te）和设（She）及规范（Guifan）的拼音首字母组成的拼音简称。

（2）规范种类号

特种设备安全技术规范的种类号用拼音字母和阿拉伯数字表示。第 1 个用拼音字母表示特种设备种类，第 2 个用数字表示工作项目。

1）设备种类号。设备种类号见表 7—1。

表 7—1　　设备种类号

设备种类	规范种类号（第 1 位）
综合	Z
锅炉	G
压力容器	R
压力管道	D
电梯	T
起重机械	Q
客运索道	S
大型游乐设施	Y
场（厂）内机动车辆	N

2）工作项目编号。工作项目编号见表 7—2。

表 7—2　　工作项目编号

工作项目	编　号
综合	0
设计	1
制造	2
安装改造维修	3
气体充装	4
使用	5
作业人员	6
检验检测	7
检验检测人员	8
材料	C
安全附件	F
部件	B

（3）规范顺序号

用 3 位阿拉伯数字表示，表示具体的规范顺序号。

（4）举例

具体规范的编号举例见表 7—3。

（5）特种设备安全技术规范封面版式及要求

特种设备安全技术规范封面版式及要求如图 7—1 所示。

表 7—3　　特种设备安全技术规范编号举例

设备种类	工作项目	规范名称	编号举例
综合	综合（规范管理）	特种设备安全技术规范制定程序导则	TSG Z0001
综合	综合（规范管理）	特种设备安全技术法规目录	TSG Z0002
综合	综合（事故管理）	特种设备事故调查分析导则	TSG Z0003
锅炉	设计	锅炉设计图纸鉴定规则	TSG G1001
锅炉	材料	锅炉材料技术规则	TSG GC001
锅炉	制造	锅炉制造许可条件	TSG G2001
锅炉	制造	锅炉制造许可鉴定评审规则	TSG G2002
锅炉	检验	工业锅炉制造监督检验规则	TSG G7001
压力容器	设计	压力容器设计单位条件	TSG R1001
压力容器	设计	压力容器设计单位审查管理规则	TSG R1002

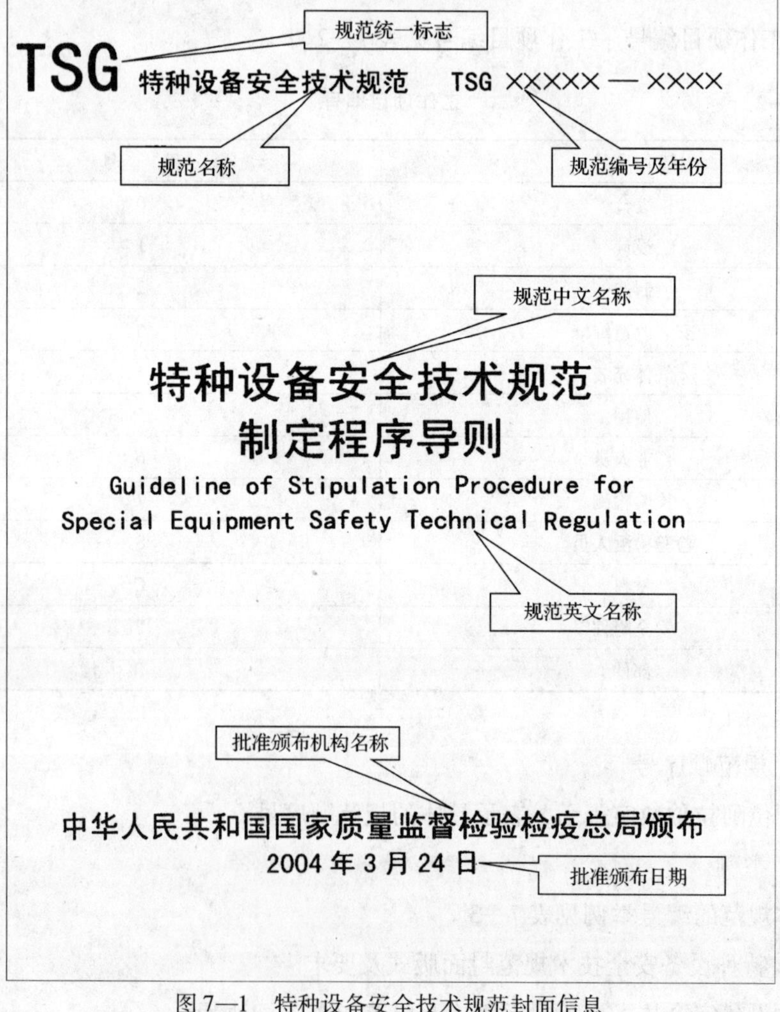

图 7—1　特种设备安全技术规范封面信息

二、压力管道安全技术监察规程

1．制定压力管道安全技术监察规程目的

为了保证工业管道的安全运行，保障人民群众生命和财产安全，促进经济发展，根据《特种设备安全监察条例》，制定压力管道安全技术监察规程。本规程适用于同时具备下列条件的工艺装置、辅助装置以及界区内公用工程所属的工业管道：

（1）工作压力大于或等于 0.1 MPa（表压，下同）的。

（2）公称直径大于 25 mm 的。

（3）输送介质为气体、蒸汽、液化气体、最高工作温度高于或等于其标准沸点的液体或者可燃、易爆、有毒、有腐蚀性的液体的。

2．压力管道安全技术监察规程的适用范围

（1）管道元件，包括管道组成件和管道支撑件。

（2）管道元件间的连接接头、管道与设备或者装置连接的第一道连接接头（焊缝、法兰、密封件及坚固件等）、管道与非受压元件的连接接头。

（3）管道所用的安全阀、爆破装置、阻火器、紧急切断装置等安全保护装置。

3．压力管道安全技术监察规程简介

《压力管道安全技术监察规程——工业管道》TSG D0001—2009 于 2009 年 5 月 8 日由国家质检总局批准颁布，2009 年 8 月 1 日起施行。

《压力管道安全技术监察规程——工业管道》在压力管道材料、元件、设计、安装、使用、维修、改造、定期检验和安全保护装置等方面做出了明确规定，其主要编制依据为国家标准 GB/T 20801—2006《压力管道规范　工业管道》，在压力管道的分级、设计、材料、制作、安装、检验等重要环节的技术要求上采用该标准的规定，与传统的管道建设标准存在较大的差异。由于《压力管道安全技术监察规程——工业管道》属于行政强制性文件，所有涉及压力管道设计、制造、安装、改造、维修以及使用、检验等的单位必须严格遵守，从而引起有关方面的关注和特别重视。

《压力管道安全技术监察规程——工业管道》由总则，管道元件，设计，安装，使用、改造、维修，定期检验，安全保护装置，附则组成。

4．与带压密封工有关的条款

规程第 115 条规定，管道内部有压力时，一般不得对受压元件进行重大维修。对于生产工艺过程特殊，需要带温带压紧固螺栓或者出现紧急情况需要采用带压密封作业时，使用单位应当制定有效的操作要求和防护措施，经技术负责人批准后，在安全管理人员现场监督下实施。实施带压密封的操作人员应当经过专业培训，持有相应项目的《特种设备作业人员证》。

使用单位应当严格控制带压密封技术的使用频次，每条管道上使用带压密封的部位不得超过两处。管道停机检修时，带压密封的卡具应予拆除，必要时重新进行维修。

三、固定式压力容器安全技术监察规程

1．制定固定式压力容器安全技术监察规程目的

为了保证固定式压力容器的安全运行，保护人民生命和财产的安全，促进国民经济的发展，根据《特种设备安全监察条例》的有关规定，制定《固定式压力容器安全技术监察规程》。

固定式压力容器是指除移动式压力容器（铁路罐车、汽车罐车、长管拖车、罐式集装箱等）、气瓶、医用氧舱之外的压力容器。

2．固定式压力容器安全技术监察规程的适用范围

《固定式压力容器安全技术监察规程》适用于《特种设备安全监察条例》范围内，同时具备下列条件的固定式压力容器：

（1）工作压力大于或等于0.1 MPa（表压，不含液体静压力，下同）。

（2）工作压力与容积的乘积大于或等于2.5 MPa·L。

（3）盛装介质为气体、液化气体或者介质最高工作温度高于或等于其标准沸点的液体。其中，超高压容器应符合《超高压容器安全技术监察规程》的规定；非金属压力容器应符合《非金属压力容器安全技术监察规程》的规定；简单压力容器应符合《简单压力容器安全技术监察规程》的规定。不在上述规程管辖范围内的压力容器，均应符合本规程的规定。

本规程不适用于下列压力容器：

（1）容积小于或等于1 L的压力容器。

（2）锅炉安全技术监察规程适用范围内的余热锅炉。

（3）正常运行工作压力小于0.1 MPa的压力容器（包括在进料或者出料过程中需要瞬时承受压力大于或等于0.1 MPa的压力容器）。

（4）机器上非独立的承压部件（包括压缩机、发电机、泵、柴油机的气缸或者承压壳体等）。

（5）可拆卸垫片式或板式热交换器（包括半焊式板式热交换器）、空冷式热交

换器。

3. 固定式压力容器安全技术监察规程简介

2008 年 11 月 21 日，中国国家质量监督检验检疫总局发布了《固定式压力容器安全技术监察规程》TSG R0004—2008。本规程规定了固定式压力容器的设计、制造、安装、修理、改造、检验、使用等环节的强制性基本安全要求，其适用对象为纳入《特种设备安全监察条例》适用范围的在中华人民共和国境内使用及制造的固定式压力容器。本规程是现行《压力容器安全技术监察规程》的修订版。

《固定式压力容器安全技术监察规程》由总则，材料，设计，制造，安装、改造及维修，使用管理，定期检验，安全附件，附则组成。

4. 与带压密封工有关的条款

条款第 5.4 条规定，压力容器内部有压力时，不得进行任何维修。对于特殊的生产工艺过程，需要带温带压紧固螺栓时，或者出现紧急泄漏需进行带压密封时，使用单位应当按设计规定提出有效的操作要求和防护措施，并且经过使用单位技术负责人批准。带压密封作业人员应当经过专业培训考核并且持证上岗。在实际操作时，使用单位安全生产管理部门应当派人进行现场监督。

四、压力容器压力管道带压密封作业人员考核大纲

1. 简介

TSG R6003—2006《压力容器压力管道带压密封作业人员考核大纲》（以下简称“考核大纲”）已于 2006 年 4 月 19 日由中华人民共和国国家质量监督检验检疫总局颁布，自 2006 年 7 月 1 日施行。该考核大纲隶属于我国新近颁布和实施的特种设备安全技术规范体系中的压力容器类别。

为了加强带压密封操作管理，规范压力容器、压力管道带压密封作业人员的考核，根据《特种设备作业人员监督管理办法》《特种设备作业人员考核规则》及有关规定，制定本大纲。

带压密封是一项相当危险的作业，曾经不被国家有关部门认可。如 1990 年，原劳动部曾发布规定：“压力容器内部有压力时，不得进行任何修理或紧固工作。”

随着带压密封技术的发展和完善，国家质量技术监督局于 2000 年 1 月 1 日颁布实施的《压力容器安全技术监察规程》第一次将带压密封正式列入出现紧急泄漏情况下可以采用的维修技术。2005 年国家质检总局为了加强对压力容器压力管道带压密封作业人员的监督管理，使作业人员深入了解和熟练掌握带压密

封技术，要求作业人员必须经过正规的考前辅导，经压力容器和压力管道带压密封考试机构的严格考试，取得合格证后方可上岗，以保障压力容器、压力管道的安全运行。为了规范考核发证程序，2005 年 12 月下发的《国家质量监督检验检疫总局司（局）函》质检特函［2005］70 号文件，确定中国设备管理协会为压力容器和压力管道带压密封作业人员考试机构，承担带压密封作业人员的考试工作。

2. 内容

压力容器压力管道带压密封作业人员考核大纲由国家质量监督检验检疫总局负责解释，自 2006 年 7 月 1 日起施行。内容包括以下方面：

（1）宗旨

为了加强带压密封操作管理，规范压力容器、压力管道带压密封作业人员的考核，根据《特种设备作业人员监督管理办法》《特种设备作业人员考核规则》及有关规定，制定本大纲。

（2）适用范围

大纲适用于从事运行状态下压力容器、压力管道泄漏带压密封作业人员的考核。带压密封是指利用原密封腔或新建密封腔，在带压流体介质泄漏状态下，通过注入密封注剂，实现再密封的技术手段。

（3）带压密封作业人员应具备的条件

1）具有中专以上（含中专）文化程度。

2）身体健康，无恐高、癫痫、四肢残疾等影响本岗位正常工作的病症。

3）从事压力容器、压力管道等设备检修、维修工作 3 年以上（含 3 年）。

（4）考核形式

带压密封作业人员考核内容分为理论知识和实际操作技能两部分。

（5）考试比重

1）理论知识考试中，各部分知识所占比例如下：

①基础知识，占 50%。

②安全防护知识，占 15%。

③特殊工况带压密封的相关知识，占 25%。

④法规知识，占 10%。

2）实际操作技能考试中，各项技能所占比例如下：

①带压密封施工方案和安全措施的制定占 10%。

②夹具法占 50%，其中施工前的准备占 10%、夹具安装占 10%、注剂操作占

10%、安全操作占 10%、封堵质量占 10%。

③钢带捆扎法占 20%，其中操作程序占 4%、螺栓孔注入接头安装占 4%、钢带安装及拉紧占 6%、注剂操作占 6%。

④阀门填料函泄漏密封占 20%，其中注剂孔定位与开孔占 8%、钻孔攻螺纹占 6%、注剂操作占 6%。

第 6 节　ISO 9000、ISO 14000、OHSAS18000 相关知识

一、ISO 的概念

ISO（International Organization for Standard）是国际标准化组织的缩写代号，也是国际标准化组织颁布的国际标准代号。如 ISO 9001、ISO 14001 即为该组织颁布的顺序号为 9001 和 14001 的国际标准。

国际标准化组织（ISO）成立于 1947 年，是非政府性的国际组织，也是规模最大的国际标准化团体，其成员包括 100 多个国家和地区，设有 2 600 多个技术组织。中国是 ISO 的成员国并且是 ISO 的发起国之一。

二、ISO 9000 基础知识

1. 背景知识

ISO 9000 系列标准是由 ISO 的质量管理和质量保证标准化技术委员会（TC176）制定的，从 1986 年正式颁布 ISO 8402《质量—术语》标准起，至今已形成由 20 多个标准组成的标准族。我国对口 ISO/TC176 的机构是 CSBTS/TC151 全国质量管理和质量保证标准化技术委员会。

任何组织为取得最佳效益，获取最大利润，都必须高度重视其产品质量。但影响产品质量的因素很多，单纯依靠检验把关，虽然能挑出不合格品，但却不能对所有影响因素进行控制，不可能以最佳成本持续稳定地生产合格品。ISO 9000 族标准是世界上许多国家质量管理经验的科学总结，通过实施这套标准，建立质量体系，可以使影响质量的各种因素处于受控状态，从而能有效地减少、消除和预防不合格品，确保质量方针、目标的实现。

2. ISO 9000 标准族

“ISO 9000 标准族”，是指由 ISO/TC 176 制定的所有国际标准，它不仅包括 9000 系列，还包括 10000 系列。2008 版 ISO 9000 族标准包括了以下一组密切相关的质量管理体系核心标准：

ISO 9000《质量管理体系　基础和术语》表述质量管理体系基础知识，并规定质量管理体系术语。

ISO 9001《质量管理体系　要求》规定质量管理体系要求，用于证实组织具有提供满足顾客要求和适用法规要求的产品的能力，目的在于增进顾客满意度。

ISO 9004《质量管理体系　业绩改进指南》提供考虑质量管理体系的有效性和效率两方面的指南。该标准的目的是促进组织业绩改进和使顾客及其他相关方满意。

ISO 19001《质量和（或）环境管理审核指南》提供审核质量和环境管理体系的指南。

除核心标准外，还包括其他标准（如 ISO 10012 测量控制系统）、技术报告（如 ISO/TR 10015《质量管理培训指南》）及小册子（如《小型企业的应用》）等。

3. ISO 9000 族的基本思想

（1）所有的活动、过程必须受控，在受控状态下达标。

（2）控制的出发点是预防。

（3）贯彻 ISO 9000 的中心任务是建立并保持文件化的质量体系。

（4）满足相关方的要求，尤其是要考虑持续地满足顾客需求。

（5）对体系的有效性定期评价，以实现持续地改进。

（6）始终强调管理者是关键。

4. 质量管理八项基本原则

（1）以顾客为关注焦点

公司依存于顾客。因此，公司应理解顾客当前和未来的需求，满足顾客要求并争取超越顾客期望。

（2）领导作用

领导者确立公司统一的宗旨和方向。他们应当创造并保持使员工能充分参与实现公司目标的内部环境。

（3）全员参与

各级人员都是公司之本，只有他们的充分参与，才能使他们的才干为公司带来收益。

（4）过程方法

将活动和相关的资源作为过程进行管理，可以更高效地得到期望的结果。

（5）管理的系统方法

将相互关联的过程作为系统加以识别、理解和管理，有助于公司提高实现目标的有效性和效率。

（6）持续改进

持续改进总体业绩应当是公司的一个永恒目标。

（7）基于事实的决策方法

有效决策是建立在数据和信息分析的基础上。

（8）与供方互利的关系

公司与供方是相互依存的，互利的关系可增强双方创造价值的能力。

这八项质量管理原则形成了 ISO 9001：2000 质量管理体系标准的理论基础。

三、ISO 14000 基础知识

1．背景

ISO 14000 环境管理系列标准是国际标准化组织（ISO）环境管理标准化技术委员会（TC207）制定的，TC/207 成立于 1993 年 6 月。国际标准化组织计划颁布 ISO 14000 系列标准 100 余个，已有 20 个左右的标准出台，包括术语、环境标志、环境审计、生命周期评价等方面的标准。ISO 14000 系列有可能成为比 ISO 9000 还庞大的管理标准体系。

我国实施环境管理的机构是中国环境管理体系指导委员会（以下简称指导委），由国务院 28 个部、委组成，主任单位是国家环保总局，第一副主任单位是国家技术监督局，日常工作由国家环保总局科技标准司承担。

制定 ISO 14000 环境管理系列标准的目的是规范全球企业及各种组织的活动、产品和服务的环境行为，节省资源，减少环境污染，改善环境质量，保证经济可持续发展。目前，ISO 14000 系列标准已被许多国家所采用，我国等同采用的 GB/T 24000—ISO 14000环境管理系列标准已于 1997 年 4 月 1 日开始实施。

所提出的“可持续发展”目标，对实施和改善环境管理体系的组织提供帮助，向组织提供一套关于有效地建立、改善并保持环境管理体系的方法，使组织具备适应未来环境工作及国家和国际社会不断发展的需要的能力。

2．ISO 14000 标准族

第一批颁布的 5 个国际标准，我国均已等同转化为国家标准，即：

GB/T 24001—ISO 14001 环境管理体系 规范及使用指南

GB/T 24004—ISO 14004 环境管理体系 原则、体系和支持技术指南

GB/T 24010—ISO 14010 环境审核指南—通用原则

GB/T 24011—ISO 14011 环境审核指南—审核程序—环境管理体系审核

GB/T 24012—ISO 14012 环境审核指南—环境审核员资格要求

上述这 5 个标准，前 2 个是有关建立环境管理体系的，后 3 个是有关对环境管理体系进行审核的标准。ISO 颁布这 5 个标准的目的是支持联合国环境与发展会议所提出的“可持续发展”目标，对实施和改善环境管理体系的组织提供帮助，向组织提供一套关于有效地建立、改善并保持环境管理体系的方法，使组织具备适应未来环境工作及国家和国际社会不断发展的需要的能力。

3. 可持续发展

可持续发展是满足当代人的需要，又不对后代人满足其需要的能力构成危害的发展。可持续发展逐步成为指导世界经济社会发展的总体战略。

四、OHSMS18000 基础知识

1. 背景

国际上一些大的跨国公司和现代化联合企业在强化质量管理的同时，也建立了与生产管理同步的安全生产管理制度，以提高社会形象和控制职业伤害给企业带来的损失。WTO 的最基本原则是“公平竞争”，其中也包含了环境保护和职业健康安全问题。

20 世纪 90 年代后期一些发达国家借鉴 ISO 9000 的成功经验开展了实施职业健康安全管理体系的活动。1999 年英国标准协会等 13 个组织提出职业健康安全评价系列（OHSAS）标准，即 OHSAS18001《职业健康安全管理体系—规范》、OHSAS18002《职业健康安全管理体系—OHSAS18001 实施指南》。

2001 年 7 月国家质量监督检验检疫总局决定由国家认证认可监督管理委员会和国家标准化管理委员会组织专家，制定了 GB/T 28001—2011《职业健康安全管理体系 规范》和 GB/T 28002—2012《职业健康安全管理体系 指南》。

2. OHSMS18000 控制范围

（1）常规和非常规活动。

（2）所有接近工作场所的人员（包括分承包方和参观者）的活动。

（3）工作场所的设施，无论是组织提供还是他人提供的。

3. 职业健康安全风险

众所周知，在人们的工作活动或工作环境中，总是存在潜在的危险源，这些危

险源可能会损坏财物、危害环境、影响人体健康，甚至造成伤害事故。危险源有化学的、物理的、生物的、人体工效和其他种类的。

某一或某些危险引发事故的可能性和其可能造成的后果称为风险。风险可用发生概率、危害范围、损失大小等指标来评定。

风险引发事故造成损失的因素有两类：个人因素和工作/系统因素。

4. 危险源的分类和辨识方法

根据能量意外释放理论，把生产过程中存在的可能发生意外释放的能量（能源或能量载体）或危险物质称做第一类危险源。导致能量或危险物质约束或限制措施破坏或失效的各种因素称做第二类危险源，主要包括物的故障、人的失误和环境因素。

从广义角度分类，危险源可以分为机械类、电气类、辐射类、物质类、火灾与爆炸类，也可分为物理性、化学性、生物性、心理生理性、行为性危险源。

危险源辨识的常用方法包括现场观察、查阅记录、获取外部信息、工作任务分析、安全检查表、危险与可操作性研究、事件树分析、故障树分析等。

5. 职业健康安全法律法规

（1）宪法。

（2）职业健康安全法律，如劳动法、民法通则、工会法、消防法、职业病防治法等。

（3）职业健康安全行政法规，国务院制定的条例、办法、规定、实施细则等。

（4）地方性职业健康安全法规。

第 7 节　相关标准基础知识

带压密封作业所涉及的机器和设备必须按国家现行法规和标准进行设计、备料、施工、监理、验收。法规是由权力机构通过的有约束力的法律文件，而标准是对重复性事物和概念所做的统一规定的约束性文件。

一、实施标准的目的和作用

1. 产品系列化，使产品品种得到合理的发展。通过产品标准，统一产品的形式、尺寸、化学成分、物理性能、功能等要求、保证产品质量的可靠性和互换性，使有关产品间得到充分的协调、配合、衔接，尽量减少不必要的重复劳动和物质损耗，为社会化专业大生产和大中型产品的组装配合创造了条件。

2. 通过生产技术、试验方法、检验规则、操作程序、工作方法、工艺规程等各类标准统一了生产和工作的程序和要求。保证每项工作的质量，使有关生产、经营、管理工作走上正常轨道。

3. 通过安全、卫生、环境保护等标准，减少疾病的发生和传播，防止或减少各种事故的发生，有效地保障人体健康、人身安全和财产安全。

4. 通过术语、符号、代号、制图、文件格式等标准消除技术语言障碍，加速科学技术的合作与交流。

5. 通过标准传播技术信息，介绍新科研成果，加速新技术、新成果的应用和推广。

6. 促使企业实施标准。依据标准建立全面的质量管理制度，推行产品质量认证制度，健全企业管理制度，提高和发展企业的科学管理水平。

二、我国标准化简史

1949 年 10 月中央技术管理局成立，内设标准化规格处，批准发布我国第一个国家标准《工程制图》。到 1966 年已颁布国家标准 1 000 多项。1966—1976 年，颁布 400 余项国家标准。

1978 年 5 月，国务院成立国家标准总局以加强标准化工作的管理。同年以中华人民共和国名义参加了国际标准化组织（ISO）。1988 年 12 月 29 日第七届全国人大常委会第五次会议通过了《中华人民共和国标准化法》，并以国家主席令颁布，自 1989 年 4 月 1 日起施行。

三、常用标准术语

1. 标准

标准是在一定范围内获得的最佳秩序，对活动或其结果规定共同的和重复使用的规则、导则或特性的文件。该文件将经协商一致并经一个公认机构的批准。目前标准的制定和应用已遍及人们生产和工作的各个领域。

2. 标准化

标准化是为了在一定范围内获得最佳秩序，对现实问题或潜在问题制定共同使用和重复使用的条款的活动。

3. 国家标准的代号和编号

中华人民共和国标准分为强制性国家标准和推荐性国家标准两类。强制性国家标准代号为“GB”，推荐性国家标准代号为“GB/T”。“GB”是“国标”两字的汉语拼音缩写。

国家标准的编号由国家标准的代号、标准发布顺序号和标准发布年代号 4 位数组成，示例如下：

（1）强制性国家标准

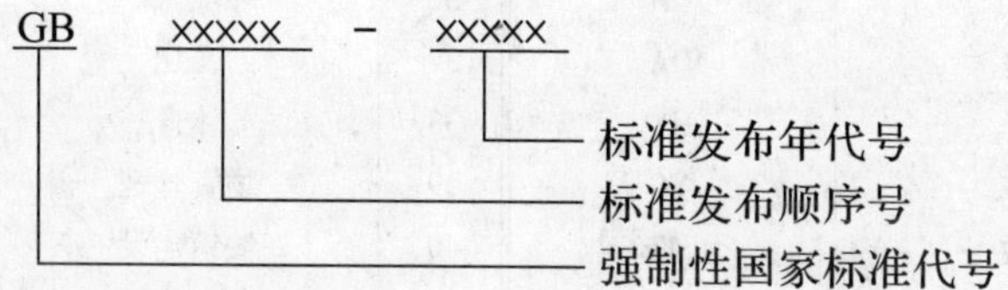

（2）推荐性国家标准

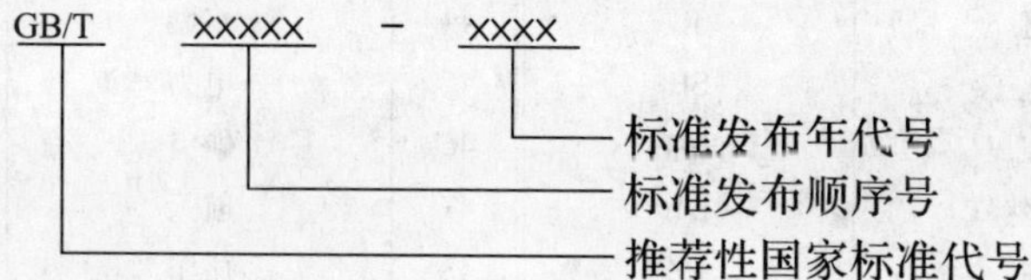

4. 行业标准的代号和编号

（1）代号和编号

行业标准代号由汉语拼音大写字母组成。行业标准的编号由行业标准代号、标准发布顺序及标准发布年代号（4 位数）组成，示例如下：

1）强制性行业标准编号

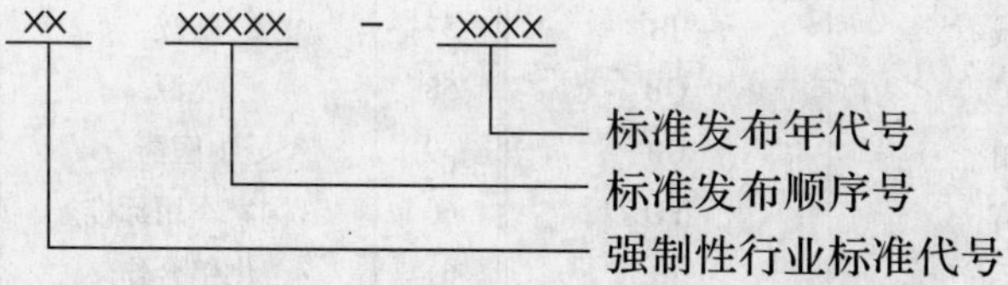

2）推荐性行业标准编号

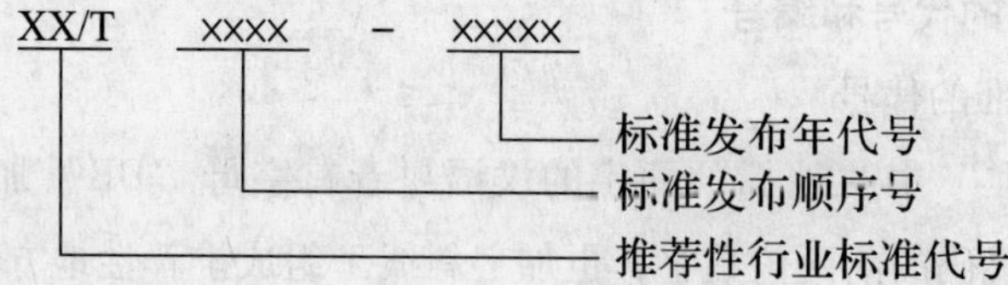

（2）行业标准代号

已正式公布的中华人民共和国行业标准代号见表7—4。

表7—4　　中华人民共和国行业标准代号表

序号	行业标准	行业标准代号	序号	行业标准	行业标准代号
1	教育	JY	32	兵工民品	WJ
2	医药	YY	33	核工业	EJ
3	煤炭	MT	34	土地管理	TD
4	新闻出版	CY	35	稀土	XB
5	测绘	CH	36	环境保护	HJ
6	档案	DA	37	文化	WH
7	海洋	HY	38	体育	TY
8	烟草	YC	39	物资管理	WB
9	民政	MZ	40	城镇建设	CJ
10	地质安全	DZ	41	建筑工业	JG
11	公共安全	GA	42	农业	NY
12	汽车	QC	43	水产	SC
13	建材	JC	44	水利	SL
14	石油化工	SH	45	电力	DL
15	化工	HG	46	航空	HB
16	石油天然气	SY	47	航天	QJ
17	纺织	FZ	48	旅游	LB
18	有色冶金	YS	49	商业	SB
19	黑色冶金	YB	50	商检	SN
20	电子	SJ	51	包装	BB
21	广播电影电视	GY	52	气象	QX
22	铁路运输	TB	53	卫生	WS
23	民用航空	MH	54	地震	DB
24	林业	LY	55	外经贸	WM
25	交通	JT	56	海关	HS
26	机械	JB	57	邮政	YZ
27	轻工	QB	58	能源	NB
28	船舶	CB	59	中医药	ZY
29	通信	YD	60	国家军用标准	GJB
30	金融系统	JR	61	供销合作	GH
31	劳动和劳动安全	LD	62	文物保护	WW

5. 地方标准的代号和编号

（1）地方标准的代号

由“地方标准”中“地标”两字的汉语拼音首字母“DB”加上省、自治区、直辖市行政区划代码的前两位数字，再加上斜线T组成推荐性地方标准；不加斜线

T 为强制性地方标准，如：

强制性地方标准：DB × ×

推荐性地方标准：DB × ×/T

（2）地方标准的编号

地方标准的编号由地方标准代号、地方标准发布顺序号、标准发布年代号（4 位数）组成。示例如下：

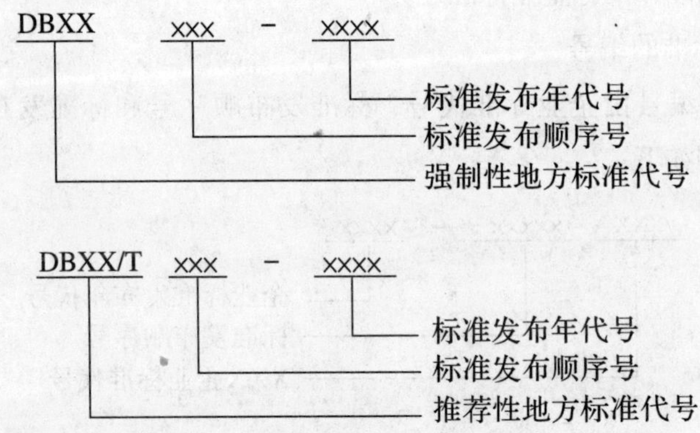

（3）省、自治区、直辖市行政区划代码（见表 7—5）

表 7—5　　省、自治区、直辖市行政区划代码

名称	代码	名称	代码
北京市	110000	湖南省	430000
天津市	120000	广东省	440000
河北省	130000	广西壮族自治区	450000
山西省	140000	海南省	460000
内蒙古自治区	150000	四川省	510000
辽宁省	210000	贵州省	520000
吉林省	220000	云南省	530000
黑龙江省	230000	西藏自治区	540000
上海市	310000	重庆省	550000
江苏省	320000	陕西省	610000
浙江省	330000	甘肃省	620000
安徽省	340000	青海省	630000
福建省	350000	宁夏回族自治区	640000
江西省	360000	新疆维吾尔自治区	650000
山东省	370000	台湾省	710000
河南省	410000	香港特别行政区	810000
湖北省	420000	澳门特别行政区	820000

6. 企业标准的代号和编号

（1）企业标准的代号

企业标准的代号由汉字“企”大写拼音字母“Q”加斜线再加企业代号组成，企业代号可用大写拼音字母或阿拉伯数字或两者兼用所组成。

企业标准一经制定颁布，即对整个企业具有约束性，是企业的法规性文件，没有强制性企业标准和推荐企业标准之分。

（2）企业标准的编号

企业标准的编号由企业标准代号、标准发布顺序号和标准发布年代号（4 位数）组成。示例如下：

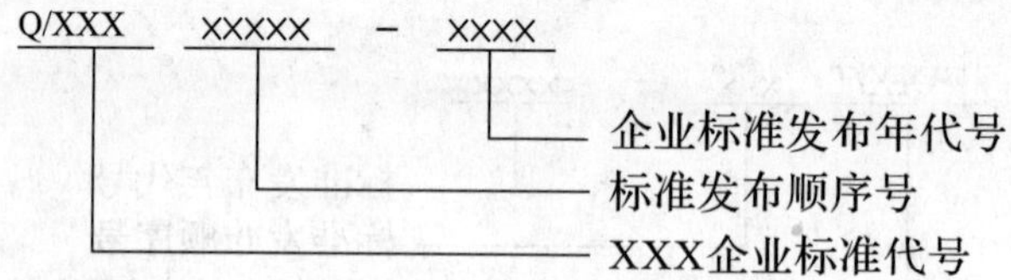

四、标准的分类

标准化工作是一项复杂的系统工程。我国标准化法实施中有以下分类方法。

1. 根据适用范围分

根据《中华人民共和国标准化法》（以下简称《标准化法》）的规定，我国标准分为国家标准、行业标准、地方标准和企业标准 4 类。

（1）国家标准

由国务院标准化行政主管部门制定的需要全国范围内统一的技术要求，称为国家标准。

国家标准主要包括广泛使用的基础标准；通用的试验方法标准；基本的原材料性能标准；量大面广的互换性零部件标准；重要的机电产品品种、尺寸、参数系列标准；相互协调的安装尺寸和连接尺寸标准；健康、安全和环境保护标准；以及与公民日常生活紧密相关的衣、食、住、行、用等方面的标准。

国家标准的有效期一般为 5 年。超过年限后，国家标准就要被修订或重新制定。此外，随着社会的发展，国家需要制定新的标准来满足人们生产、生活的需要。因此，标准是一种动态信息。

强制性国家标准代号为“GB”，推荐性国家标准代号为“GB/T”。

（2）行业标准

某个行业没有国家标准而又需在全国某个行业范围内统一的技术标准，由国务院有关行政主管部门制定并报国务院标准化行政主管部门备案，称为行业标准。

行业标准应用范围广、数量多，如机械、电子、建筑、化工、冶金、轻工、纺织、交通、能源、航空、航天、农业、林业、水利等行业都制定有行业标准。强制性机械行业标准代号为“JB”，是“机标”两字的汉语拼音缩写。推荐性机械行业标准代号为“JB/T”。

（3）地方标准

没有国家标准和行业标准而又需在省、自治区、直辖市范围内统一的工业产品的安全、卫生要求，由省、自治区、直辖市标准化行政主管部门制定并报国务院标准化行政主管部门和国务院有关行业行政主管部门备案的标准，称为地方标准。地方标准代号由“地标”的汉语拼音缩写“DB”加省、自治区、直辖市行政区划代码的前两位数加斜线表示。如：DB 13 表示河北省强制性地方标准代号；DB 13/T 表示河北省推荐性地方标准代号。

（4）企业标准

企业生产的产品如果没有国家标准、行业标准和地方标准，则由企业制定作为组织生产的依据的相应的企业标准，或在企业内制定适用的严于国家标准、行业标准或地方标准的企业（内控）标准。由企业自行组织制定的并按省、自治区、直辖市人民政府的规定备案（不含内控标准）的标准，称为企业标准。企业标准代号中的符号“Q”为“企”字的汉语拼音缩写。企业代号由相应的政府标准化行政主管部门规定。

这四类标准主要是适用范围不同，不是标准技术水平高低的分级。

2. 根据法律的约束性分

（1）强制性标准

强制性标准范围主要是保障人体健康，人身、财产安全的标准和法律、行政法规规定强制执行的标准。对不符合强制性标准的产品禁止生产、销售和进口。根据《标准化法》的规定，企业和有关部门对涉及其经营、生产、服务、管理有关的强制性标准都必须严格执行，任何单位和个人不得擅自更改或降低标准。对违反强制性标准而造成不良后果或重大事故者由法律、行政法规规定的行政主管部门依法根据情节轻重给予行政处罚，直至由司法机关追究刑事责任。

（2）推荐性标准

推荐性标准是指导性标准，基本上与 WTO/TBT 对标准的定义接轨，即“由公认机构批准的、非强制性的，为了通用或反复使用的目的为产品或相关生产方法提供规则、指南或特性的文件”。

（3）标准化指导性技术文件

标准化指导性技术文件是为仍处于技术发展过程中（为变化快的技术领域）的标准化工作提供指南或信息，供科研、设计、生产、使用和管理等有关人员参考使用而制定的标准文件。标准化指导性技术文件编号由指导性技术文件代号、顺序号和发布年代号构成。

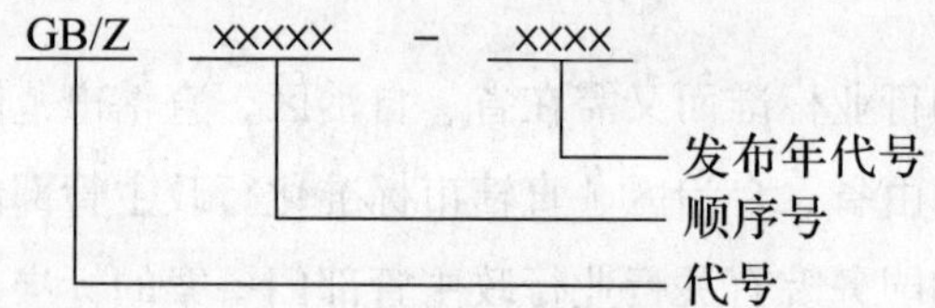

3．根据标准的性质分

（1）技术标准

技术标准是对标准化领域中需要协调统一的技术事项而制定的标准，主要是事物的技术性内容。

（2）管理标准

管理标准是对标准化领域中需要协调统一的管理事项所制定的标准。主要是规定人们在生产活动和社会生活中的组织结构、职责权限、过程方法、程序文件以及资源分配等事宜，它是合理组织国民经济、正确处理各种生产关系、正确实现合理分配、提高生产效率和效益的依据。

（3）工作标准

工作标准是对标准化领域中需要协调统一的工作事项所制定的标准。工作标准是针对具体岗位而规定人员和组织在生产经营管理活动中的职责、权限，对各种过程的定性要求以及活动程序和考核评价要求。

国务院国发（86）71号《关于加强企业管理的若干规定》中要求企业要建立以技术标准为主，包括有管理标准和工作标准在内的完善、科学的企业标准体系。

4．根据标准化的对象和作用分

（1）基础标准

基础标准是在一定范围内作为其他标准的基础并普遍通用，具有广泛指导意义的标准。如名词、术语、符号、代号、标志、方法等标准；计量单位制、公差与配合、形状与位置公差、表面粗糙度、螺纹及齿轮模数标准；优先数系列、基本参数系列、系列型谱等标准；图形符号和工程制图；产品环境条件及可靠性要求等。

（2）产品标准

为保证产品的适用性，对产品必须达到的某些或全部特性要求所制定的标准，包括品种、规格、技术要求、试验方法、检验规则、包装、标志、运输和储存要求等。

（3）方法标准

以试验、检查、分析、抽样、统计、计算、测定、作业等各种方法为对象而制定的标准。

（4）安全标准

以保护人和物的安全为目的而制定的标准。

（5）卫生标准

为保护人的健康，对食品、医药及其他方面的卫生要求而制定的标准。

（6）环境保护标准

为保护环境和有利于生态平衡对大气、水体、土壤、噪声、振动、电磁波等环境质量、污染管理、监测方法及其他事项而制定的标准。

这 4 种标准分类法的关系如图 7—2 所示。

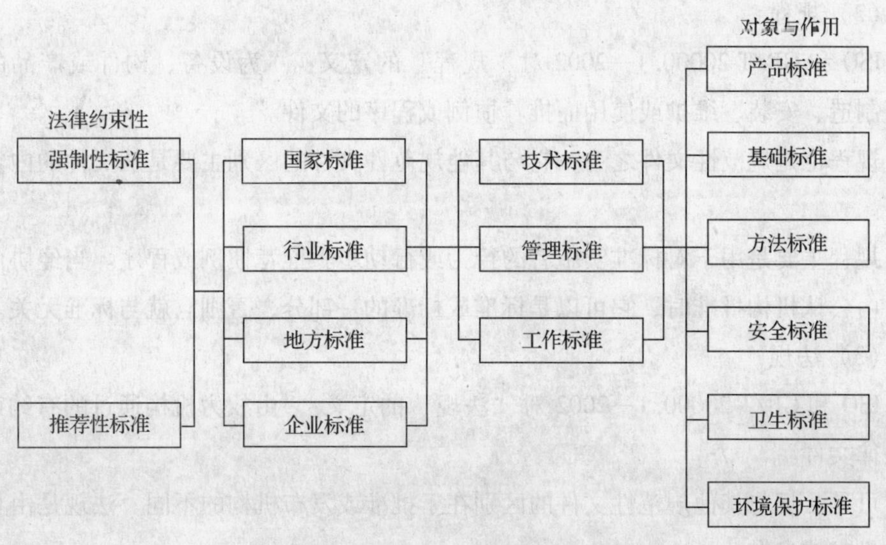

图 7—2　4 种标准分类法的组合关系图

以上每种分类法之一的标准共同组合成一项标准，如国际单位制（SI）为强制性的基础技术国家标准。因此，4 种分类法共可组成 144 类标准（2 × 4 × 3 × 6 = 144）。

5. 规范性文件

ISO 和 GB/T 20000. 1—2002 对“规范性文件”规定的定义：“为各种活动或其

结果提供规则、导则或规定特性的文件”。

规范性文件是标准、技术规范、规程和法规等文件的统称。但是这些规范性文件都有各自的特点。

（1）技术规范

ISO 和 GB/T 20000. 1—2002 对“技术规范”的定义是“规定产品、过程或服务应满足的技术要求的文件”。

技术规范也是规范性文件之一，它与其他规范性文件的区别主要是从文件的内容来判断。

技术规范主要是用于对标准化对象提出技术要求，也就是用于规定标准化对象的能力。当经协商一致并由公认机构批准时，它可以是标准或标准的一部分，否则它就与标准无关。

这里的技术规范其原文是以小写字母开头的，意思是泛指的技术规范。在 ISO 的文件中还有一种大写字母开头的技术规范是专指由 ISO 用 ISO/TS 为代号发布的技术规范，应注意加以区分。

（2）规程

ISO 和 GB/T 20000. 1—2002 对“规程”的定义：“为设备、构件或产品的设计、制造、安装、维护或使用而推荐惯例或程序的文件。”

规程也是规范性文件之一，它与其他规范性文件的区别主要是从文件的内容来判断。

规程主要是用于对标准实施者的行为或行动步骤推荐惯例或程序。当经协商一致并由公认机构批准时，它可以是标准或标准的一部分，否则它就与标准无关。

（3）法规

ISO 和 GB/T 20000. 1—2002 对“法规”的定义：“由权力机构通过的有约束力的法律文件”。

可见法规与其他规范性文件的区别在于批准或发布机构的不同。法规是由权力机构批准或发布的。

（4）技术法规

ISO 和 GB/T 20000. 1—2002 对“技术法规”的定义：“规定技术要求的法规，它或者直接规定技术要求，或者通过引用标准、技术规范或规程来规定技术要求……或者将标准、技术规范或规程的内容纳入法规中。”

可见技术法规与其他规范性文件的区别主要在于包含了技术内容，并经过权力机构的批准或发布。

（5）权力机构

权力机构是指具有法律上的权力的机构。也就是说权力机构与公认机构的区别在于它有国家或地方的行政权力作为后盾。

（6）中国国家标准制定程序

中国国家标准制定程序划分为 9 个阶段：预阶段、立项阶段、起草阶段、征求意见阶段、审查阶段、批准阶段、出版阶段、复审阶段、废止阶段。

（7）国际标准

国际标准是由国际标准化组织或国际标准组织通过并公开发布的标准。

这里的国际标准其原文是小写字母开头的，意思是泛指的国际标准。而另外有一种大写字母开头的国际标准是专指由 ISO、IEC 用 ISO 或 IEC 代号发布的标准，为了区分，后者称为 ISO/IEC 标准。

国际上的著名标准代号见表 7—6。

表 7—6　　国际著名标准代号

序号	代号	含义	负责机构
1	ANSI	美国国家标准	美国标准学会（ANSI）
2	API	美国石油学会标准	美国石油学会（API）
3	ASME	美国机械工程师协会标准	美国机械工程师协会（ASME）
4	ASTM	美国试验与材料协会标准	美国试验与材料协会（ASTM）
5	BS	英国国家标准	英国标准学会（BSI）
6	DIN	德国国家标准	德国标准化学会（DIN）
7	FDA	美国食品与药物管理局标准	美国食品与药物管理局（FDA）
8	JIS	日本工业标准	日本工业标准调查会（JISC）
9	NF	法国国家标准	法国标准化协会（AFNOR）
10	SAE	美国机动车工程师协会标准	美国机动车工程师协会（SAE）
11	TIA	美国电信工业协会标准	美国电信工业协会（TIA）
12	VDE	德国电气工程师协会标准	德国电气工程师协会（VDE）

（8）中国标准与国际标准的关系

《标准化法》中规定，“国家鼓励积极采用国际标准”，即把国际标准和国外先进标准的技术内容，通过分析，不同程度地纳入中国标准并贯彻执行。

《GB/T 20001—2001　标准化工作指南第 2 部分：采用国际标准的规则》中规定，将原来的等同、等效、参照采用国际标准，改为等同、修改和非等效采用 3 种形式。

1）等同采用（identical）。即标准的内容与国际标准完全一样。一般标记为“idt ISO×××：××××”。

2）修改采用（modified）（占标准的绝大多数）。即标准的内容与国际标准的效果相同。一般标记为“mod ISO ×××：××××”。

3）非等效采用（not equivalent）。即标准的某些指标与国际标准存在较大差异，而不能等效。一般标记为“neq ISO ×××：××××”。

6. 标准识读方法

（1）标准封面的信息

标准封面提供的信息包括以下内容：

1）标准的标志。如图7—3所示是GB/T 131—2006国家推荐性标准。在标准封面的右上角是标准的标志“GB”。各行业标准的标志分别为由行业标准代号的美术字形成的标志。该标志起到了迅速识别标准的作用。

2）国际标准分类号。在标准封面的左上角是国际标准分类号“ICS 17.040.20”和中国标准文献分类号“J04”。由于从中国标准和国际标准（ISO标准、IEC标准）的标准编号中分辨不出标准所涉及的行业或专业，因此，国际标准化组织（ISO）特意为标准文献编制了ICS号，并在国际标准上进行标识。我国标准封面上也给出ICS号，实现我国标准文献分类工作与国际的接轨，满足标准信息的国际交换。

3）中国标准文献分类号。在国际标准分类号（ICS号）下面，标注的是按照《中国标准文献分类法》规定的中国标准文献分类号“J04”。中国标准文献分类号更加适合中国的管理体制的特点。

通过国际标准分类号（又称ICS号）可以查找同一类目的标准，通过中国标准文献分类号也可以查到相应类目的标准。

4）标准类别。标准封面上部居中位置是标准类别的说明“中华人民共和国国家标准”。也可以是其他类别的标准，如行业标准是“中华人民共和国××行业标准”，地方标准是“××××（地方名称）地方标准”，企业标准是“××××（单位名称）企业标准”。

5）标准编号。在标准封面中标准类别的右下方是标准编号“GB/T 131—2006”，标准编号由标准代号、顺序号和年号3部分组成。

6）被代替标准编号。在标准编号之下可能会有“代替”两字，以及之后的一个或几个标准编号，这就是被代替标准编号。这一信息一般表明该标准不是首次发布，是在修订上一版本的基础上形成的。当然，也有新制定的标准代替了以前某个

ICS 17.040.20
J 04

中华人民共和国国家标准

GB/T 131—2006/ISO 1302:2002
代替 GB/T 131—1993

产品几何技术规范(GPS)
技术产品文件中表面结构的表示法

Geometrical Product Specifications (GPS)—
Indication of Surface texture in technical Product documentation

(ISO 1302:2002,IDT)

2006-07-19 发布　　　　2007-02-01 实施

中华人民共和国国家质量监督检验检疫总局
中国国家标准化管理委员会　发布

图 7—3　国家标准封面信息

或某些标准的情况。被代替的标准编号被列在了“代替”两字之后，如 GB/T 12224—2005 代替 GB/T 12224—1989。

7）标准名称。在标准封面的居中位置是标准名称“产品几何技术规范（GPS）技术产品文件中表面结构的表示法”。标准的名称由标准对象的名称、表明标准用途的术语和标准的类别属名3部分组成。从标准的名称也可分辨出其类别属性，如产品标准、技术规范或规程等。

8）标准英文名称。在中文标准名称下方是标准的英文名称“Geometrical Product Specifications（GPS）—Indication of Surface texture in technical Product documentation”。

9）与国际标准一致性程度的标识。在标准名称下方是与国际标准一致性程度的标识“ISO 1302：2002，IDT”。我国标准在制定的过程中，部分标准是参考国际标准制定的。此时应在标准的英文名称之下，要标注出我国标准与国际标准的一致性程度。标准的一致性程度分为以下三种情况：

①等同：代号为IDT。

②修改：代号为MOD。

③非等效：代号为NEQ。

其中等同、修改属于采用国际标准。

10）标准的发布和实施日期。在封面的下部左侧是标准的发布日期“2006－07－19发布”；右侧是标准的实施日期“2007－02－01实施”。

11）标准的发布部门或单位。在封面的最下部是标准的发布部门或单位“中华人民共和国国家质量监督检验检疫总局、中国国家标准化管理委员会”。

（2）标准识读方法

1）发布标准的通知。发布通知是标准的批准部门对标准进行确认的说明，也是标准实施的指令，由标准的批准部门以文件的形式对标准的组织制定和实施做出的有关内容确定。包括下列内容：

①标题及文号。

②制定标准的任务来源、主编部门或单位以及标准的类别、级别和编号。

③标准的施行日期。

④标准修订后，被代替标准的名称、编号和废止日期。

⑤批准部门需要说明的事项。

⑥标准的管理部门或单位以及解释单位。

需要注意的是，发布标准的通知多为国家建设部发布的工程建设标准，其他标准形式可能没有这一项。

2）前言。前言是由标准的主编部门或主编单位来阐述有关内容的说明，是为标准的使用者提供标准制定和实施的有关具体信息，一般由标准的编制组代主编部门或主编单位起草。前言可包括下列内容：

①制定（修订）标准的依据。

②简述标准的主要技术内容。

③对修订的标准应简述主要内容的变更情况。

④经授权负责本标准的具体解释单位及地址。

⑤标准编制的主编单位和参编单位。

⑥参加标准编制的主要起草人名单。

3）目次。在我国标准中目次和目录都会看到。较早的标准习惯采用“目录”，现在标准中则称为“目次”。“目”指项目、题目、栏目、条目等，源自眼目和网目；“次”指次序、次第等，有排序的意思；而“录”则是记载。我国辞书“目录”的定义是按一定次序开列出来的以供查考事务的名目。而“目次”是目录的一种，专指在文章内容之前所列的标题索引。在标准编制中，单项标准编成“目次”，多项标准汇编成册时编成“目录”。

4）总则。总则部分包括下列内容：

①制定标准的目的。

②标准的适用范围。

②标准的共性要求。

④相关标准。

5）术语和符号。在术语和符号一章中包括与本标准相关的词语定义和符号。当国家现行标准中尚无统一规定，且在标准中必须出现相关词语需要给出定义或含义时，标准中就会出现术语和符号一章。在标准中同一术语或符号应表达同一概念，同一概念应始终采用同一术语或符号。

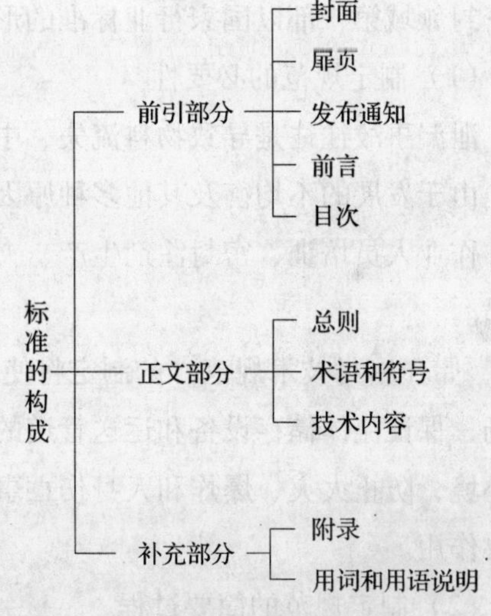

图 7—4 标准内容构成框架

标准内容构成框架如图 7—4 所示。

需要注意的是，国家标准化管理委员会与国家建设部发布的标准在编排的次序上并不完全统一。

五、带压密封技术国家行业标准

1. 带压堵漏技术暂行规定

我国最早的带压密封技术行业标准是中国石化总公司 1993 年制定的《带压堵漏技术暂行规定（试行）》。该暂行规定共 8 章，36 条。

（1）制定带压堵漏技术暂行规定的目的

为了加强带压堵漏操作的管理，确保安全可靠作业，保障人民生命和财产安全，使装置安全经济长周期连续运行，根据带压堵漏的特点及国家有关安全规定和试验研究结论，特制定《带压堵漏技术暂行规定》（以下简称《规定》）。

（2）带压堵漏技术暂行规定适用范围

带压堵漏技术暂行规定适用于运行状态下的管道、法兰、阀门、设备的泄漏部位（原封闭空腔或新建立的空腔）注入密封胶而实现消除泄漏的带压带温堵漏技术。

带压堵漏包括卡具设计、密封胶的选择、堵漏操作和专用工具的使用等。

《带压堵漏技术暂行规定》不适用于采用焊接方法的带压堵漏和极度有害介质的带压堵漏。

2. HG/T 20201—2007《带压密封技术规范》

中华人民共和国行业标准 HG/T 20201—2007《带压密封技术规范》于 2007 年 5 月 29 日经国家发展和改革委员会第 32 号公告批准正式发布实施。这是国内外带压密封领域第一部以国家行业标准的形式正式发布实施一部技术规范。

（1）制定规范的必要性

泄漏事故往往是导致物料流失、中毒、着火、爆炸和环境污染的直接原因。然而，由于发展的不均衡及其他多种原因，国内当时尚无统一的带压密封安全技术标准；作业人员培训、密封注剂生产、夹具设计、施工操作要求和安全与防护均无章可循。

《带压密封技术规范》的制定将使该技术走向法制轨道，对规范带压密封技术市场，保证流体储存设备和运送管道的安全和连续运行，减少装置的停车损失，保护环境，防止火灾、爆炸和人身伤亡事故的发生，保证社会公共安全方面将会起到重要作用。

（2）制定规范的简要过程

2003 年原国家经贸委召开了国家标准立项会议，并下发了《关于下达 2003 年行业标准项目计划的通知》（国经贸厅行业［2003］22 号）；同年中国石油和化学工业协会下发了《关于下达 2003 年化工行业标准项目计划的通知》（中石化协质发［2003］58 号）。根据两“通知”要求，由中国工程建设标准化协会化工工程委员会为主编部门，全国化工施工标准化管理中心站为主编单位，会同国内高校及六家带压密封工程施工企业着手制定国家行业标准《带压密封技术规范》。

本规范在制定的过程中，首先进行了国内外技术标准、规范和法规查新，但没有检索到相同或相似的国际、国家、行业及协会颁布的标准或法规。只有英国的 Furmanite 公司（含分布在世界各地的子公司）及 Pneumech 公司、法国的 Petroseal 公司、日本的 Mitsuibabcock 公司制定过该技术内部保密使用的操作技术规程，且不对外转让。在无任何资料可借鉴的条件下，编制组集中了国内带压密封技术领域权威专家和学者，吸收了国内带压密封工程领域内的新材料、新工艺、新装置和成熟的操作经验，经过近 4 年的努力，于 2006 年 9 月在石家庄召开《带压密封技术规范》审查会，参加会议的有化工、石化、冶金、电力、石油、高等院校等 28 个单位共 34 名代表。会议认为：《带压密封技术规范》送审稿的章、节、条、款编排合理，层次清楚，内容完整，用词用语简洁明确。在施工要求上注意了宽、严适度，在定性、定量的规定上准确可靠，基本上反映了目前我国带压密封工程领域内的技术水平和研究成果。《带压密封技术规范》是我国带压密封工程领域中对带压密封技术实施安全和质量保证，有效地进行安全和质量管理的一部完整的技术法规，也是世界上第一部较完整的带压密封技术法规，具有创新性突出的特点，处于国际领先水平。

（3）主要内容简介

《带压密封技术规范》由正文和条文说明两部分构成，正文由 8 章、179 条和 7 个附录构成。

第 1 章“总则”共 18 条，包括制定规范的目的，规范的适用范围，应急预案的启动，施工资质，对施工单位和生产单位的安全要求，工器具及密封材料的质量要求，本规范与其他法规、标准的关系等。

第 2 章“术语和符号”共 34 条，着重定义了带压密封工程、密封、泄漏、密封注剂、密封比压、注剂工具、注剂枪、注剂阀、注剂接头、快换接头、法兰夹具、盒式夹具、C 形卡具和注剂孔等与带压密封技术密切相关的专业术语。

第 3 章“安全管理与防护”共 45 条，其中一般规定 3 条，生产单位的安全管理 14 条，施工单位的安全管理 15 条，施工人员的安全防护 13 条。

第 4 章“密封注剂”共 17 条，其中一般规定 4 条，密封注剂的质量要求 3 条，密封注剂的选用原则 4 条，密封注剂的使用方法 6 条。

第 5 章“注剂工器具”共 13 条，主要对带压密封工程施工作业的注剂工具包括注剂枪、液压泵、液压胶管、压力表、快换接头、注剂阀、注剂接头、C 形卡具、紧带器、防爆工具等提出了质量和安全要求。

第 6 章“泄漏部位现场勘测”共 18 条，其中一般规定 7 条，泄漏介质勘测 2 条，泄漏部位测量 9 条。重点论述了法兰泄漏测量、直管泄漏测量、变径管泄漏测量、弯头泄漏测量、三通泄漏测量及填料泄漏测量。

第7章“夹具设计”共16条，其中一般规定3条，盒式夹具和连接螺栓设计计算规定4条，法兰夹具各部尺寸和连接螺栓的设计计算规定4条，夹具的制造加工要求5条。

第8章“现场施工操作”共18条，其中一般规定2条，施工前准备4条，带压密封施工6条，带压密封的焊接施工3条，带压密封的施工验收3条。

附录A是“带压密封施工验收记录”。

附录B是“带压密封工程施工方案内容及格式”。

附录C是“带压密封工程施工安全评价内容及格式”。

附录D是“带压密封工程施工作业劳动防护用品选用原则”。

附录E是“密封注剂的试验方法”。

附录F是“泄漏点的勘测工具”。

附录G是“带压密封施工工具一览表”。

条文说明是我国工程建设标准规范的特色，这一特色是借鉴了我国行政法规的“条文解释”编制的。因此，在《规范》的条文说明中，对于正文的179项条款中的目的、上下限的取值依据、相关标准的信息、标准用词的含义等进行了解释，有利于读者正确理解和执行。

HG/T 20201—2007《带压密封技术规范》是一部原创性的新国家行业标准，基本上涵盖了我国目前带压密封工程领域内最成熟的技术原理和经验，为确保对生产系统的泄漏部位安全地进行带压密封工程，并保证其质量提供了技术支撑。该标准封面如图7—5所示。

六、带压密封技术国家标准

1. GB/T 26467—2011《承压设备带压密封技术规范》

（1）制定《承压设备带压密封技术规范》的目的

本标准规范了带压密封安全管理、泄漏部位现场勘测、施工前准备、作业过程控制、安全防护和竣工验收等方面的内容。

（2）《承压设备带压密封技术规范》的适用范围

《承压设备带压密封技术规范》适用于注剂法带压密封和紧固法带压密封施工。适用范围由泄漏系统工作压力从 -0.1 MPa（表压）到 35 MPa（表压）、温度从 -180℃到 800℃。

（3）《承压设备带压密封技术规范》简介

备案号：J666—2007

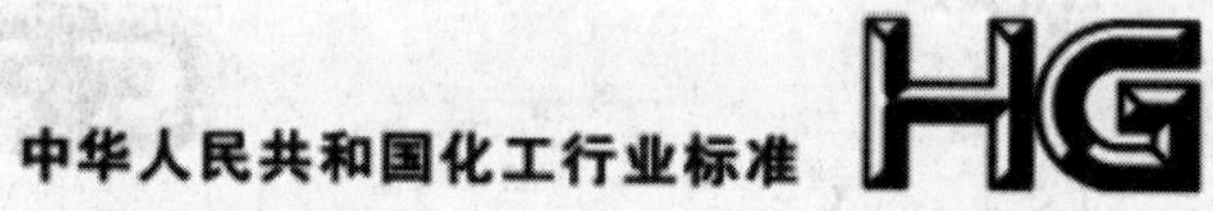
中华人民共和国化工行业标准　HG

HG/T 20201—2007

带压密封技术规范

Technical specification for online leak sealing

2007-05-29 发布　　　　2007-11-01 实施

中华人民共和国国家发展和改革委员会　发布

图 7—5　国家行业标准封面信息

《承压设备带压密封技术规范》由范围、规范性引用文件、术语和定义、安全技术管理、泄漏部位现场勘测、施工前的准备、带压密封施工、施工过程安全与防护、带压密封施工竣工验收、附录 A（资料性附录）带压密封工程施工方案、附录 B（资料性附录）带压密封施工安全评估、附录 C（资料性附录）带压密封施工验收记录组成。该标准封面如图 7—6 所示。

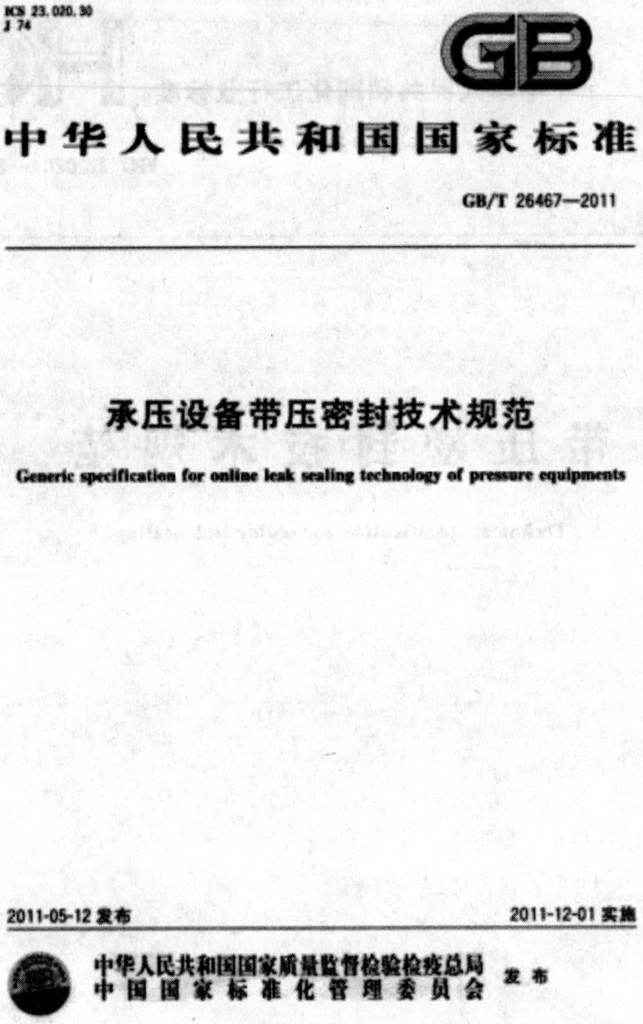

ICS 23.020.30
J 74

中华人民共和国国家标准

GB/T 26467—2011

承压设备带压密封技术规范

Generic specification for online leak sealing technology of pressure equipments

2011-05-12 发布　　2011-12-01 实施

中华人民共和国国家质量监督检验检疫总局
中国国家标准化管理委员会　发布

图 7—6　承压设备带压密封技术规范封面信息

2．GB/T 26556—2011《承压设备带压密封剂技术条件》

（1）制定《承压设备带压密封剂技术条件》的目的

本标准规定了对带压密封剂的要求、检验规则、测试方法、标志、包装、运输、储存和密封施工的选用原则及注剂操作时的使用方法。

（2）《承压设备带压密封剂技术条件》的适用范围

《承压设备带压密封剂技术条件》适用于各种带压密封用密封剂。

（3）《承压设备带压密封剂技术条件》简介

《承压设备带压密封剂技术条件》由范围；规范性引用文件；术语和定义；要

求；检验抽样及检测规则；测试方法；标志、包装、运输、储存；密封剂选用原则；密封剂的使用方法；附录 A（规范性附录）密封注剂初始注射压力的测定组成。该标准封面如图 7—7 所示。

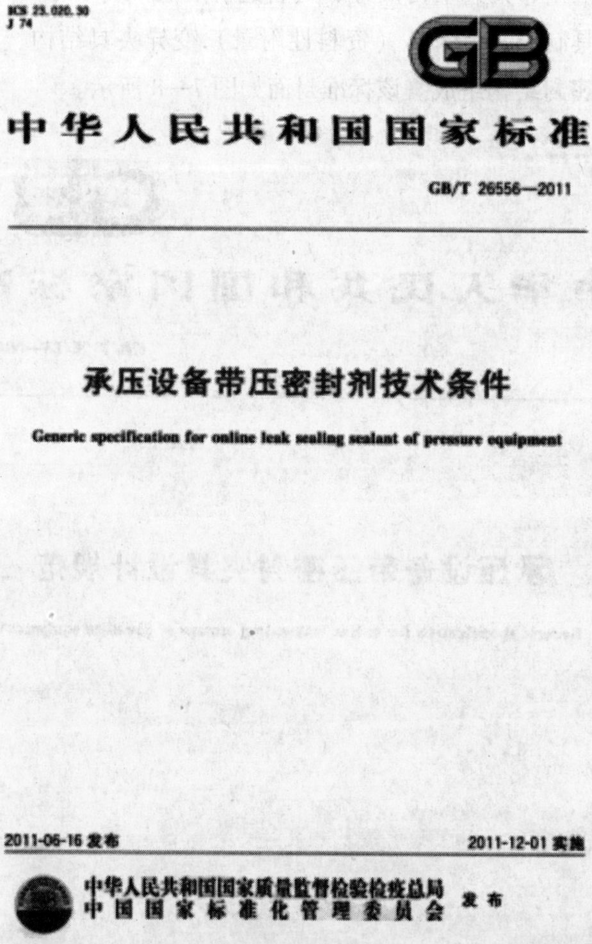

ICS 23.020.30
J 74

中华人民共和国国家标准

GB/T 26556—2011

承压设备带压密封剂技术条件

Generic specification for online leak sealing sealant of pressure equipment

2011-06-16 发布　　2011-12-01 实施

中华人民共和国国家质量监督检验检疫总局
中国国家标准化管理委员会　发布

图 7—7　承压设备带压密封剂技术条件封面信息

3．GB/T 26468—2011《承压设备带压密封夹具设计规范》

（1）制定《承压设备带压密封夹具设计规范》的目的

本标准规定了带压密封夹具（以下简称“夹具”）设计参数、准则、结构类型、材料选择、计算、密封结构、注剂孔结构和夹具制作等方面的内容。

（2）《承压设备带压密封夹具设计规范》的适用范围

《承压设备带压密封夹具设计规范》适用于承压设备泄漏状态下带压密封夹具的设计和制作。常压设备泄漏状态下带压密封夹具的设计和制作可参照本规范执行。

(3)《承压设备带压密封夹具设计规范》简介

《承压设备带压密封夹具设计规范》由范围、规范性引用文件、术语和定义、符号、夹具设计准则、夹具结构设计、材料选择、夹具计算、夹具密封结构设计、注剂孔结构、夹具制作、附录 A（资料性附录）变异夹具结构、附录 B（资料性附录）夹具增强密封结构组成。该标准封面如图 7—8 所示。

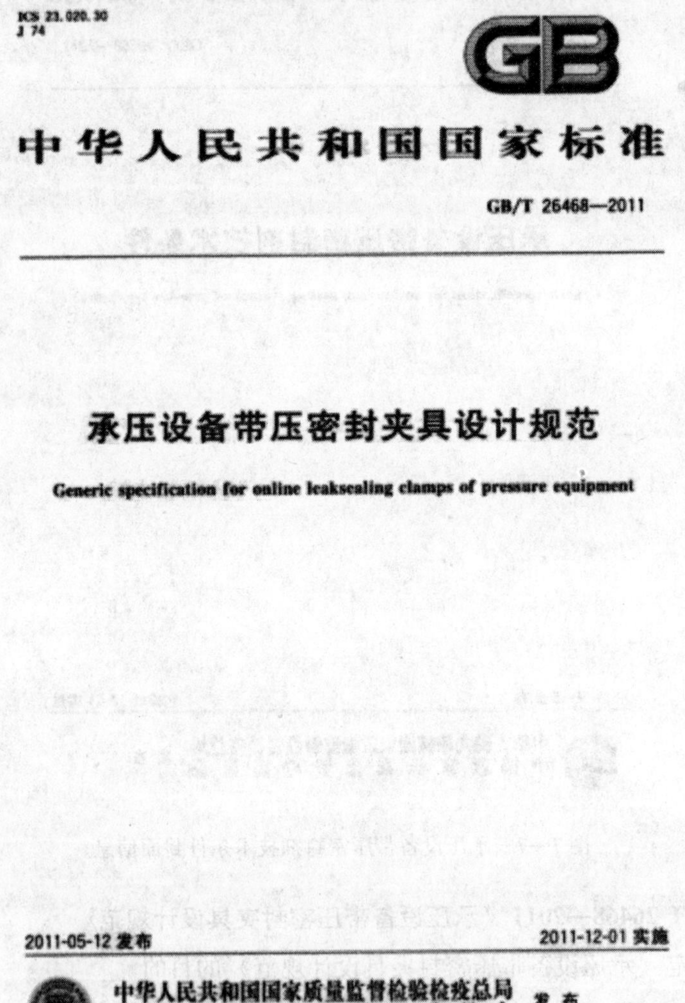

ICS 23.020.30
J 74

中华人民共和国国家标准

GB/T 26468—2011

承压设备带压密封夹具设计规范

Generic specification for online leaksealing clamps of pressure equipment

2011-05-12 发布　　2011-12-01 实施

中华人民共和国国家质量监督检验检疫总局
中国国家标准化管理委员会　发布

图 7—8　承压设备带压密封夹具设计规范封面信息

思　考　题

1. 安全生产法包括哪几方面的内容?
2. 什么叫做产品? 产品质量的定义是什么?
3. 特种设备定义是什么? 其范围包括哪些方面?
4. 压力容器的定义是什么?
5. 压力管道的定义是什么?
6. ISO 代表什么组织? 是什么性质的组织?
7. 劳动法的定义是什么? 它的核心内容是什么?

附录 1

常见物质燃烧爆炸参数表

序号	名称	爆炸危险度	最大爆炸压力（10^5Pa）	爆炸下限（%）	爆炸上限（%）	蒸气相对密度（空气为1）	闪点/℃	自燃点/℃
1	氨	17.9	7.4	4.0	75.6	0.07	气态	560
2	一氧化碳	4.9	7.3	12.57	74.0	0.97	气态	605
3	二硫化碳	59.0	7.8	1.0	60.0	2.64	< -20	102
4	硫化氢	9.9	5.0	4.3	45.5	1.19	气态	270
5	呋喃	5.2	—	2.3	14.3	2.35	< -20	390
6	噻吩	7.3	—	1.5	12.5	2.90	-9	395
7	吡啶	5.2	—	1.7	10.6	2.73	17	550
8	尼古丁	4.7	—	0.7	4.0	5.60	—	240
9	萘	5.5	—	0.9	5.9	4.42	80	540
10	顺萘	6.0	—	0.7	4.9	4.77	61	260
11	四乙基铅	—	—	1.6	—	11.10	80	—
12	城市煤气	6.5	7.0	4.0	30.0	0.50	气态	560
13	标准汽油	5.4	8.5	1.1	7.0	3.20	< -20	260
14	照明煤油	12.3	8.0	0.6	8.0	—	≥40	220
15	喷气机燃料	10.7	8.0	0.6	7.0	5.00	< 0	220
16	柴油	9.8	7.5	0.6	5.0	7.00	—	—
17	甲烷	2.0	7.2	5.0	15.0	0.55	气态	595
18	乙烷	3.2	—	3.0	12.5	1.04	气态	515
19	丙烷	3.5	8.6	2.1	9.5	1.56	气态	470
20	丁烷	4.7	8.6	1.5	8.5	2.05	气态	365
21	戊烷	4.6	8.7	1.4	7.8	2.49	< -20	285
22	已烷	4.8	8.7	1.2	6.9	2.79	< -20	240
23	庚烷	2.1	8.6	1.1	6.7	3.46	-4	215
24	辛烷	5.0	—	0.8	6.5	3.94	12	210
25	壬烷	7.0	—	0.7	5.6	4.43	31	205
26	癸烷	6.7	7.5	0.7	5.4	4.90	46	205
27	硝基甲烷	7.9	—	7.1	63.0	2.11	36	415
28	氯甲烷	1.6	—	7.1	18.5	1.78	气态	625
29	二氯甲烷	0.7	5.0	13.0	22.0	2.93	—	605
30	氯乙烷	3.1	—	3.6	14.8	2.22	气态	510
31	二氯乙烷	1.6	—	6.2	16.0	3.42	13	440
32	正氯丁烷	4.5	8.8	1.8	10.1	3.20	-12	245
33	甲基戊烷	4.8	—	1.2	7.0	2.97	< -20	300
34	二乙基戊烷	7.1	—	0.7	5.7	4.43	—	290
35	环丙烷	3.3	—	2.4	10.4	1.45	气态	495
36	环丁烷	—	—	1.8	—	1.93	气态	—
37	环已烷	5.9	8.6	1.2	8.3	2.90	-18	260

续表

序号	名称	爆炸危险度	最大爆炸压力（10^5Pa）	爆炸下限（%）	爆炸上限（%）	蒸气相对密度（空气为1）	闪点/℃	自燃点/℃
38	环氧乙烷	37.5	9.9	2.6	100.0	1.52	气态	440
39	乙烯	9.6	8.9	2.7	28.5	0.97	气态	425
40	丙烯	4.9	8.6	2.0	11.7	1.49	气态	455
41	丁烯	4.8	—	1.6	9.3	1.94	气态	440
42	戊烯	5.2	—	1.4	8.7	2.42	< -20	290
43	丁二烯	8.1	7.0	1.1	10.0	1.87	气态	415
44	苯乙烯	4.5	6.6	1.1	6.1	3.59	32	490
45	氯丙烯	2.6	—	4.5	16.0	2.63	< -20	—
46	顺式二丁烯	4.7	—	1.7	9.7	1.94	气态	—
47	乙炔	53.7	103.0	1.5	82.0	0.90	气态	335
48	丙炔	—	—	1.7	—	1.38	气态	—
49	丁炔	—	—	1.4	—	1.86	< -20	—
50	苯	57.0	9.0	1.2	8.0	2.70	-11	555
51	甲苯	4.8	6.8	1.2	7.0	3.18	6	535
52	乙苯	6.8	—	1.0	7.8	3.66	15	430
53	丙苯	6.5	—	0.8	6.0	4.15	39	450
54	丁苯	6.3	—	0.8	5.8	4.62	—	410
55	二甲苯	5.4	7.8	1.1	7.0	3.66	25	525
56	三甲苯	5.4	—	1.1	7.0	4.15	50	485
57	三联苯	3.9	—	0.7	3.4	5.31	113	570
58	甲醇	7.0	7.4	5.5	44.0	1.10	11	455
59	乙醇	3.3	7.5	3.5	15.0	1.59	12	425
60	丙醇	5.4	—	2.1	13.5	2.07	15	405
61	丁醇	6.1	7.5	1.4	10.0	2.55	29	340
62	异戊醇	5.7	—	1.2	8.0	3.04	-30	—
63	乙二醇	15.6	—	3.2	53.0	2.14	111	410
64	氯乙醇	2.2	—	5.0	16.0	2.78	55	425
65	甲基丁醇	4.5	—	1.2	8.0	3.04	34	340
66	甲醛	9.4	—	7.0	73.0	1.03	气态	—
67	乙醛	13.3	7.3	4.0	57.0	1.52	< -20	140
68	丙醛	8.1	—	2.3	21.0	2.00	< -20	—
69	丁醛	7.9	6.6	1.4	12.5	2.48	< -5	230
70	苯甲醛	—	—	1.4	—	3.66	64	190
71	丁烯醛	6.4	—	2.1	15.5	2.41	13	230
72	糠醛	8.2	—	2.1	19.3	3.31	60	315
73	甲酸甲酯	3.0	—	5.0	20.0	2.07	< -20	450
74	甲酸乙酯	4.0	—	2.7	13.5	2.55	20	440
75	甲酸丁酯	3.7	—	1.7	8.0	3.52	18	320
76	甲酸异戊酯	4.9	—	1.7	10.0	4.01	22	320

续表

序号	名称	爆炸危险度	最大爆炸压力（10^5Pa）	爆炸下限（%）	爆炸上限（%）	蒸气相对密度（空气为1）	闪点/℃	自燃点/℃
77	乙酸甲酯	4.2	8.8	3.1	16.0	2.56	-10	475
78	乙酸乙酯	4.5	8.7	2.1	11.5	3.04	4	460
79	乙酸丙酯	3.7	—	1.7	8.0	3.52	-10	—
80	乙酸丁酯	5.3	7.7	1.2	7.5	4.01	25	370
81	乙酸异戊酯	9.0	—	1.0	10.0	4.49	25	380
82	丙酸甲酯	4.4	—	2.4	13.0	3.30	-2	465
83	异丁烯酸甲酯	5.0	7.7	2.1	12.5	3.45	10	430
84	硝酸乙酯	—	>10.5	3.8	—	3.14	10	—
85	二甲醚	5.2	—	3.0	18.6	1.59	气态	240
86	甲乙醚	4.1	8.5	2.0	10.1	2.07	气态	190
87	乙醚	20.0	9.2	1.7	36.0	2.55	< -20	170
88	二乙烯醚	14.9	—	1.7	27.0	2.41	< -20	360
89	二异丙醚	20.0	8.5	1.0	21.0	3.53	< -20	405
90	二正丁基醚	8.4	—	0.9	8.5	4.48	25	175
91	丙酮	4.2	5.5	2.5	13.0	2.00	< -20	540
92	丁酮	4.3	8.5	1.8	9.5	2.48	-1	505
93	环己酮	4.2	—	1.3	9.4	3.38	43	430
94	氯	43.0	—	6.0	32.0	1.80	气态	—
95	氰氢酸	7.6	9.4	5.4	46.6	0.93	< -20	535
96	乙腈	—	—	3.0	—	1.42	2	525
97	丙腈	—	—	3.1	—	1.90	2	—
98	丙烯腈	9.0	—	2.8	28.0	1.94	< -20	—
99	氨	0.9	6.0	15.0	28.0	0.59	气态	630
100	甲胺	3.1	—	5.0	2.07	1.07	气态	475
101	二甲胺	4.1	—	2.8	14.4	1.55	气态	400
102	三甲胺	4.8	—	2.0	11.6	2.04	气态	190
103	乙胺	3.0	—	3.5	14.0	1.55	气态	—
104	二乙胺	4.9	—	1.7	10.1	2.53	< -20	310
105	丙胺	4.2	—	2.0	10.4	2.04	< -20	320
106	二甲基联胺	7.3	—	2.4	20.0	2.07	-18	240
107	乙酸	3.3	54.0	4.0	17.0	2.07	40	485
108	樟脑	6.5	—	0.6	4.5	5.24	66	250

附　录　2

带压密封施工作业劳动防护用品选用一览表

作业类别名称	不可使用的护品	必须使用的护品	可考虑使用的护品
A01 易燃易爆场所作业（如化工材料，易挥发、易燃液体及化学品，可燃性气体）	的确良、尼龙等着火焦结的衣物，聚氯乙烯塑料鞋、底面钉铁件的鞋等	棉布防护服、防静电服、防静电鞋	—
A02 可燃性粉尘场所作业（如铝镁粉、煤粉、可燃性化学物粉尘等）	的确良、尼龙等着火焦结的衣物、底面钉铁件的鞋等	棉布防护服、防毒口罩	防静电服、防静电鞋
A03 高温作业（如锅炉装置、汽机装置、加热炉装置内的泄漏等）	的确良、尼龙等着火焦结的衣物，聚氯乙烯塑料鞋	白帆布类隔热、耐高温鞋，防强光、紫外线、红外线护目镜或面罩、安全帽等	防寒帽、防滑鞋
A04 低温作业（如压缩乙烯、丙烯的泄漏）	底面钉铁件的鞋	防寒服、防寒手套、防寒鞋	防寒帽、防滑鞋
A05 低压带电作业（如低压设备或低压线路带电维修）	—	绝缘手套、绝缘鞋	安全帽、防异物伤害护目镜
A06 高压带电作业（如高压设备或高压线路带电维修）	—	绝缘手套、绝缘鞋、防异物伤害护目镜	防异物伤害护目镜、等电位防护服
A07 吸入性气相毒物作业（如氯乙烯、氯气、一氧化碳、光气、硫化氢、汞等）	—	防毒口罩	有相应滤毒罐的防毒面罩、空气呼吸器
A08 吸入性溶胶毒物作业［如铝、铬、铍、锰、镉等有毒金属及其化合物的烟雾和粉尘，高毒农药气溶胶，沥青烟雾，硅尘，石棉尘及其他有害物的动（植）物性粉尘］	—	防毒口罩、防尘口罩、护发帽	防化学液眼镜、有相应滤毒罐的防毒面罩、防毒防护服、防毒手套
A09 沾染性毒物作业（如有机磷农药，有机汞化合物，苯和苯的三硝基化合物，苯胺、酚、氯、联苯，放射性物质）	—	防化学液眼镜、防毒口罩、防毒服、防毒手套、防护帽	有相应滤毒罐的防毒面罩、空气呼吸器、护肤剂
A10 生物性毒物作业［如有毒性动（植）物养殖，生物毒素培养制剂，带菌或含有生物毒素的制品加工处理，腐烂物品处理，防疫检验］	—	防毒口罩、防毒服、防毒手套、护发帽、防异物伤害护目镜	有相应滤毒罐的防毒面具、护肤剂

续表

作业类别名称	不可使用的护品	必须使用的护品	可考虑使用的护品
A11 腐蚀性作业（如溴、硫酸、硝酸、氢氟酸、液体强碱、重铬酸钾、高锰酸钾）	—	防化学液眼镜、防毒口罩、防酸（碱）服、耐酸（碱）手套、耐酸（碱）鞋、护发帽	空气呼吸器
A12 易污作业（如炭黑，染色、油漆有关的卫生工作）	—	防尘口罩、护发帽、一般防护服、披肩、头罩、鞋罩、围裙、袖套	护肤剂
A13 恶味作业（如硫化氢、恶臭物质处理与加工场所）	—	一般防护服	空气呼吸器、护肤剂、护发帽
A14 密闭场所作业（如密闭的罐体、房仓、孔道或排水系统、窑炉、存放耗氧器具或生物体进行耗氧过程的密闭空间）	—	空气呼吸器	—
A15 噪声作业（如有大型鼓风机、泄漏噪声大于 90 dB 的场所）	—	—	耳塞、耳罩、防噪声帽
A16 强光作业（如弧光、电弧焊、炉窑）	—	焊接护目镜和面罩、炉窑护目镜和面罩	—
A17 激光作业（如激光加工金属、激光焊接、激光测量、激光通讯、激光医疗）	—	防激光护目镜	—
A18 荧光屏作业（如电脑操作、电视机调试）	—	—	护目镜、防低能辐射服
A19 微波作业（如微波机调试、微波发射、微波加工与利用）	—	—	防微波服、防微波护目镜
A20 射线作业（如放射性矿物开采选矿、冶炼、加工，核废料或核事故处理，放射性物质使用，X 射线检测）	—	防射线护目镜	—
A21 高处作业（如建筑安装、架线、高崖作业、船旁悬吊、涂装、货物堆垒）	底面钉铁件的鞋	安全帽、安全带	防滑鞋

续表

作业类别名称	不可使用的护品	必须使用的护品	可考虑使用的护品
A22 存在物体坠落、撞击的作业（如建筑安装、冶金、采矿、钻探、造船、起重、森林采伐）	—	安全帽、防砸安全鞋	—
A23 有碎屑飞溅的作业（如破碎、锤击、铸件切削、砂轮打磨、高压流体清洗）	手套	防异物伤害护目镜、一般防护服	—
A24 操纵转动机械（如机床传动机械及传动带）	手套	护发帽、防异物伤害护目镜、一般防护服	—
A25 人工搬运（如人力抬、扛、搬移）	底面钉铁件的鞋	防滑手套	安全帽、防滑防护鞋、防砸安全鞋
A26 接触使用锋利器物的作业（如金属加工打毛清边、玻璃加工与装配）	—	一般防护服	防割手套、防砸安全鞋、防刺穿鞋
A27 地面存在尖利器物的作业（如森林作业、建筑工地）	—	防刺穿鞋	—
A28 手持振动机械作业（如风钻、风铲、油锯）	—	减振手套	—
A29 全身振动的作业	—	减振鞋	—
A30 野外作业（如地质勘探、森林采伐、大地测量）	—	防水防护服（包括防水鞋）	防寒帽、防寒服、防寒手套、防寒鞋、防异物伤害护目镜、防滑防护鞋
A31 水上作业（如船台、水上平台作业，水上装卸运输，木材水运，水产养殖与捕捞）	—	防滑防护鞋、救生衣（圈）	安全带、水上作业服
A32 涉水作业（如矿业、隧道、水力采掘、地质钻探、水下工程、污水处理）	—	防水服、防水鞋	—
A33 潜水作业（如水下采集救捞、水下养殖、水下勘察、水下焊接与切割）	—	潜水服	—

续表

作业类别名称	不可使用的护品	必须使用的护品	可考虑使用的护品
A34 地下挖掘建筑作业（如井下采掘运输、地下开拓建筑安装）	—	安全帽	防尘口罩、耳塞、减振手套、防砸安全鞋、防水服、防水鞋
A35 车辆驾驶	—	一般防护服	防强光护目镜、防异物伤害护目镜、防冲击安全头盔
A36 铲、装、吊、推、机械操纵（如铲机、推土机、装载机、天车、龙门吊、塔吊、单臂起重机）	一般防护服	—	防尘口罩
A37 一般作业（如自动化控制、精细装备与加工、缝纫工作台上手工胶合与包装）	—	一般防护服	—
A38 其他作业	—	—	一般防护服

附　录　3

常见危险介质泄漏事故现场隔离与疏散距离

UN No/化学品名称	少量泄漏			大量泄漏		
	紧急隔离/m	白天疏散/km	夜间疏散/km	紧急隔离/m	白天疏散/km	夜间疏散/km
1005 氨（液氨）	30	0.2	0.2	60	0.5	1.1
1008 三氟化硼（压缩）	30	0.2	0.6	215	1.6	5.1
1016 一氧化碳（压缩）	30	0.2	0.2	125	0.6	1.8
1017 氯气	30	0.3	1.1	275	2.7	6.8
1023 压缩煤气	30	0.2	0.2	60	0.3	0.5
1026 氰（乙二腈）	30	0.3	1.1	305	3.1	7.7
1040 环氧乙烷	30	0.2	0.2	60	0.5	1.8
1045 氟气（压缩）	30	0.2	0.5	185	1.4	4.0
1048 无水溴化氢	30	0.2	0.5	125	1.1	3.4
1050 无水氯化氢	30	0.2	0.6	185	1.6	4.3
1051 氰化氢（氢氰酸）	60	0.2	0.5	400	1.3	3.4
1052 无水氟化氢	30	0.2	0.6	125	1.1	2.9
1053 硫化氢	30	0.2	0.3	215	1.4	4.3
1062 甲基溴	30	0.2	0.3	95	0.5	1.4
1064 甲硫醇	30	0.2	0.3	95	0.8	2.7
1067 氮氧化物	30	0.2	0.5	305	1.3	3.9
1069 亚硝酰氯	30	0.3	1.4	365	3.5	9.8
1071 压缩石油气	30	0.2	0.2	30	0.3	0.5
1076 双光气	60	0.2	0.5	95	1.0	1.9
1076 光气	95	0.8	2.7	765	6.6	11.0
1079 二氧化硫	30	0.3	1.1	185	3.1	7.2
1082 三氟氯乙烯	30	0.2	0.2	30	0.3	0.8
1092 丙烯醛（阻聚）	60	0.5	1.6	400	3.9	7.9
1098 烯丙醇	30	0.2	0.2	30	0.3	0.6
1135 2－氯乙醇	30	0.2	0.3	60	0.6	1.3
1143 2－丁烯醛（阻聚）	30	0.2	0.2	30	0.3	0.8
1162 二甲基二氯硅烷（水中泄漏）	30	0.2	0.3	125	1.1	2.9
1163 1，1－二甲基肼	30	0.2	0.2	60	0.5	1.1
1182 氯甲酸乙酯	30	0.2	0.3	60	0.6	1.4
1185 乙烯亚胺（阻聚）	30	0.3	0.8	155	1.4	3.5
1238 氯甲酸甲酯	30	0.3	1.1	155	1.6	3.4

续表

UN No/化学品名称	少量泄漏			大量泄漏		
	紧急隔离/m	白天疏散/km	夜间疏散/km	紧急隔离/m	白天疏散/km	夜间疏散/km
1239 氯甲基甲醚	30	0.2	0.6	125	1.1	2.7
1242 甲基二氯硅烷（水中泄漏）	30	0.2	0.2	60	0.5	1.6
1244 甲基肼	30	0.3	0.8	125	1.1	2.7
1250 甲基三氯硅烷（水中泄漏）	30	0.2	0.3	125	1.1	2.9
1251 甲基乙烯基酮（稳定）	155	1.3	3.4	915	8.7	11.0
1259 羰基镍	60	0.6	2.1	215	2.1	4.3
1295 三氯硅烷（水中泄漏）	30	0.2	0.3	125	1.3	3.2
1298 三甲基氯硅烷	30	0.2	0.2	95	0.8	2.3
1340 五硫化磷（不含黄磷和白磷）（水中泄漏）	30	0.2	0.5	155	1.3	3.2
1360 磷化钙（水中泄漏）	30	0.2	0.8	215	2.1	5.3
1380 戊硼烷	155	1.3	3.7	765	6.6	10.6
1384 连二亚硫酸钠（保险粉）（水中泄漏）	30	0.2	0.2	30	0.3	1.1
1397 磷化铝（水中泄漏）	30	0.2	0.8	245	2.4	6.4
1412 氨基化锂	30	0.2	0.2	95	0.8	1.9
1419 磷化铝镁（水中泄漏）	30	0.2	0.8	215	2.1	5.5
1432 磷化钠（水中泄漏）	30	0.2	0.5	155	1.4	4.0
1433 磷化锡（水中泄漏）	30	0.2	0.8	185	1.6	4.7
1510 四硝基甲烷	30	0.3	0.5	60	0.6	1.3
1541 丙酮氰醇（水中泄漏）	30	0.2	0.2	95	0.8	2.1
1556 甲基二氯化砷	30	0.2	0.3	60	0.5	1.0
1560 三氯化砷	30	0.2	0.3	60	0.6	1.4
1569 溴丙酮	30	0.2	0.3	95	0.8	1.9
1580 三氯硝基甲烷（氯化苦）	60	0.5	1.3	185	1.8	4.0
1581 三氯硝基甲烷和溴甲烷混合物	30	0.2	0.5	125	1.2	3.1
1581 溴甲烷和 >2% 三氯硝基甲烷混合物	30	0.3	1.1	215	2.1	5.6
1582 三氯硝基甲烷和氯甲烷混合物	30	0.2	0.8	95	1.0	3.2
1589 氯化氰（抑制）	60	0.5	1.8	275	2.7	6.8
1595 硫酸二甲酯	30	0.2	0.2	30	0.3	0.6
1605 1，2－二溴乙烷	30	0.2	0.2	30	0.3	0.5
1612 四磷酸六乙酯和压缩气体混合物	30	0.2	0.2	30	0.3	1.4
1613 氢氰酸水溶液（含氰化氢≤20%）	30	0.2	0.2	125	0.5	1.3
1614 氰化氢	60	0.2	0.5	400	1.3	3.4
1647 1，2－二乙烷和溴甲烷液体混合物	30	0.2	0.2	30	0.3	0.5
1660 压缩一氧化氮	30	0.3	1.3	155	1.3	3.5
1670 全氯甲硫醇	30	0.2	0.3	60	0.5	1.1

续表

UN No/化学品名称	少量泄漏			大量泄漏		
	紧急隔离/m	白天疏散/km	夜间疏散/km	紧急隔离/m	白天疏散/km	夜间疏散/km
1680 氰化钾（水中泄漏）	30	0.2	0.3	95	0.8	2.6
1689 氰化钠（水中泄漏）	30	0.2	0.3	95	1.0	2.6
1695 氯丙酮（稳定）	30	0.2	0.3	60	0.6	1.3
1698 亚当氏气（军用毒气）	60	0.3	1.1	185	2.3	5.1
1714 磷化锌（水中泄漏）	30	0.2	0.8	185	1.8	5.1
1716 乙酰溴（水中泄漏）	30	0.2	0.3	95	0.8	2.3
1717 乙酰氯（水中泄漏）	30	0.2	0.3	95	1.0	2.7
1722 氯甲酸烯丙酯	155	1.3	2.7	610	6.1	10.8
1724 烯丙基三氯硅烷（稳定的）（水中泄漏）	30	0.2	0.3	125	1.0	2.9
1725 无水溴化铝	30	0.2	0.3	95	1.0	2.7
1726 无水氯化铝	30	0.2	0.2	60	0.5	1.6
1728 戊基三氯硅烷（水中泄漏）	30	0.2	0.2	60	0.5	1.6
1732 五氟化锑（水中泄漏）	30	0.2	0.6	155	1.6	3.7
1736 苯甲酰氯（水中泄漏）	30	0.2	0.2	30	0.3	1.1
1741 三氯化硼	30	0.2	0.3	60	0.6	1.6
1744 溴，溴溶液	60	0.3	1.1	185	1.6	4.0
1745 五氟化溴（陆上泄漏）	60	0.5	1.3	245	2.3	5.0
1745 五氟化溴（水中泄漏）	30	0.2	0.8	215	1.9	4.2
1746 三氟化溴（陆上泄漏）	30	0.2	0.3	60	0.3	0.8
1746 三氟化溴（水中泄漏）	30	0.2	0.6	185	2.1	5.5
1747 丁基三氯硅烷（水中泄漏）	30	0.2	0.2	60	0.5	1.8
1749 三氟化氯	60	0.5	1.6	335	3.4	7.7
1752 氯乙酰氯（陆上泄漏）	30	0.2	0.5	95	0.8	1.6
1752 氯乙酰氯（水中泄漏）	30	0.2	0.2	60	0.3	1.3
1754 氯磺酸（陆上泄漏）	30	0.2	0.2	30	0.2	0.5
1754 氯磺酸（水中泄漏）	30	0.2	0.2	60	0.5	1.4
1754 氯磺酸和三氧化硫混合物	60	0.3	1.1	305	2.1	5.6
1758 氯氧化铬（水中泄漏）	30	0.2	0.2	60	0.3	1.3
1777 氟磺酸	30	0.2	0.2	60	0.5	1.4
1801 辛基三氯硅烷（水中泄漏）	30	0.2	0.3	95	0.8	2.4
1806 五氯化磷（水中泄漏）	30	0.2	0.3	125	1.0	2.9
1809 三氯化磷（陆上泄漏）	30	0.2	0.6	125	1.1	2.7
1809 三氯化磷（水中泄漏）	30	0.2	0.3	125	1.1	2.6
1810 三氯氧磷（陆上泄漏）	30	0.2	0.5	95	0.8	1.8

续表

UN No/化学品名称	少量泄漏			大量泄漏		
	紧急隔离/m	白天疏散/km	夜间疏散/km	紧急隔离/m	白天疏散/km	夜间疏散/km
1810 三氯氧磷（水中泄漏）	30	0.2	0.3	95	1.0	2.6
1818 四氯化硅（水中泄漏）	30	0.2	0.3	125	1.3	3.4
1828 氯化硫（陆上泄漏）	30	0.2	0.3	60	0.5	1.0
1828 氯化硫（水中泄漏）	30	0.2	0.2	60	0.6	2.3
1829 三氧化硫	60	0.3	1.1	305	2.1	5.6
1831 发烟硫酸	60	0.3	1.1	305	2.1	5.6
1834 硫酰氯（陆上泄漏）	30	0.2	0.2	30	0.3	0.6
1834 硫酰氯（水中泄漏）	30	0.2	0.2	125	1.1	2.4
1836 亚硫酰氯（陆上泄漏）	30	0.2	0.5	60	0.5	1.1
1836 亚硫酰氯（水中泄漏）	30	0.2	1.0	335	3.2	7.1
1838 四氯化钛（陆上泄漏）	30	0.2	0.2	30	0.3	0.8
1838 四氯化钛（水中泄漏）	30	0.2	0.3	125	1.1	2.9
1859 四氟化硅	30	0.2	0.5	60	0.5	1.6
1892 乙基二氯化砷	30	0.2	0.3	60	0.5	1.0
1898 乙酰碘（水中泄漏）	30	0.2	0.2	60	0.6	1.6
1911 压缩乙硼烷	30	0.2	0.3	95	1.0	2.7
1923 连二亚硫酸钙，亚硫酸氢钙（水中泄漏）	30	0.2	0.2	30	0.3	1.1
1939 三溴氧磷（水中泄漏）	30	0.2	0.3	95	0.6	1.9
1975 NO 和 NO_2 混合物，四氧化二氮和一氧化氮混合物	30	0.3	1.3	155	1.3	3.5
1994 五羟基铁	30	0.3	0.6	125	1.1	2.4
2004 二氨基镁（水中泄漏）	30	0.2	0.2	60	0.5	1.3
2011 磷化镁（水中泄漏）	30	0.2	0.8	245	2.3	6.0
2012 磷化钾（水中泄漏）	30	0.2	0.5	155	1.3	4.0
2013 磷化锶（水中泄漏）	30	0.2	0.5	155	1.3	3.7
2032 发烟硝酸	95	0.3	0.5	400	1.3	3.5
2186 氯化氢，冷冻液体	30	0.2	0.6	185	1.6	4.3
2188 胂	60	0.5	2.1	335	3.2	6.6
2189 二氯硅烷	30	0.3	1.0	245	2.4	6.3
2190 压缩二氟化氧	430	4.2	8.4	915	11.0	11.0
2191 硫酰氟	30	0.2	0.3	95	0.8	2.3
2192 锗烷	30	0.2	0.8	275	2.7	6.6
2194 六氟化硒	30	0.3	1.3	245	2.3	6.0
2195 六氟化碲	60	0.6	2.3	365	3.5	7.6
2196 六氟化钨	30	0.3	1.3	155	1.3	3.7
2197 无水碘化氢	30	0.2	0.5	95	0.8	2.6

续表

UN No/化学品名称	少量泄漏			大量泄漏		
	紧急隔离/m	白天疏散/km	夜间疏散/km	紧急隔离/m	白天疏散/km	夜间疏散/km
2198 压缩五氟化磷	30	0.3	1.1	125	1.1	3.5
2199 磷化氢	95	0.3	1.3	490	1.8	5.5
2202 无水硒化氢	185	1.8	5.6	915	10.8	11.0
2204 羰基硫	30	0.2	0.6	215	1.9	5.6
2232 2-氯乙醛	30	0.2	0.5	60	0.6	1.6
2334 烯丙胺	30	0.2	0.5	95	1.0	2.4
2337 苯硫酚	30	0.2	0.2	30	0.3	0.6
2382 对称二甲基肼	30	0.2	0.3	60	0.5	1.1
2407 氯甲酸异丙酯	30	0.2	0.3	95	0.8	1.9
2417 压缩碳酰氟	30	0.2	1.1	125	1.0	3.1
2418 四氟化硫	60	0.5	1.9	305	2.9	6.9
2420 六氟丙酮	30	0.3	1.4	365	3.7	8.5
2421 三氧化二氮	30	0.2	0.2	155	0.6	2.1
2438 三甲基乙酰氯	30	0.2	0.2	30	0.3	0.8
2442 三氯乙酰氯（陆中泄漏）	30	0.2	0.3	60	0.6	1.4
2442 三氯乙酰氯（水中泄漏）	30	0.2	0.2	30	0.3	1.3
2474 硫光气	60	0.6	1.8	275	2.6	5.0
2477 异硫氰酸甲酯	30	0.2	0.3	60	0.5	1.1
2480 异氰酸甲酯	95	0.8	2.7	490	4.8	9.8
2481 异氰酸乙酯	215	1.9	4.3	915	11.0	11.0
2482 异氰酸正丙酯	125	1.1	2.4	765	6.3	10.6
2483 异氰酸异丙酯	185	1.8	3.9	430	4.2	7.4
2484 异氰酸叔丁酯	125	1.0	2.4	550	5.3	10.3
2485 异氰酸正丁酯	95	0.8	1.6	335	3.1	6.3
2486 异氰酸异丁酯	60	0.6	1.4	155	1.6	3.2
2487 异氰酸苯酯	30	0.3	0.8	155	1.3	2.6
2488 异氰酸环己酯	30	0.2	0.3	95	0.8	1.4
2495 五氟化碘（水中泄漏）	30	0.2	0.5	125	1.1	3.1
2521 双烯酮（抑制的）	30	0.2	0.2	30	0.3	0.5
2534 甲基氯硅烷	30	0.2	1.0	215	2.1	5.6
2548 五氟化氯	30	0.3	1.0	365	3.7	8.7
2576 三溴氧磷（熔融的）（水中泄漏）	30	0.2	0.3	95	0.6	1.9

续表

UN No/化学品名称	少量泄漏			大量泄漏		
	紧急隔离/m	白天疏散/km	夜间疏散/km	紧急隔离/m	白天疏散/km	夜间疏散/km
2600 压缩一氧化碳和氢气混合物	30	0.2	0.2	125	0.6	1.8
2605 异氰酸甲氧基甲酯	60	0.3	0.8	125	1.3	2.6
2606 原硅酸甲酯	30	0.2	0.2	30	0.3	0.6
2644 甲基碘	30	0.2	0.3	60	0.3	1.0
2646 六氯环戊二烯	30	0.2	0.2	30	0.2	0.3
2668 氯乙腈	30	0.2	0.2	30	0.3	0.5
2676 锑化氢	30	0.3	1.6	245	2.3	6.0
2691 五溴化磷（水中泄漏）	30	0.2	0.3	95	0.8	2.4
2692 三溴化硼（陆中泄漏）	30	0.2	0.3	60	0.6	1.4
2692 三溴化硼（水中泄漏）	30	0.2	0.2	60	0.5	1.6
2740 氯甲酸正丙酯	30	0.2	0.3	60	0.5	1.4
2742 氯甲酸特丁酯	30	0.2	0.2	30	0.3	0.6
2742 氯甲酸异丁酯	30	0.2	0.2	60	0.3	0.8
2743 氯甲酸正丁酯	30	0.2	0.2	30	0.3	0.5
2806 氮化锂	30	0.2	0.2	95	0.8	2.1
2810 双（2－氯乙基）乙胺	30	0.2	0.2	30	0.2	0.3
2810 双（2－氯乙基）甲胺	30	0.2	0,2	30	0.2	0.3
2810 双（2－氯乙基）硫	30	0.2	0.2	30	0.2	0.3
2810 沙林，sarin（化学武器）	155	1.6	3.4	915	11.0	11.0
2810 梭曼，soman（化学武器）	95	0.8	1.8	765	6.8	10.5
2810 嗒崩，tabun（化学武器）	30	0.3	0.6	155	1.6	3.1
2810 VX（化学武器）	30	0.2	0.2	60	0.6	1.0
2810 CX（化学武器）	30	0.2	0.5	95	1.0	3.1
2826 氯硫代甲酯乙酯	30	0.2	0.2	60	0.5	0.8
2845 无水乙基二氯化膦	60	0.5	1.3	155	1.6	3.4
2845 甲基二氯化膦	60	0.5	1.3	245	2.3	5.0
2901 氯化溴	30	0.3	1.0	155	1.6	4.0
2927 无水乙基二氯硫膦	30	0.2	0.2	30	0.2	0.2
2977 六氟化铀，可裂变的（含铀－235 高于 1.0%）（水中泄漏）	30	0.2	0.5	95	1.0	3.1
3023 2－甲基－2－庚硫醇，叔－辛硫醇	30	0.2	0.2	60	0.5	1.1
3048 磷化铝农药	30	0.2	0.8	215	1.9	5.3

续表

UN No/化学品名称	少量泄漏			大量泄漏		
	紧急隔离/m	白大疏散/km	夜间疏散/km	紧急隔离/m	白天疏散/km	夜间疏散/km
3052 烷基铝卤化物（水中泄漏）	30	0.2	0.2	30	0.3	1.3
3057 三氟乙酰氯	30	0.3	1.4	430	4.0	8.5
3079 甲基丙烯腈（抑制的）	30	0.2	0.5	60	0.6	1.6
3083 过氯酰氟	30	0.2	1.0	215	2.3	5.6
3246 甲基磺酰氯	95	0.6	2.4	245	2.3	5.1
3294 氰化氢醇溶液（含氰化氢不高于45%）	30	0.2	0.3	215	0.6	1.9
3300 环氧乙烷和二氧化碳混合物（环氧乙烷含量大于87%）	30	0.2	0.2	60	0.5	1.8
3318 50%以上的氨溶液	30	0.2	0.2	60	0.5	1.1
9191 二氧化氯，水合物，冻结（水中泄漏）	30	0.2	0.2	30	0.2	0.6
9192 氟，冷冻液	30	0.2	0.5	185	1.4	4.0
9202 一氧化碳，冷冻液	30	0.2	0.2	125	0.6	1.8
9206 甲基二氯化膦	30	0.2	0.2	30	0.2	0.3
9263 氯三甲基乙酰氯	30	0.2	0.2	30	0.3	0.5
9264 3，5-二氯-2，4，6-三氟嘧啶	30	0.2	0.2	30	0.3	0.5
9269 三甲氧基硅烷	30	0.3	1.0	215	2.1	4.2

附 录 4

管道元件公制与英制尺寸对照表

管子				法兰						
公制（B）		英制（A）		公制						英制
公称尺寸 DN/mm	外径/mm	英寸（"）	外径/mm	公称尺寸 DN	外径/mm					英寸（"）
					PN = 2.5 MPa	PN = 4 MPa	PN = 6.3 MPa	PN = 10 MPa	PN = 16 MPa	
6	10	1/8	10.29							1/8
8	13.5	1/4	13.72							1/4
10	17	3/8	17.15	10	90	90	100	100	100	3/8
15	20	1/2	21.34	15	95	95	105	105	105	1/2
20	25	3/4	26.67	20	105	105	130	130	130	3/4
25	32	1	33.40	25	115	115	140	140	140	1
32	38	$1\frac{1}{4}$	42.16	32	140	140	155	155	155	$1\frac{1}{4}$
40	45	$1\frac{1}{2}$	48.26	40	150	150	170	170	170	$1\frac{1}{2}$
50	57	2	60.33	50	165	165	180	195	195	2
65	76	$2\frac{1}{2}$	73.03	65	185	185	205	220	220	$2\frac{1}{2}$
80	89	3	88.90	80	200	200	215	230	230	3
		$3\frac{1}{2}$	101.60							

续表

管子				法兰						
公制（B）		英制（A）		公制						英制
公称尺寸 DN/mm	外径/mm	英寸（"）	外径/mm	公称尺寸 DN	外径/mm					英寸（"）
					PN＝2.5 MPa	PN＝4 MPa	PN＝6.3 MPa	PN＝10 MPa	PN＝16 MPa	
100	108	4	114.30	100	235	235	250	265	265	4
125	133	5	141.30	125	270	270	295	315	315	5
150	159	6	168.28	150	300	300	345	355	355	6
200	219	8	219.08	200	360	375	415	430	430	8
250	273	10	273.05	250	425	450	470	505	515	10
300	325	12	323.85	300	485	515	530	585	585	12
350	377	14	355.60	350	555	580	600	655		14
400	426	16	406.40	400	620	660	670	715		16
450	478	18	457.20	450	670	685				18
500	530	20	508.00	500	730	755				20
550	630	22	558.80	550						22
600		24	609.60	600	845	890				24
650		26		650						26
700	720	28		700	960					28
750		30	762.00	750						30
800	820	32		800	1 085					32
850		34		850						34
900	920	36		900	1 185					36

续表

管子				法兰						
公制（B）		英制（A）		公制						英制
公称尺寸 DN/mm	外径/mm	英寸（"）	外径/mm	公称尺寸 DN	外径/mm					英寸（"）
					PN＝2.5 MPa	PN＝4 MPa	PN＝6.3 MPa	PN＝10 MPa	PN＝16 MPa	
950		38		950						38
1 000	1 020	40		1 000	1 320					40
1 050		42		1 050						42
1 100	1 120	44		1 100						44
1 150		46		1 150						46
1 200	1 220	48		1 200	1 530					48
1 250		50		1 250						50
1 300		52		1 300						52
1 350		54		1 350						54
1 400		56		1 400	1 755					56
1 450		58		1 450						58
1 500		60		1 500						60
1 600		64		1 600	1 975					64
1 800		72		1 800	2 195					72
2 000		80		2 000	2 425					80
2 100		84		2 100						84
2 200		88		2 200						88
2 400		96		2 400						96

备注：1 in＝25.4 mm＝8 英分＝1 ANSI（美制）　　1 bar＝0.1 MPa＝14.5 psi

法兰外径参照平面、凸面、凹凸面整体钢制法兰数据编入表中，对于其他种类法兰外径仅供参考。

附　录　5

饱和水蒸气泄漏状态下的物性参数表

温度 /℃	绝对压强 / (kgf/cm²)	绝对压强 /kPa	蒸气的密度 / (kg/m³)	焓 液体 / (kcal/kg)	焓 液体 / (kJ/kg)	焓 蒸汽 / (kcal/kg)	焓 蒸汽 / (kJ/kg)	汽化热 / (kcal/kg)	汽化热 / (kJ/kg)
0	0.006 2	0.608 2	0.004 84	0	0	595	2 491.1	595	2 491.1
5	0.008 9	0.873 1	0.006 80	5.0	20.94	597.3	2 500.8	592.3	2 479.86
10	0.012 5	1.226 2	0.009 40	10.0	41.87	599.6	2 510.4	598.6	2 468.53
15	0.017 4	1.706 8	0.012 83	15.0	62.80	602.0	2 520.5	587.0	2 457.7
20	0.023 8	2.334 6	0.017 19	20.0	83.74	604.3	2 530.1	584.3	2 446.3
25	0.032 3	3.168 4	0.023 04	25.0	104.67	606.6	2 539.7	581.6	2 435.0
30	0.043 3	4.247 4	0.030 36	30.0	125.60	608.9	2 549.3	578.9	2 423.7
35	0.057 3	5.620 7	0.039 60	35.0	146.54	611.2	2 559.0	576.2	2 412.4
40	0.075 2	7.376 6	0.051 14	40.0	167.47	613.5	2 568.6	573.5	2 401.1
45	0.097 7	9.583 7	0.065 43	45.0	188.41	615.7	2 577.8	570.7	2 389.4
50	0.125 8	12.340	0.083 0	50.0	209.34	618.0	2 587.4	568.0	2 378.1
55	0.160 5	15.743	0.104 3	55.0	230.27	620.2	2 596.7	565.2	2 366.4
60	0.203 1	19.923	0.130 1	60.0	251.21	622.5	2 606.3	562.5	2 355.1
65	0.255 0	25.014	0.161 1	65.0	272.14	624.7	2 615.5	559.7	2 343.4
70	0.317 7	31.164	0.197 9	70.0	293.08	626.8	2 624.3	556.8	2 331.2
75	0.393	38.551	0.241 6	75.0	314.01	629.0	2 633.5	554.0	2 319.5
80	0.483	47.379	0.292 9	80.0	334.94	631.1	2 642.3	551.2	2 307.8
85	0.590	57.875	0.353 1	85.0	355.88	633.2	2 651.1	548.2	2 295.2
90	0.715	70.136	0.422 9	90.0	376.81	635.3	2 659.9	545.3	2 283.1
95	0.862	84.556	0.503 9	95.0	397.75	637.4	2 668.7	542.4	2 270.9
100	1.033	101.33	0.597 0	100.0	418.68	639.4	2 677.0	539.4	2 258.4
105	1.232	120.85	0.703 6	105.1	440.03	641.3	2 685.0	536.3	2 245.4
110	1.461	143.31	0.825 4	110.1	460.97	643.3	2 693.4	533.1	2 232.0
115	1.724	169.11	0.963 5	115.2	482.32	645.2	2 701.3	530.0	2 219.0
120	2.025	198.64	1.119 9	120.3	503.67	647.0	2 708.9	526.7	2 205.2
125	2.367	232.19	1.296	125.4	525.02	648.8	2 716.4	523.5	2 291.8
130	2.755	270.25	1.494	130.5	546.38	650.6	2 723.9	520.1	2 177.6
135	3.192	313.11	1.715	135.6	567.73	652.3	2 731.0	516.7	2 163.3
140	3.685	361.47	1.962	140.7	589.08	653.9	2 737.7	513.2	2 148.7
145	4.238	415.72	2.238	145.9	610.85	655.5	2 744.4	509.7	2 134.0
150	4.855	476.24	2.543	151.0	632.21	657.0	2 750.7	506.0	2 118.5
160	6.303	618.28	3.252	161.4	675.75	659.9	2 762.9	498.5	2 087.1

续表

温度/℃	绝对压强/（kgf/cm²）	绝对压强/kPa	蒸气的密度/（kg/m³）	焓 液体/（kcal/kg）	焓 液体/（kJ/kg）	焓 蒸汽/（kcal/kg）	焓 蒸汽/（kJ/kg）	汽化热/（kcal/kg）	汽化热/（kJ/kg）
170	8.080	792.59	4.113	171.8	719.29	662.4	2 773.3	490.6	2 054.0
180	10.23	1 003.5	5.145	182.3	763.25	664.6	2 782.5	482.3	2 019.3
190	12.80	1 255.6	6.378	192.9	807.64	666.4	2 790.1	473.5	1 982.4
200	15.85	1 554.77	7.840	203.5	852.01	667.7	2 795.5	464.2	1 943.5
210	19.55	1 917.72	9.567	214.3	897.23	668.6	2 799.3	454.4	1 902.5
220	23.66	2 320.88	11.60	225.1	942.45	669.0	2 801.0	443.9	1 858.5
230	28.53	2 798.59	13.98	236.1	988.50	668.8	2 800.1	432.7	1 811.6
240	34.13	3 347.91	16.76	247.1	1 034.56	668.0	2 796.8	420.8	1 761.8
250	40.55	3 977.67	20.01	258.3	1 081.45	664.0	2 790.1	408.1	1 708.6
260	47.85	4 693.75	23.82	269.6	1 128.76	664.2	2 780.9	394.5	1 651.7
270	56.11	5 503.99	28.27	281.1	1 176.91	661.2	2 768.3	380.1	1 591.4
280	65.42	6 417.24	33.47	292.7	1 225.48	657.3	2 752.0	364.6	1 526.5
290	75.88	7 443.29	39.60	304.4	1 274.46	652.6	2 732.3	348.1	1 457.4
300	87.6	8 592.94	46.93	316.6	1 325.54	646.8	2 708.0	330.2	1 382.5
310	100.7	9 877.96	55.59	329.3	1 378.71	640.1	2 680.8	310.8	1 301.3
320	115.2	11 300.3	65.95	343.0	1 436.07	632.5	2 648.2	289.5	1 212.1
330	131.3	12 879.6	78.53	357.5	1 446.78	623.5	2 610.5	266.6	1 116.2
340	149.0	14 615.8	93.98	373.0	1 562.93	613.5	2 568.6	240.2	1 005.7
350	168.6	16 538.5	113.2	390.8	1 636.20	601.1	2 516.7	210.3	880.5
360	190.3	18 667.1	139.6	413.0	1 729.15	583.4	2 442.6	170.3	713.0
370	214.5	21 040.9	171.0	451.0	1 888.25	549.8	2 301.9	98.2	411.1
374	225	22 070.9	322.6	501.1	2 098.0	501.1	2 098.0	0	0